养老服务PPP：从理论逻辑到实践运作

章萍 著

中国政法大学出版社

2019·北京

声　明　　1. 版权所有，侵权必究。
　　　　　 2. 如有缺页、倒装问题，由出版社负责退换。

图书在版编目（CIP）数据

养老服务PPP：从理论逻辑到实践运作/章萍著.—北京：中国政法大学出版社，2019.10
ISBN 978-7-5620-9266-7

Ⅰ.①养… Ⅱ.①章… Ⅲ.①政府投资－合作－社会资本－应用－养老－社区服务－研究－中国　Ⅳ.①D669.6

中国版本图书馆CIP数据核字（2019）第229629号

	养老服务PPP：从理论逻辑到实践运作
书　名	YANGLAO FUWU PPP CONG LILUN LUOJI DAO SHIJIAN YUNZUO
出版者	中国政法大学出版社
地　址	北京市海淀区西土城路25号
邮　箱	fadapress@163.com
网　址	http://www.cuplpress.com（网络实名：中国政法大学出版社）
电　话	010-58908466(第七编辑部) 010-58908334(邮购部)
承　印	保定市中画美凯印刷有限公司
开　本	720mm×960mm　1/16
印　张	15.5
字　数	250千字
版　次	2019年10月第1版
印　次	2020年8月第2次印刷
定　价	60.00元

校庆筹备工作领导小组

组　　长：夏小和　　　刘晓红
副组长：潘牧天　　刘　刚　　关保英　　胡继灵　　姚建龙
成　　员：高志刚　　韩同兰　　石其宝　　张　军　　郭玉生
　　　　　欧阳美和　王晓宇　　周　毅　　赵运锋　　王明华
　　　　　赵　俊　　叶　玮　　祝耀明　　蒋存耀

总序 GENERAL PREFACE

三十五年的峥嵘岁月，三十五载的春华秋实，转眼间，上海政法学院已经走过三十五个年头。三十五载年华，寒来暑往，风雨阳光。三十五年征程，不忘初心，砥砺前行。三十五年中，上海政法学院坚持"立足政法、服务上海、面向全国、放眼世界"，秉承"刻苦求实、开拓创新"的校训精神，走"以需育特、以特促强"的创新发展之路，努力培养德法兼修、全面发展，具有宽厚基础、实践能力、创新思维和全球视野的高素质复合型应用型人才，在中国特色社会主义法治建设征程中留下了浓墨重彩的一笔。

学校主动对接国家和社会发展重大需求，积极服务国家战略。2013年9月13日，习近平主席在上海合作组织比什凯克峰会上宣布，中方将在上海政法学院设立"中国-上海合作组织国际司法交流合作培训基地"，愿意利用这一平台为其他成员国培养司法人才。此后，2014年、2015年和2018年，习主席又分别在上合组织杜尚别峰会、乌法峰会、青岛峰会上强调了中方要依托中国-上合基地，为成员国培训司法人才。2017年，中国-上合基地被上海市人民政府列入《上海服务国家"一带一路"建设、发挥桥头堡作用行动方案》。五年来，学校充分发挥中国-上合基地的培训、智库和论坛三大功能，取得了一系列成果。

入选校庆系列丛书的三十五部作品印证了上海政法学院三十五周年的发展历程，也是中国-上海合作组织国际司法交流合作培训基地五周年的内涵提升。儒家经典《大学》开篇即倡导："大学之道，在明明德，在亲民，在止于至善。"三十五年的刻苦，在有良田美池桑竹之属的野马浜，学校历经上海法律高等专科学校、上海政法管理干部学院、上海大学法学院和上海政法学院等办学阶段。三十五年的求实，上政人孜孜不倦地奋斗在中国法治建设的道路上，为推动中国的法治文明、政治进步、经济发展、文化繁荣与社会和谐而不懈努力。三十五年的开拓，上海政法学院学科门类经历了从单一性向多元性发展的过程，形成了以法学为主干，多学科协调发展的学科体系，学科布局日臻合理，学科交叉日趋完善。三十五年的创新，在我国社会主义法治建设进程中，上海政法学院学科建设与时俱进，为国家发展、社会进步、人民福祉献上累累硕果和片片赤诚之心！

所谓大学者，非谓有大楼之谓也，有大师之谓也。三十五部作品，是上海政法学院学术实力的一次整体亮相，是对上海政法学院学术成就的一次重要盘点，是上政方家指点江山、激扬文字的历史见证，也是上海政法学院学科发展的厚重回声和历史积淀。上海政法学院教师展示学术风采、呈现学术思想，如一川清流、一缕阳光，为我国法治事业发展注入新时代的理想与精神。三十五部校庆系列丛书，藏诸名山，传之其人，体现了上海政法学院教师学术思想的精粹、气魄和境界。

红日初升，其道大光。迎着佘山日出的朝阳，莘莘学子承载着上政的学术灵魂和创新精神，走向社会、扎根司法、面向政法、服务社会国家。在佘山脚下这座美丽的花园学府，他们一起看情人坡上夕阳抹上夜色，一起欣赏天鹅一家漫步在上合基地河畔，一起奋斗在落日余晖下的图书馆。这里记录着他们拼搏的青春，放飞着他们心中的梦想。

《礼记·大学》曰："古之欲明明德于天下者，先治其国。"怀着修身、齐家、治国、平天下理想的上政师生，对国家和社会始终怀着强烈的责任心和使命感。他们积极践行，敢为人先，坚持奔走在法治实践第一线；他们秉持正义，传播法义，为社会进步摇旗呐喊。上政人有着同一份情怀，那就是校国情怀。无论岁月流逝，无论天南海北，他们情系母校，矢志不渝、和衷共济、奋力拼搏。"刻苦、求实、开拓、创新"的校训，既是办学理念的集中体现，也是学术精神的象征。

路漫漫其修远兮，吾将上下而求索。回顾三十五年的建校历程，我们有过成功，也经历过挫折；我们积累了宝贵的办学经验，也总结了深刻的教训。展望未来，学校在新的发展阶段，如何把握机会，实现新的跨越，将上海政法学院建设成一流的法学强校，是我们应当思考的问题，也是我们努力的方向。不断推进中国的法治建设，为国家的繁荣富强做出贡献，是上政人的光荣使命。我们有经世济民、福泽万邦的志向与情怀，未来我们依旧任重而道远。

天行健，君子以自强不息。著书立说，为往圣继绝学，推动学术传统的发展，是上政群英在学术发展上谱写的华丽篇章。

上海政法学院党委书记 夏小和 教授
上海政法学院校长 刘晓红 教授
2019 年 7 月 23 日

目 录 CONTENTS

总　序 ··· 001

第 1 章　养老服务政府和社会资本合作的问题提出 ··········· 001
1.1 研究背景与意义 ··· 001
1.2 国内外研究动态 ··· 005
1.3 养老服务 PPP 模式的研究创新 ························· 014

第 2 章　养老服务政府和社会资本合作的理论基础 ··········· 017
2.1 新公共管理理论 ··· 017
2.2 治理理论 ·· 020
2.3 利益相关者理论 ··· 024

第 3 章　养老服务政府和社会资本合作的逻辑机理 ··········· 027
3.1 养老服务发展中政府、市场与社会合作的逻辑变迁 ······ 027
3.2 政府、市场与社会的合作博弈 ························· 029
3.3 政府、市场与社会合作的治理要求 ···················· 036
3.4 养老服务 PPP 模式的政策选择 ························ 043

第 4 章　养老服务政府和社会资本合作模式 ···················· 048
4.1 政府和社会资本合作（PPP）模式概述 ················ 048
4.2 PPP 典型项目模式 ······································ 053
4.3 PPP 其他项目模式 ······································ 062

第5章　养老服务政府和社会资本合作模式的运行实践 ……… 065
　　5.1 新建项目的 BOT 模式 …………………………………… 065
　　5.2 新建项目的 BOO 模式 …………………………………… 072
　　5.3 已有项目的 ROT 模式 …………………………………… 080
　　5.4 已有项目的 O&M 模式 …………………………………… 089
　　5.5 新旧项目结合的 BOT+O&M 模式 ……………………… 097

第6章　养老服务政府和社会资本合作的利益机制 …………… 106
　　6.1 养老服务 PPP 回报机制的基本原理 …………………… 106
　　6.2 养老服务 PPP 回报机制的主要内容 …………………… 116
　　6.3 养老服务 PPP 回报机制运行中的主要问题 …………… 118
　　6.4 养老服务 PPP 回报机制的构建与设计 ………………… 123

第7章　养老服务政府和社会资本合作的治理优化 …………… 133
　　7.1 健全法律法规 …………………………………………… 133
　　7.2 强化契约行为 …………………………………………… 138
　　7.3 制定政策支持 …………………………………………… 142
　　7.4 完善参与体系 …………………………………………… 145
　　7.5 加强养老服务人才队伍建设 …………………………… 147
　　7.6 创新发展形式 …………………………………………… 149

附　录　养老服务政府和社会资本合作（PPP）的政策依据 ……… 154
参考文献 ……………………………………………………………… 231

养老服务政府和社会资本合作的问题提出

政府和社会资本合作（Public-Private Partnership，缩写PPP）理论于20世纪80年代兴盛于西方国家，21世纪初得到进一步发展。20世纪90年代开始，PPP理论影响中国学界。我国PPP理论研究初期主要关注如何解决基础设施的融资困局，随着我国人口老龄化程度不断加深，激励社会资本参与养老服务并完善养老服务政府治理，逐渐纳入研究重点。已有研究动态表明，政府和社会资本合作（PPP）不仅是养老服务融资模式创新，还是政府和社会资本"有机结合"的管理模式创新，更是公共服务领域治理模式创新。

1.1 研究背景与意义

1.1.1 研究背景

我国是当今老年人口数量最多的国家，并且快速步入深度老龄化社会，养老服务需求与日俱增。"未富先老"的尴尬现实使得政府财政投入无法满足日益增长的养老服务需求，激励社会资本参与养老服务供给势在必行。就社会资本而言，经济转型发展要求开拓新的投资领域，养老服务庞大的需求为社会资本提供了转型机遇。为此，近年来国家相继出台政策，充分激发政府与社会资本两方面积极性，加强政府和社会资本合作，主要文件包括《国务院办公厅关于全面放开养老服务市场提升养老服务质量的若干意见》《关于加快推进养老服务业放管服改革的通知》《关于运用政府和社会资本合作模式支持养老服务业发展的实施意见》等，这些文件有助于积极支持养老服务业发展，引导社会资本进入养老服务领域，构建养老、孝老、敬老政策体系和社会环境。

党的十八大以来，PPP模式迎来快速发展的机遇期，养老服务是PPP模式实践的重要领域。党的十八届三中全会提出全面深化改革，推进国家治理体系和治理能力现代化，要求"大幅度减少政府对资源的直接配置""允许社会资本通过特许经营等方式参与城市基础设施投资和运营"，推动我国PPP模式发展环境进一步优化。2014年9月，《国务院关于加强地方政府性债务管理的意见》（国发〔2014〕43号文）要求"推广使用政府与社会资本合作模式"，PPP模式开启新一轮发展热潮。养老服务是吸引社会资本进入的重要领域，主要因为养老服务领域适合采用PPP模式，能够激励社会资本提供有效的养老公共服务。首先是领域的适用性，养老服务业属传统公共服务领域，而PPP模式适用的范围正是基础设施建设与公共服务领域。其次是收益回报的适用性，在我国未富先老的背景下，老年人购买能力相对有限，而养老服务机构又面临着土地以及运营成本高等问题，决定了养老服务业是微利行业，在收益回报上离不开政府的支持。PPP模式下，投资规模大、经营成本社会化、产品价格受到严格管制，导致PPP项目的总体收益率不高，收益回报需要政府合作支持。最后是合作周期的适用性，当前人口老龄化程度与日俱增，养老服务所面向的市场群体规模日益扩大、消费能力逐渐增强、需求层次逐步升级，市场呈现出长期性、稳定性特征，而PPP模式是一种政府和社会资本的长期合作模式，项目周期一般长达20-30年，收益也具有长期性、稳定性特征。

根据财政部最新统计表明，一批养老服务PPP项目正有序推进。截至2019年6月底，全国PPP综合信息平台管理库养老项目共计102个，累计投资额678.15亿元，其中落地项目62个，落地投资额453.93亿元，部分项目已投入使用，取得了较好的社会效益，有的还作为示范项目在全国推广[1]。已有项目实践经验表明，养老服务PPP模式能够实现政府、社会资本及社会公众等多方利益的"帕累托最优"。PPP模式吸收社会资本参与养老服务业，弥补了养老服务发展的资金缺口，在一定程度上减轻了政府财政的支出压力。养老服务PPP模式增加了社会化养老服务供给水平，缓解了养老服务供需矛

---

[1] 全国PPP综合信息平台项目管理库.2019年6月报，http://www.chinappp.cn/newscenter/newsdetail_17925.html。

盾，通过充分发挥市场机制的资源配置作用，调动社会资本参与的积极性与能动性，构建科学合理高效的管理体系，显著改善养老服务供给效率与服务质量。养老服务 PPP 模式为社会资本提供长期稳定的投资回报，按照成本回收及合理回报的原则，商定合理收费标准，为社会资本提供优质的养老服务，获得比较稳定的投资收益。养老服务 PPP 模式建立起政府和社会资本长期合作的伙伴关系，最大限度地发挥各自优势，通过风险分配、风险控制机制，有效分散养老服务设施建设和运营中的各种风险。因此，养老服务 PPP 模式不仅在理论上是可行的，在实践上也是必要的。

PPP 模式应用于养老服务领域是改变供需结构的必然要求。我国养老服务面临的首要问题即供需结构失衡。公办养老机构"一床难求"，而私立养老机构床位空置率高。从总体床位数量来看，我国养老机构的床位数量与老年人口数量之比较低，供给与需求的缺口较大。据世界发展基金组织统计，一般发展中国家每千名老年人口床位数为 26.6-32.3 张，我国养老机构床位数仅能达到一般发展中国家水平，与发达国家相差较远。若想缩小这一差距就必须提高养老服务的供给水平，改变供需结构失衡的状况。PPP 模式的重要功能是拓展资金来源，激发政府与社会资本的积极性，鼓励社会资本参与到养老服务项目建设中，使社会资本方与政府共建养老服务项目，加快养老服务 PPP 建设步伐，一定程度上缓解供求失衡问题。

PPP 模式应用于养老服务领域是缓解财政压力的题中之意。养老服务项目及配套设施建设周期长，资金需求量大，仅依靠政府投资建设，将加重公共财政支出负担。而且政府支出不仅局限于养老领域，还涉及科教文卫等多个方面，在一定期间内，政府财政收入相对固定，财政支出若过于偏向养老服务建设，势必导致对其他领域支出相对减少，影响政府对其他公共产品与服务的供给水平。因此，从财政收支方面来看，PPP 模式引入于养老服务领域迫在眉睫。PPP 模式可以开拓融资渠道，将社会资本纳入公共产品与服务的供给，还可以促进养老服务投资主体多元化，发挥财政资金杠杆作用，实现以较少财政资金撬动更多社会资本的目标。社会资本可以通过 PPP 模式参与养老服务项目的前期设计、规划，通过分担风险，获得合理收益。社会资本参与养老服务建设，将会有效地弥补财政资金不足等问题，有效减轻政府财政支出负担。

PPP 模式应用于养老服务领域是创新运营管理模式的重要途径。我国养老服务项目运营管理模式与发达国家相比相对落后，养老服务人员整体素质有待提高，养老服务水平较低。公办养老机构多属于事业单位性质，采用事业单位管理模式，资源配置效率不高。在PPP模式下，可借助社会资本服务意识好、管理水平高、人才培训机制完善的优势，有效弥补公共部门的职能服务缺陷。同时，政府部门还可利用自身在宏观计划、财税政策的优势，加大对社会资本投资养老服务项目的扶持力度，使双方在PPP模式下建立良性的合作机制。

1.1.2 研究意义

养老服务PPP可促进政府职能转变，将政府由承担者转变为合约方和监管者，以减轻政府财政负担；有效发挥社会资本优势，增加市场活力；提升养老服务质量，完善多层次、多样化的养老服务供给体系。PPP模式的应用，为社会养老服务业的发展，特别是为养老服务供给侧结构性改革提供了一个良好的契机。PPP模式通过引入社会资本实现养老服务供给主体的多元化。同时，能够有效解决养老服务发展资金缺乏的问题，减轻政府的财政支出负担，改变目前主要由政府投资建设养老基础设施的现状。此外，PPP模式对于项目产权明晰、养老服务管理运营规范，提高养老服务供给效率与质量有着一定促进作用。PPP模式引入市场竞争机制，降低项目运营成本，在服务质量得以提升的同时获得较佳的经济效益与社会效益。

（1）理论意义

从理论角度入手，分析PPP模式所运用的新公共管理理论、治理理论、利益相关者理论、项目管理理论，为实践研究创新夯实理论基础。养老服务PPP模式是政府深化养老服务改革的重要战略举措，社会资本参与的意向较高，然而养老服务PPP项目多数属于建设周期长、回报率较低的公益性项目，目前还存在围观者众、合作成功者较少的问题。加强养老服务PPP理论研究，有利于为PPP模式机制创新提供理论支撑，为社会资本投资发起、收费方式、回报率、利益分配、监督退出等机制设计提供理论依据。

（2）实践意义

近年来，各级政府都出台了一系列政策措施推行PPP模式，但PPP模式在养老服务领域的推进情况仍不理想，需要通过典型实践模式的总结和经验推广来促进养老服务 PPP 项目识别、项目准备、项目采购、项目执行与项目移交。本研究的实践意义在于,一方面,促进养老服务 PPP 模式的健康发展。通过对养老服务 PPP 项目个案进行详细分析,研究项目实施的外部环境、风险、盈利能力等,为进行养老服务 PPP 模式的研究提供案例经验,促进 PPP 模式进一步完善与发展。另一方面,为政府完善相关政策提供一定的参考依据。各级政府在吸引社会资本进入养老服务领域方面,出台了一系列扶持政策,包括土地供应、税费优惠、金融创新等方面,但从社会资本角度而言,资金风险与盈利回报是关注的核心要素。通过典型案例研究,有助于政府提高政策的精准性,在设计推进养老服务 PPP 项目过程中,充分考虑社会资本的利益诉求,实现政府、社会资本和养老服务需求方等多方共赢。

1.2 国内外研究动态

1.2.1 国外养老服务 PPP 模式研究动态

西方政府和社会资本合作(PPP)理论以治理理论、公共选择理论、合作国家理论等为基础,15 世纪缘起于欧洲,在 20 世纪 80 年代日渐兴盛,于 21 世纪得到进一步发展,经历了行政学、经济学、管理学等不同研究范式的转换。随着老龄化在西方的深度发展,养老服务成为社会关注的热点问题,政府与社会资本合作的模式在实践中不断拓展,养老服务 PPP 模式的研究也引起学者高度重视,主要代表人物有 E.S. 萨瓦斯(2002)、包法利(2004)、帕特里克·萨博尔和罗伯特·彭特(2014)等。

国外学者对于中国养老服务领域政府和社会资本合作(PPP)的研究,主要体现在中国社会老龄化研究的成果中。针对中国老龄化发展,主要分析了中国养老服务供给的变迁,肯定了 PPP 在养老服务供给方面的优势,认为 PPP 是推进中国社会治理改革的需要,建议中国借鉴欧美等国家创新养老服务供给模式,从而发挥社会资本不可替代的作用。注意社会资本的利益回报需求和养老项目 PPP 的风险问题,完善政府、市场、社会三方风险分担机制。[1]

---

[1] [美] E.S. 萨瓦斯(E.S. Savas). 民营化与公私部门的伙伴关系 [M]. 北京:中国人民大学出版社,2017.

分析了中国养老服务需求的变化趋势,肯定政府和社会资本合作(PPP)模式创新并提出了合理优化建议,鼓励中国积极借鉴欧美日等发达国家养老服务模式创新的经验,结合国外的实践经验警示中国防范 PPP 模式存在的风险。同时,源于西方意识形态,个别研究对于中国 PPP 发展评价失之偏颇,认为中国开启 PPP 模式是由于政府管理职能的衰退。

关于中国养老服务领域政府和社会资本合作(PPP)研究,国外学者形成了以下主要观点:第一种观点认为养老服务 PPP 模式是中国政府尊重市场和社会作用的体现,帕特里克·萨博尔和罗伯特·彭特(2014)认为政府财政须吸纳社会资本提供公共服务,这是推进公共治理改革的需要。第二种观点指出国外经验可为中国养老服务提供借鉴经验[1],基克布施和布斯(2000)分析了欧美日韩等国家经验,认为社会资本发挥着不可替代的作用。第三种观点建议养老服务 PPP 模式应与公共治理改革同步[2],包法利(2004)提醒 PPP 模式失败案例较多,需加强公共治理监管。第四种观点强调维护多主体利益是养老服务 PPP 模式成败的关键。[3]

1.2.2 国内养老服务 PPP 模式研究动态

国内学界受到国外 PPP 理论与实践启发,相关研究从基础设施领域拓展到公共服务领域。随着养老服务需求日益增多,养老服务 PPP 研究也逐步得到重视,并产生了一批研究成果。一方面,学者分析将 PPP 模式应用于养老服务业的必要性与可行性,认为 PPP 模式是政府与市场结合且符合双方利益建设与管理的模式[4],是实现养老项目有效运作,实现政府与社会资本充分合作的创新机制[5],是养老服务从单一政府供给到实现公平与效率双重目标

---

[1] Christopher Martin Hope, Patrick Toby H Coates, Robert Peter Carroll. Immune profiling and cancer post transplantation [J]. World Journal of Nephrology, 2015, 4 (01).

[2] Steven R. Booth, Kim Patten, Leslie New. Response of estuarine benthic invertebrates to field applications of insecticide [J]. Estuarine, Coastal and Shelf Science, 2018.

[3] Ana L. Hernández Cordero, Rochelle D. Seitz, Romuald N. Lipcius, Caitlin M. Bovery, David M. Schulte. Habitat Affects Survival of Translocated Bay Scallops, Argopecten irradians concentricus (Say 1822), in Lower Chesapeake Bay [J]. Estuaries and Coasts, 2012, 35 (5).

[4] 贾康,孙洁. 公私合作伙伴关系(PPP)的概念、起源与功能 [J]. 中国政府采购,2014(06).

[5] 韩喜平,陈茉. 我国养老产业 PPP 项目运作面临的问题及对策 [J]. 经济纵横,2018(04).

的有效路径[1];另一方面,学者们着重强调政府在养老 PPP 项目中的角色,即政府不仅要转变职能,加强监管[2],也应处理好与市场的权责关系,合理设计投资回报机制与质量评估体系等[3]。此外,还有部分学者以具体案例对该问题进行了探讨。[4][5]

(1) 研究范式转换

20 世纪末以来,政府和社会资本合作(PPP)理论影响中国学界,从项目投融资与运营管理研究,发展到作为一种新的治理理论范式与分析工具,受到多方学科学者重视,代表性学者有金永祥(1995)、贾康(2014)等。关于政府与社会资本合作(PPP)的学术研究,国内起步于 20 世纪末,研究领域从基础设施建设到公共部门,经历了以下三个阶段研究范式的转换。

第一阶段是投融资研究范式。20 世纪 90 年代,采用项目投融资研究范式,探讨运用 PPP 模式解决基础设施融资困局。金永祥(1995)认为 PPP 是私人企业与公共部门合作的有效融资模式,包括 BOT、TOT 等特定的融资项目,将 PPP 作为项目融资模式进行研究关注[6]。

第二阶段是运营管理研究范式。21 世纪初期,运用运营管理研究范式,分析建立公共部门和私人部门的合作关系。贾康(2014)等人认为融资是 PPP 模式的职能之一,PPP 还包括建设、经营等职能,片面认为 PPP 是一种融资方式,会忽略 PPP 在公共服务供给过程中的强大功能,在界定政府职能中将会出现漏洞。[7]

第三阶段是治理为重点的综合研究范式。党的十八大以来,利用多元化研究范式,将 PPP 研究拓展到公共事业领域,着重从治理角度探索政府与市

---

[1] 武萍,周卉. 社会养老服务多元化供给的改革与借鉴——以辽宁省为例 [J]. 辽宁大学学报(哲学社会科学版),2018,46(01).

[2] 牟春兰. 社会力量发展医养结合的 PPP 模式及对策分析 [J]. 西北人口,2018,39(02).

[3] 孙玉栋,郑垚. 老龄化背景下养老项目 PPP 模式研究 [J]. 中国特色社会主义研究,2018 (01).

[4] 巢小丽,毛寿龙. 合作优势、运营方式与规制设计:F 省机构养老 PPP 模式分析 [J]. 理论探讨,2017(03).

[5] 杨璐瑶,张向前. 政府购买服务、社会资本合作(PPP)促进社会组织发展——基于居家养老分析 [J]. 哈尔滨商业大学学报(社会科学版),2017(01).

[6] 金永祥. BOT 项目实施中的主要问题 [J]. 建筑经济,1995(11).

[7] 贾康,孙洁. 公私合作伙伴关系(PPP)的概念、起源与功能 [J]. 中国政府采购,2014 (06).

场的功能定位,重视养老服务机制创新研究。刘晓凯、张明(2015)等人认为,PPP模式更深刻的本质和意义在于处理好政府、市场和社会三者间的关系,是社会治理进步的推动力量。[1]宣华、郑晓瑛(2016)等人在强调政府公共服务责任的基础上,认为养老并不能依靠"全能政府",应鼓励社会资本积极参与养老服务领域,社会资本也应增强PPP模式的战略信心与眼光。[2]

(2) 研究重点

第一是养老服务非合作供给失灵及其内在机理研究。刘晓凯、张明(2015)研究认为,从"家庭养老"到"社会养老"是不可扭转的必然趋势,对于社会养老需求,单靠政府或市场一方供给,是一种非合作状态,非合作导致养老服务出现供给失灵问题,其机理主要是政府与市场既有优势,也存在"市场失灵"和"政府失灵",在公共治理变革和经济新常态背景下,政府和社会资本合作(PPP)模式是合理的选择。[3]李天建(2016)研究指出,机理研究是逻辑起点,须梳理非合作困境的外部表现和内在机理,及其对养老服务所带来的消极影响,才能在公共治理和经济新常态背景分析基础上,达成政府和社会资本合作的共识,为养老服务PPP模式的发展提供理论基础。

第二是养老服务政府和社会资本合作(PPP)模式的优势研究。贾康(2014)研究认为,养老服务由政府与市场"非合作供给"向"合作供给"转变,不仅能够引入社会资本参与投资公共养老设施,还可在管理运营上将政府战略制定方面的优势与社会资本管理效率、技术创新方面的优势相互结合起来,加强政府和社会资本合作的养老服务供给侧改革。[4]蔡晓琰、周国光(2016)研究指出,社会资本对于融资问题具有信心,却因运营和维护风险而存在观望心态,成为PPP模式推进的瓶颈,唯有坚持社会治理变革的本质,处理好政府、市场和社会三方之间的关系,才能发挥PPP模式的优势并

---

[1] 刘晓凯,张明.全球视角下的PPP:内涵、模式、实践与问题[J].国际经济评论,2015(04).

[2] 宣华,郑晓瑛.养老服务未来发展机遇分析[J].人口与计划生育,2016(08).

[3] 刘晓凯,张明.全球视角下的PPP:内涵、模式、实践与问题[J].国际经济评论,2015(04).

[4] 贾康,孙洁.公私合作伙伴关系(PPP)的概念、起源与功能[J].中国政府采购,2014(06).

突破合作的瓶颈。[1]

第三是养老服务政府和社会资本合作（PPP）供给的主要方式研究。金永祥等（2018）研究认为，养老服务 PPP 模式宏观上的主要合作方式包括设施建设融资、运营补贴、特许经营权转让、战略规划制定、社会管理、绩效考核等；就养老服务具体领域而言，须分层分类选择合作方式，区分政府自营的完全福利性养老服务、政府扶助的基本居家养老服务、政府扶助的非营利养老服务、政府支持的市场营利性养老服务等，有针对性地探索合作融资与合作管理运营方式。[2]

第四是养老服务政府和社会资本合作（PPP）模式的流程管理研究。穆光宗（2015）研究指出，养老服务 PPP 模式由理念转化为实践，由文件转化为做法，需把握人口老龄化规律，针对养老服务特性，切实加强可操作性的合作流程管理研究。金永祥（2016）研究提议，养老服务政府和社会资本合作的流程管理应包括：项目识别、准备、采购、执行、移交等各环节操作，各个环节流程还须进行详细分析，从而确保养老服务合作项目成功实施。[3] 翟振武（2016）研究建议，养老服务 PPP 模式研究须注重实践操作性，根据对策分析要求，确定解决问题路径，具体分析养老服务政府和社会资本合作管理流程，从项目识别、准备、采购、执行、移交等各环节提出操作建议。[4]

最后是养老服务政府和社会资本合作（PPP）的治理环境研究。贾康（2014）研究强调，养老服务政府和社会资本合作（PPP）模式的本质是社会治理的变革，由于相关治理配套政策和制度尚未成熟，PPP 模式在实施的过程中还存在不少问题与阻碍，需按照供给侧改革要求，进一步加强治理环境建设，按照建机制、分步骤、有重点推进的总体思路[5]。孙学工等（2015）研究认为，需要从健全法律规范、明晰责权关系、强化契约行为、完善操作细则等方面不断努力，着力构建相容的激励、监管等机制，使这一养老服务

---

[1] 蔡晓琰，周国光.PPP 项目政府和社会资本合作的投资回报机制研究 [J]. 财经科学，2016 (12).

[2] 金永祥，赵克进，宋雅琴.PPP 的本质及管控建议 [J]. 中国财政，2018 (06).

[3] 穆光宗. 人口老龄化再认识及对养老服务业发展规划的建议 [J]. 社会治理，2015 (04).

[4] 翟振武等. "智慧养老"：应对老龄化的一个新趋势 [N]. 北京日报，2016-12-12 (014).

[5] 贾康，孙洁. 公私合作伙伴关系 (PPP) 的概念、起源与功能 [J]. 中国政府采购，2014 (06).

供给的创新模式取得实实在在的成效[1]。

(3) 主要观点

近几年国内关于公共养老服务领域政府和社会资本合作（PPP）的治理研究集中于以下方面：一是养老服务领域政府和社会资本合作（PPP）的理论发展与理念变迁研究，既有国内外理论介绍，也有国内社会背景分析。二是养老服务领域政府和社会资本合作（PPP）的典型模式研究，包括BOT、BOO、TOT、ROT等；三是养老服务领域政府和社会资本合作（PPP）的案例研究，包括国外典型经验和国内个案探索等；四是养老服务政府和社会资本合作（PPP）模式的治理环境研究。围绕以上方面，形成了治理研究的主要观点。

完善公共治理的共建、共治和共享的观点。政府和社会资本合作（PPP）模式研究不能离开全面深化改革和国家治理能力现代化的时代背景，翟振武（2015）认为PPP模式不仅能降低财政负担、提高供给效率，更重要的是能够贯穿公共治理的理念，推动全社会走向共建、共治和共享。深化养老服务PPP的治理研究，需将其纳入社会治理的分析框架，遵循"提出问题—分析问题—解决问题"的逻辑。从非合作导致的供给失灵问题出发提出问题；着眼于研究合作供给模式的优势与瓶颈，总结国内外实践经验，讨论政府和社会资本合作的主要方式，在此基础上分析问题；通过设计政府和社会资本合作模式的管理流程，并从公共治理的角度提出完善治理环境的政策建议，最终通过治理改革来解决问题。

强调"风险—利益"型分工合作的观点。政府和社会资本合作（PPP）模式兴起，意味着政府与市场、社会的关系正发生着"清晰—混沌"的变革。宣华、郑晓瑛（2016）认为基于公共产品与私人产品领域上的划分不再重要，跨领域行为上的合作将成为新趋势，需基于"风险—利益"的新基准认识政府与市场、社会的分工合作。养老服务PPP模式中政府与市场双方是一种"风险—利益"关系，分工合作是PPP模式的核心，正是基于"合作"这一关键属性，PPP模式才具有推进治理现代化的意义[2]。

---

[1] 孙学工，刘国艳，杜飞轮，杨娟. 我国PPP模式发展的现状、问题与对策 [J]. 宏观经济管理，2015 (02).

[2] 宣华，郑晓瑛. 养老服务未来发展机遇分析 [J]. 人口与计划生育，2016 (08).

主张厘清政府角色定位的观点。财政投入难以满足不断增长的养老服务需求，须吸纳市场、社会力量。穆光宗（2015）强调社会养老需求持续增加是时代发展的需要，养老服务的多层次与结构性要求创新多样化的模式，还要加强模式的操作规范化研究[1]。

坚持对社会资本既鼓励又监管的观点。翟振武（2015）认为合作的目的是满足养老服务的总量需求和结构变化，从供给侧改革、设计可操作性方案、激发市场主体活力入手，将政府在战略制定方面的优势与社会资本在管理效率、技术创新方面的优势结合起来，提供优质高效的养老服务。对于社会资本要扬长避短，加强监管，建立老年用户体验和评价机制，不断提高老年人的幸福感[2]。

1.2.3 国内外研究述评

纵观学术史发展历程，国内外关于政府和社会资本合作（PPP）的研究已取得较大进展，然而PPP理论研究和项目实践都还处在探索阶段，难免存在有待继续深化的问题。[3]

一是国内外学者对于PPP的研究，基本都是围绕公共基础设施建设中PPP模式的应用而展开的，为养老服务PPP研究提供了有益借鉴。卡西姆（Jahn Kassim，2008）认为PPP模式是公共服务领域的重要创新，马来西亚基础设施建设需求大，在基建中引入社会资本，以减轻政府财政负担。同时还对失败的PPP项目案例进行分析总结，提出预防措施[4]；Higton（2016）指出在铁路交通领域中引入社会资本及先进管理经验与人才，能够缩短工期，提高运营效率和优化建设结构[5]。国内学者对PPP模式如何应用进行了大量的研究。小城镇是国家未来经济发展的重要支撑，城镇基础设施建设是小城镇发展的重要基石，万冬君等（2006）指出要通过PPP模式大力发展小城

---

[1] 穆光宗.人口老龄化再认识及对养老服务业发展规划的建议[J].社会治理，2015（04）.

[2] 翟振武等."智慧养老"：应对老龄化的一个新趋势[N].北京日报，2016-12-12（014）.

[3] Shuibo Zhang, Ying Gao, Zhuo Feng, Weizhuo Sun. PPP application in infrastructure development in China: Institutional analysis and implications [J]. International Journal of Project Management. 2014 (6).

[4] Bamgbopa, I. A., Aibinu, A. M., Salami, M. J. E., Shafie, A., Ali, M., Jahn Kassim, P. S.. Damage index: Assessment of mould growth on building materials using digital image processing technique [P]. Computer and Communication Engineering, 2008. ICCCE 2008. International Conference on, 2008.

[5] Suzi Higton. Book Review: Healing for the Nations: William T. Cavanaugh, Field Hospital: The Church's Engagement with a Wounded World [J]. The Expository Times, 2016, 128 (3).

镇的基础设施建设，在进行实际理论分析后，提出融资模式应用模型，强调要关注融资环境、各方参与度、合作过程以及评价机制等因素，设计合理的风险分担机制[1]；张苗苗（2016）提出PPP模式对于资金需求大的轨道交通领域具有明显融资作用，设计合理融资方案需综合考虑制度、政策、环境及人才等多方面因素，从而推动PPP项目落地；袁龙灿（2017）指出高速公路作为国家基础设施建设的重要环节，PPP项目融资战略地位不容置疑。浙江省作为东南地区经济大省，完善高速公路PPP融资对其他省份具有重要参考价值[2]。

二是大多数学者在理论上将PPP当作投融资工具，部分研究开始从治理角度进行开拓性思考。PPP模式是政府公共部门与社会资本方合作的一种方式，现阶段，我国PPP模式已经应用于交通、公共安全、教育等多个领域，正处于快速发展的时期。我国学者对于PPP的研究主要集中于融资问题，邓雄（2015）提出运用商业贷款、银行理财产品、资产证券化、产业基金等方式进行融资，创新运用多种金融工具与方式推进PPP融资的工作[3]。王远胜（2016）认为融资可运用整体营业证券化操作方式，培养财产信托公司[4]。吴伟军、李良文、徐欢（2016）等提出商业银行可通过表内业务和表外业务进行融资，其中表内业务包括贷款和投资私募投资基金，表外业务包括理财产品、资产证券化和基金等方式[5]。靳晖、伊莎贝尔·里亚尔、胡妍斌（2016）、王经绫、彭佼蛟、赵伟（2017）通过分析融资工具快速增长问题，认为在保持合理融资方式上，对于资金风险必须进行有效监管[6][7]。

三是指引性研究较多，实践模式的总结分析和经验借鉴研究日益得到关注。贾康（2014）指出PPP模式具有收益共享、风险共担的显著特征，通过

---

[1] 万冬君,王要武,姚兵.基础设施PPP融资模式及其在小城镇的应用研究[J].土木工程学报,2006（06）.

[2] 袁龙灿.新常态下高速公路建设项目PPP融资模式分析[J].交通财会,2017（03）.

[3] 邓雄.PPP模式的风险及其风险分担机制分析[J].国际金融,2015（10）.

[4] 王远胜.突破PPP融资瓶颈：项目整体营业证券化试探[J].证券市场导报,2016（05）.

[5] 吴伟军,李良文,徐欢.我国商业银行参与PPP项目的路径研究[J].金融与经济,2016（09）.

[6] 靳晖,伊莎贝尔·里亚尔,胡妍斌.中国地方政府融资工具及PPP模式的监管研究[J].新金融,2016（12）.

[7] 王经绫,彭佼蛟,赵伟.PPP项目资产证券化政府债务性风险问题研究[J].证券市场导报,2017（09）.

考虑双方的风险承受能力,将整体风险最小化,从而实现合作共赢的局面[1]。PPP模式作为公共服务领域的重要融资方式之一,若想运用好,须充分了解PPP模式内涵与特点,不仅要求对融资特点进行深入了解,更要对PPP模式全项目的管理特点进行深度掌握。简迎辉、包敏(2014)认为只有对融资、项目产权及风险分担三个要素进行分析,才能对PPP模式的内涵进行全面了解;在对PPP的内涵进行界定的基础上,PPP项目运作中应该结合项目自身特点及风险偏好和法律政策等因素。这些研究对于养老服务PPP提供了理论指引,毕竟PPP项目实践性较强,必须避免重指导性、轻实证性的研究,否则过多浮于理论层面的讨论,难以为项目指导提供活生生的实践经验[2]。

具体来说有两方面尚需加强:第一是理论研究方面,尚需将养老服务PPP模式纳入社会治理的分析框架,重视养老服务PPP模式与社会治理变革的互动研究,为机制建设提供机理支撑。第二是在实践研究方面,通过典型经验分析,总结尊重社会资本利益诉求的成功经验,提出社会资本回报机制建设与政策实施的操作性建议,通过构建有效机制激发社会资本参与养老服务积极性,真正让政府、社会资本和老年群体实现共赢的目的。当前我国养老服务PPP实践中程度不同地存在着"地方政府热情高涨,社会资本顾虑重重"的问题,学术研究不仅需要从政府角度思考问题,更要从尊重社会资本利益诉求的视角,深化社会资本进入养老服务业的机制研究,重点加强社会资本回报机制建设及其政策操作研究,实现政府和社会资本共赢。这样才能平衡政府和社会资本的双方利益,真正吸引社会资本进入公共服务领域。

针对存在的问题,须采用明确合理的研究思路和科学研究方法。就研究思路来说,须尊重社会资本谋利诉求,基于"社会资本投资回报机制缺乏是制约社会资本积极性的关键因素"判断,运用社会治理分析框架,厘清合作双方利益边界,以社会资本回报机制缺失为问题导向,在借鉴国外实践经验的基础上,提出构建社会资本投资回报机制和完善社会治理的对策建议。

在研究方法上,需综合运用定性分析与定量分析方法。采用模型和数据分析,考虑养老服务PPP模式的属性,确定合理的社会资本投资回报率,避

---

[1] 贾康,孙洁. 公私合作伙伴关系(PPP)的概念、起源与功能[J]. 中国政府采购,2014(06).

[2] 简迎辉,包敏. PPP模式内涵及其选择影响因素研究[J]. 项目管理技术,2014(12).

免过高回报有违养老服务的公益属性、过低回报挫伤社会资本参与的积极性；运用政策分析方法，针对社会资本投资回报机制缺乏，提出构建社会资本投资回报机制和完善社会治理的对策建议；针对养老服务 PPP 模式的复杂性、治理的系统性，把回报机制构建置于社会治理的大环境中，运用系统分析方法，提出对策建议。总结国内外养老服务 PPP 模式实践积累的成功经验，运用案例分析法进行归纳整理，为治理对策研究提供借鉴。

1.3 养老服务 PPP 模式的研究创新

目前养老服务 PPP 模式在理论与实践上不足，根源在于对"合作"关系缺乏准确的把握。存在定位和视角上的偏差，从政府角度考虑的比较多，从社会资本角度考虑不够，具体来说，一定程度上忽略了社会资本利益诉求和回报期望。需要调整养老服务 PPP 治理研究的视角，在目前政府利益和政府管理视角的基础上，更多从社会资本合作伙伴与资本利益视角，尊重社会资本利益诉求，构建社会资本回报机制，调动社会资本参与积极性。相应而言，需要加强五个方面的研究创新。

其一，养老服务政府和社会资本合作的理论基础应用创新。从理论角度入手，着重研究 PPP 模式所运用的新公共管理理论、治理理论、利益相关者理论、项目管理理论，增强研究创新的问题意识。养老服务 PPP 模式是政府深化养老服务业改革的重要战略举措，社会资本参与的意向较高，然而"围观者"众，合作成功者少。养老服务 PPP 项目多数属于建设周期长、回报率较低的公益性项目，因此，对于理论研究进行合理创新，有利于社会资本在投资发起、收费方式、回报率、利益分配、监督退出等机制尚未完全建立的情况下，为其提供一定的理论依据。

其二，养老服务政府和社会资本合作的逻辑机理创新。政府与社会资本共同承担养老服务的责任是养老服务发展的必然逻辑。将养老服务作为全社会责任，可有效调动社会资本投入社会福利事业。协同合作使政府能更好地发挥统筹主导作用，政府成为主要出资者、政策制订者、监管者；市场竞争的养老服务使实践更有效率，提供多层次服务供给；社会参与发挥监督者作用。政府与社会资本不同主体提供的服务各有侧重，分别满足各自养老服务需求，它们互相联系、依赖、补充、促进，共同提升老年人的生活质量，这

第1章 养老服务政府和社会资本合作的问题提出

种合作的逻辑对中国社会养老服务的发展具有重要启示意义。

其三，养老服务政府和社会资本合作的模式典型经验研究创新。国内外PPP既是融资模式，又是运营模式，既有成功经验，也有失败案例，无不与利益视角有关，值得认真分析借鉴。英国是最早采用PPP模式的国家，发展较成熟，加拿大和澳大利亚也是公认的PPP模式运用较好的国家，这些国家的理论研究和实践政策充分尊重社会资本的利益诉求。20世纪80年代，我国已经开始实施以BOT为主要形式的PPP项目，主要集中在基础设施领域，产生了积极的社会影响；但2005年以来，PPP的地位出现明显弱化，地方政府对基础设施和公共服务的投资主要来源于财政收入、土地出让收入和地方融资平台融资；党的十八届三中全会之后，PPP模式再度进入活跃期，各地政策文件集中出台，覆盖养老服务等领域，但社会资本积极性还未得到充分激发，需要研究如何为社会资本的投资回报提高保障。

其四，养老服务政府和社会资本合作的利益机制创新。通过对形成机制、控制权配置机制、风险分担机制、监督机制、收益分配机制、退出机制等方面的研究，达到研究视角转化的要求。第一是形成机制研究，分析如何通过合作协议或契约达成主体间的合作，在共赢基础上确保社会资本利益；第二是控制权配置机制研究，探讨控制权配置如何决定养老服务PPP模式的不同利益格局，凸现契约的控制权配置载体作用；第三是风险分担机制研究，针对PPP项目周期长、投资大、不确定性多等特点，分析养老服务PPP风险分担框架，运用谈判和合同条款明确责任和权利；第四是监督机制研究，分析对于政府、社会资本和公众来说，监督机制如何既发挥行为约束作用，又发挥利益保障作用；第五是收益分配机制研究，根据PPP模式风险共担与利益共享的特点，讨论如何构建公平的收益分配机制；第六是退出机制研究，包括合作中退出和合作结束后退出机制的研究，探索项目转让、政府回购、破产清算等合理方式。

其五，养老服务政府和社会资本合作的治理优化创新。养老服务政府和社会资本合作（PPP）模式的本质是社会治理变革，由于相关治理配套政策与制度尚未成熟，在实施过程中还存在不少问题与阻碍，需按照供给侧改革要求，进一步加强治理环境建设，按照建机制、分步骤、有重点推进的总体思路，从健全法律规范、明晰责权关系、强化契约行为、完善操作细则等方面不断努力，着力构建相容的激励、监管等机制，使这一养老服务供给创新模式获取实实在在的成效。推进养老服务 PPP 模式不仅是缓解政府财政压力的重要工具，还有助于提高公共服务的供给效率与质量。老龄事业和产业应与经济社会发展相适应，坚持当前与长远相结合，政府引导与社会参与相结合，公益、准公益与营利模式相结合。

第2章 养老服务政府和社会资本合作的理论基础

2.1 新公共管理理论

西方发达国家对养老服务 PPP 模式的探索较早，其运作比较成熟，理论研究也更充分，从 20 世纪 70 年代开始，已有学者研究养老服务的市场力量及其介入模式。其中，新公共管理理论关于替代性演进、互补性演进和合作性演进的研究分析，对养老服务 PPP 具有较强的适用性和解释力。

2.1.1 理论概述

20 世纪 70 年代末与 80 年代初，西方工业化国家面临滞涨、预算缩减、公共部门遭受质疑等压力，私人部门、非营利组织在公共治理中的地位与作用逐渐显现。针对传统行政模式的种种弊端，西方工业化国家开始推行以"企业化政府""市场化政府"为核心的新行政理论和管理模式。这一由"新公共管理"实践催生出的全新管理理论和模式，被称为新公共管理理论。该理论认为政府"应是掌舵者而不是划桨者"，提倡政府从管理的具体事务中解脱出来，从而解决机构庞大、官僚主义与腐败盛行、管理效率低下等顽症，主张政府部门可以引入私营部门的先进管理手段与竞争机制，通过政府和社会资本合作（PPP）以提升公共管理水平和公共服务的质量和效率，改进社会治理水平。

养老服务 PPP，究竟是一种制度创新还是一种政策工具？对此，西方理论界在认识上存在一定差异。新公共管理理论认为养老服务 PPP 既是制度创新，也是一种政策工具。而制度主义理论则强调养老服务 PPP 模式的制度创新属性，有的学者认为这是一种正式的制度安排，也有学者认为这仅仅是一种以行动者为中心的非正式制度，但是制度主义都认同养老服务PPP模式创新的制度属性。公共政策论者认为养老服务PPP模式的功能体现在能够有效配置资源上，因而是一种治理的政策工具。[1]其改善了信息资源、财政资源、组织资源和政府权威的配置效率，政府与社会资本建立了长期合约关系，使政策工具在较长合作期间内持续发挥作用。

新公共管理理论认为，养老服务PPP模式具有制度和政策工具的双重属性。Biginas从治理层面研究指出，政府与社会资本合作既回应着公众产品制度创新诉求，具有公共产品和服务供给的制度属性，又通过政策创新改善设施的设计、管理、维护和融资，成为执行公共政策的重要工具。[2]养老服务PPP模式具有改善治理所需的有效性，其有效性主要体现在服务供给过程中竞争机制的建立和对消费者服务需求的有效回应。Mohamed认为政府与社会资本合作模式既是公共产品和服务供给的采购机制，回应社会公众的诉求（服务设施设计、管理、维护、融资），又是执行公共政策的重要工具。[3] Aworunse等从两者关系演进的角度，认为20世纪80年代之后政府和社会资本的关系经历了三种模式的演进：替代性演进、互补性演进、合作性演进，[4]见表2-1。

---

[1] 陈少英. 中国PPP本土化的公共服务创新 [J]. 晋阳学刊, 2017 (04).

[2] Biginas, K. Innovation through Public-Private Partnerships in the Greek Healthcare Sector: How is it achieved andvwhat is the current situation in Greece [J]. The Innovation Journal: The Public Sector Innovation Journal, 2015, 20 (1).

[3] Mohamed, I. S. Good governance, Institutions and Performance of Public - private Partnerships [J]. International Journal of Public Sector Management, 2015, 28 (7).

[4] Aworunse, O. Lal, L. Ewer, M. S. and Rosenau, P. Comparison of Availability and Accessibility of Oral Oncology Products between Medicare, Commercial US and UK National Health Service (NHS) Patient Populations [J]. World Medical&Health Policy, 2012 (4).

表 2-1　政府和社会资本间关系经历的三种模式

三种模式	主要内容
替代性演进	20 世纪 80 年代，欧美公共支出大幅膨胀，而支出效率偏低。鉴于此，公共选择论者从政府失灵的角度，倡导公共服务民营化，通过民营化替代传统的由官僚组织独家提供公共服务的模式。然而，替代性演进过程中社会资本虽然具有服务的效率优势，但没有意愿也无法承担政府公共服务的所有职能
互补性演进	20 世纪 90 年代，西方公共部门和社会资本均非强势，彼此之间既非替代也没有结成稳定的伙伴关系，当政府部门需要时，就会寻求社会资本专业化支持，通过广泛津贴的模式发展公私部门之间的互补关系。新自由主义认为，这是现代政府进步的必然结果。然而，互补性演进的双方主要是为了各自利益而展开交流型的合作，缺乏共享共创的稳定合作机制，难以达到预期的互补成效
合作性演进	进入 21 世纪，西方公共部门预算吃紧，效率不高，新公共管理理论者认为，对于兼具公益性和营利性的准公共领域，应大力推进政府和社会资本合作（PPP），建立双方协同型合作关系，确定一致的创新目标和发展愿景，达到两者信息、技术等资源共享共创的效果。从实施绩效来看，PPP 模式既发挥了投融资功能，也可作为公共政策工具，还能促进公共治理改进

2.1.2 主要观点与理论解释力

养老服务具有准公共产品属性，从我国政府和社会资本关系的实践探索来看，也基本上遵循替代性演进、互补性演进、合作性演进路径。我国农业社会长期由家庭承担养老责任。工业化发展以来，计划经济时期的政府依托单位制福利，给家庭提供一定养老支持[1]。随着市场经济体制改革的深入，养老服务伴随公共服务民营化发生替代性演进；家庭养老功能逐步退化，人口老龄化深度发展，加之和谐社会发展的价值目标追求，政府对养老服务日益重视，很多地方采用政府购买服务或者服务外包等形式，养老服务借助社会资本发生互补性演进。最近几年，PPP 模式成为新时代我国养老服务领域的主要发展方向，政府和社会资本协同合作，在保障养老服务公益性的前提

---

[1] 李燕鸽. 政府购买居家养老服务：长效机制、困境及三维进路 [J]. 绥化学院学报, 2019, 39 (05).

下,通过市场竞争机制提升服务质量,实现差异化供给,养老服务领域政府和社会资本互利共赢发生合作性演进。

近年来,政府和社会资本合作成为新时代我国养老服务模式创新的重要选择,政府和社会资本协同合作,在保障养老服务公益性的前提下,通过市场竞争机制提升服务质量,实现差异化供给,养老服务领域政府和社会资本互利共赢,发生合作性演进。

从我国养老服务政府和社会资本的关系演进来看,新公共管理的 PPP 模式运作理论,对养老服务具有较强的适用性和解释力。PPP 模式运作理论强调,政府和社会资本双方应建立共享共创的协同型合作关系,PPP 模式不仅仅是融资工具,还是公共政策工具,更是公共治理变革的工具,这些都为养老项目 PPP 模式的运作指明了发展路径。

畅争(2017)认为 PPP 模式在养老服务领域的运用能有效克服政府与社会参与者的不足,真正平衡公共效益与经济成效,降低政府财政支出、满足多样化老年市场需求。新公共管理理论对于深刻理解 PPP 的内涵发挥着不可或缺的作用[1];陈少英(2017)指出养老服务 PPP 为公共服务创新供给开拓了新领域,真正实现了"实践—认识—再实践—再认识"这一逻辑关系。在此基础上,养老服务 PPP 模式中国化,既考虑了因地制宜,也符合顶层的制度要求[2]。

2.2 治理理论

2.2.1 理论概述

风险治理理论常用于解释 PPP 风险产生机理和防范举措。该理论认为,无论是传统的政府,还是市场都不能构成唯一的治理主体,治理过程需要多个主体共同参与。但政府仍将扮演"掌舵人"角色,在 PPP 风险防控机制的构建中发挥主导作用。

加强政府治理,并非是否定项目内部管理。风险治理对风险管理不是简

---

[1] 畅争. PPP 中的公私合作伙伴关系研究 [J] 管理观察,2017(14).
[2] 陈少英. 中国 PPP 本土化的公共服务创新 [J] 晋阳学刊,2017(04).

单取代,而是两者间形成并行互补关系,即如果缺少项目本身的管理,政府无论如何治理,最终都无法实现风险的有效防控。风险管理向风险治理的演进主要体现在两个方面:一方面是理念的转变。风险管理与风险治理在基本概念上存在本质差异。首先是权威不同,治理虽然也需要权威,但这个权威并非一定来自政府。其次是主体不同,治理的主体既包括政府、社会资本,也有来自社会的力量,换句话说,治理主体是多元而非单一。再次是管理过程中权力运行形式不同,治理强调上下互动而非自上至下。另一方面是角色的转变。在现代管理中,管理者和治理者是不同的角色。治理侧重于宏观决策、制度与利益风险的设计与安排,管理则侧重于具体项目内部监管。作为决策者的政府需要实现从"划桨者"向"掌舵者"的角色转变。

学界普遍认为风险治理是治理理论的核心内容。西方治理理论主要创始人之一詹姆斯·罗西瑙(J. N. Rosenau)认为治理是一系列活动领域里的管理机制,在未得到授权的情况下也能有效发挥作用的管理机制,风险治理表现为系列管理机制,有效加强风险防范举措。罗西瑙不提倡政府使用强制性力量,主张多种力量发挥治理作用,但并没有排除政府作用,认为政府参与风险治理是必不可少的。皮埃尔和彼特斯同样主张政府是拥有持续的风险治理能力,也就是说治理理论的确使政府改变了以往的传统命令和强制行为,但政府应该在风险治理中处于中心地位,没有任何其他主体能够替代政府在风险治理中的作用,原因在于政府与社会、市场之间并不是替代关系,而是通过合作实现共赢的关系。他们进一步指出,尽管近几十年来,越来越多的社会、市场行动者加入风险治理的行列中,但在以下四个方面政府仍牢牢占据支配地位:阐明风险治理的总目标并确定优先权;保持目标的一致性和协调性;对风险治理行动掌舵;对风险治理主体问责。伴随着国外学术界对于治理问题的高度关注,20世纪90年代以来,国内学术界也开始对治理问题进行研究。在早期的研究中,以西方治理理论的翻译和介绍为主。俞可平认为治理的含义是指政府运用权威维持秩序,满足公众需求,最大限度地增进公共利益。作为治理理论核心部分的风险治理可理解为政府运用权威对风险进行管理,以维护公共利益为出发点,最大程度实现风险的有效防控。毛寿龙主张政府应减少直接介入公共事务,充分调动多元力量参与,少做"划桨人",但一定要做好"掌舵人"。

2.2.2 主要观点与理论解释力

风险治理理论认为，无论是传统的政府还是市场，都不能构成唯一的风险治理主体，治理过程需要多方主体共同参与[1]，但政府仍将扮演"掌舵人"角色，发挥主导作用。

我国风险治理理论在实践中不断发展，可以划分为三个时期（见表2-2）。

表2-2 我国风险治理理论在不同时期的演变过程

时期	显著特点	治理格局	主要内容
计划经济时期	专由政府治理	强政府—无市场—无社会	强调政府是治理的主体，承担核心责任和功能，所以打造政府的主体地位，实现对项目的有效管理或管控
改革开放初期到市场经济体制改革时期	政府治理，辅以市场治理	强政府—弱市场—无社会	在此格局中，政府仍是风险治理中心，不同的是参与主体数目增多
十八大以来	"多元治理"或"协同治理"	强政府—弱市场—弱社会	该时期的风险治理主体包含政府、社会组织、社区单位、企业、个人等多元利益攸关者共同参与、协同行动，但政府仍在治理功能发挥及责任承担方面起着关键作用[2][3]

如表2-2所示，风险治理结构虽然一直有所变化但在转型过程中政府权力并未受到过多削弱。[4]和以往不同的是，政府不再是唯一风险治理主体，而是政府和社会资本合作（PPP）或政府通过授权、委托等形式交由社会资

---

[1] 罗星. 中国特色治理理论的构建：治理理论从西方到东方的演进[J]. 实事求是，2015（05）.
[2] 张天勇，韩璞庚. 多元协同：走向现代治理的主体建构[J]. 学习与探索，2014（12）.
[3] 燕继荣. 协同治理：公共事务治理新趋向[J]. 人民论坛·学术前沿，2012（17）.
[4] Jon Pierre and Guy Peters. Governing Complex societies: Trajectories and Scenarios. Palgrave Macmillan. 2005.

本共同防范和应对风险。

具体到养老服务领域，不同时期养老服务风险治理均经历了与风险治理理论协同演变的发展过程（见表2-3）。

表2-3　我国风险治理理论在养老服务领域的适用性分析

时期	主要内容
计划经济时期	在"强政府—无市场—无社会"的治理格局下，养老服务突出表现为"包办福利"和"单位福利"，政府主要依托企业来提供服务，该时期既没有市场化养老，也没有社会化养老
改革开放初期到市场经济体制改革时期	该时期的显著特点是"政府治理，辅以市场治理"以及"强政府—弱市场—无社会"的治理格局。在该阶段我国政府尝试从"包办福利"和"单位福利"中解脱出来，开始养老服务的市场化实践，政府大致完成了对企业的改革，养老服务的提供由企业交由市场，因此"弱市场"渐渐形成，但在这期间社会治理还未发展起来
十八大以来	提出"多元治理"或"协同治理"的新型治理模式以及"强政府—弱市场—弱社会"的治理格局。十六届四中全会提出构建"和谐社会"的目标，自此之后社会建设逐渐得到重视，特别是党的十八大以来，中国社会治理取得重大新进展，主要体现在广泛倡导社会治理新思想，大力推进社会治理新实践，多方面开拓社会治理新境界，实现了在原来政府和市场发挥作用的基础上慢慢培育、引入社会力量。最终，政府、市场、社会在养老服务领域中形成彼此之间互相协同治理的机制

从我国不同时期养老服务政府、市场、社会资本的关系演进来看，风险治理理论对养老服务PPP具有较强的适用性和解释力。风险治理理论强调，政府和社会资本应建立"多元治理"或"协同治理"的新型合作关系，实现政府和社会资本的风险共同预防、共同管理、共同承担风险损失。这是由于养老服务PPP责任主体多元化、主体风险管理能力的互补性、伙伴关系的安全网络功能和风险的自组织特征等因素决定的。关于责任归属多元化，指的是一些风险的责任归属是多元的，就养老服务来说，需求风险是一种共同责任，既可能来自于人口结构的变化（公共部门的责任），也可能来自于运营策略的调整（社会资本部门的责任）；风险管理能力互补性，考虑到各个主体都拥有管理某种特定风险的资源，通过资源的互补，特定风险可以更有效地被化解，养老服务PPP风险的异质性，决定了由政府和社会资本共担的必要性；PPP的安全网络功能，在风险偏好方面，政府和社会资本都厌恶某些特定的

风险，例如金融市场波动引起的项目融资风险，而 PPP 是一个分担风险的安全网络，减少了单个部门受到冲击的可能，使得政府和社会资本具有风险共担的预期和意愿；单个风险之间的自组织性，风险和风险之间不是简单的线性关系，而是循环的关系，导致风险的自组织特征。养老服务 PPP 项目合作过程中，不管是来自公共部门的责任抑或是私人部门的责任，都会交杂在一起变成共同责任，风险交织的越密集，风险共担的意愿就越强烈。

综上所述，在实际解决我国养老服务问题时，不能只依靠政府单方面的力量应对老龄化风险，还需要充分调动其他社会主体参与其中，加强政府和社会资本合作（PPP）。风险治理理论要求政府和社会资本两个治理主体要上下互动，权责明确，风险共担，充分发挥各自优势，提供优质高效的养老服务。就我国治理实践分析，虽然政府提倡放权简政，但是在管理中仍有越位、错位的现象；社会组织也受到历史和现实制约因素的影响，在治理格局中发挥的作用还比较有限；城镇化水平发展较快，对相对落后的社区管理与服务提出改革要求；尚未健全的市场机制，在此方面还没有形成高效的运行机制，尚未充分发挥其良好的资源配置功能，等等。这些问题既是养老服务政府和社会资本合作（PPP）的社会背景，也是推进养老服务政府和社会资本合作（PPP）绕不开的改革突破口。

2.3 利益相关者理论

2.3.1 理论概述

从社会资本的视角分析，利益相关者从狭义角度来看，指的是与社会资本有联系的个体，多个个体的运作会对社会资本产生影响，有好的影响也有不好的影响。另外就利益相关性层面来讲，政府和非营利性组织都属于这样的个体。已有学者在其研究中明确指出相互间有利益关系的个体会产生合力，进而对社会资本产生双面影响。据此可知，在引入利益相关者这一定义时，都谈及了社会资本效益问题[1]。

---

[1] 程曦. 基于利益相关者满意的 PPP 项目目标体系研究 [J]. 项目管理技术, 2014, 12 (11).

2.3.2 主要观点与理论解释力

利益相关者理论恰当地解释了政府与社会资本之间的关系，认为政府和社会资本是 PPP 模式中不可或缺的两大主体，同时又不仅限于这两大主体（见图 2-1）。从图 2-1 中可以看出，利益相关者理论有效地将所有参与项目的个体分层归类，并且能将养老服务 PPP 模式中各主体间的关系厘清，就政府和社会资本合作关系来看，单从政府或是社会资本视角来观察，都不够全面，利益相关者理论着重于各主体参与项目所能获得的效益。养老服务 PPP 是比较典型的多主体合作模式，因此，将利益相关者理论运用于养老服务 PPP 模式的分析是恰当的，有助于实现项目的最优目标。

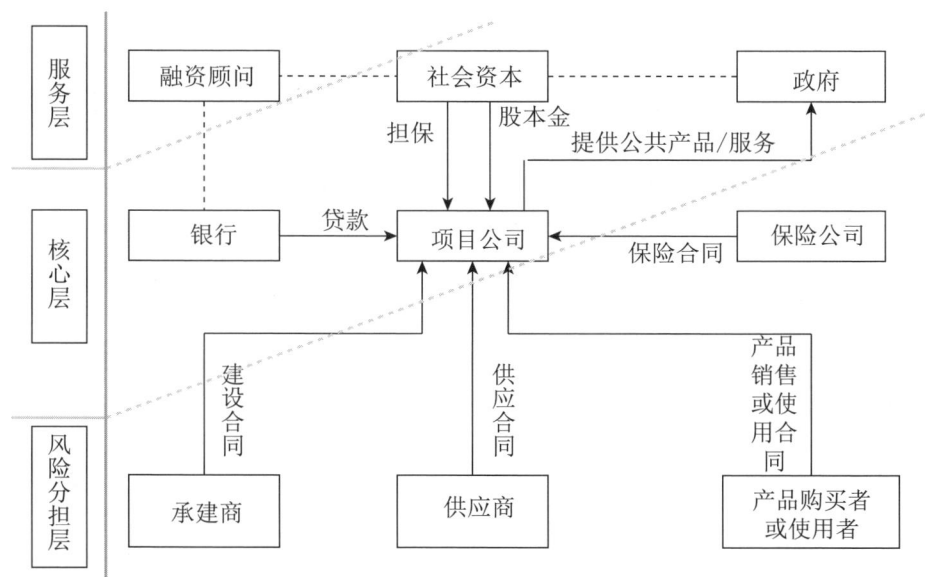

图 2-1 养老服务 PPP 项目参与者

在养老服务 PPP 模式下，项目利益相关者之间的关系错综复杂。由于多方合同的签订，养老服务 PPP 利益相关者被紧密联结在一起，他们的合作关系在最终项目真正落地的过程中起到决定性的作用。由此可知，养老服务 PPP 项目的最终目标应当符合各利益群体的需求，使各参与方满意，这样才有助于项目的落地。基于利益相关者与养老服务 PPP 项目间的远近关联度，可将利益相关者划为三类，[1]如表 2-4 所示。

表 2-4　养老服务 PPP 项目利益相关者分类

关键利益相关者	重要利益相关者	一般利益相关者
社会资本、政府部门、项目公司	承建商、供应商、运营商、设计单位、银行/财团、保险公司	社会公众

潘慧鸿、巩爱军（2017）依据利益相关者理论，将养老服务 PPP 利益相关者的期望是否得到实现，看成风险分担追求的最理想化目标，基于各参与主体的最终目标确定关系、识别风险、分担风险，构建有效合理的风险分担体系；[2]李恺、孙剑等（2017）从利益相关者理论入手，对养老服务 PPP 模式的核心主体进行识别和界定，构建出三类互动关系模型，从四方面对各主体的期望进行分析；[3]杨雄雁（2018）基于利益相关者理论，从政府方视角入手，出于对项目安全落地考虑，研究加大社会资本参与度、缓解融资难的有效方式；[4]何平均、刘思璐（2018）以利益相关者理论为视角，探讨基础设施 PPP 项目主体间的互动关系，分析潜在动机及可能性回应，从四个维度提出行之有效的建议，为推进 PPP 项目成功落地作出努力；[5]钱艳、任宏（2018）立足于利益相关者理论，基于绿色社区项目，对各主体进行期望分析，力求对 PPP 主体共同运营管理机制进行合理构建。[6]这些理论成果和研究方法，对于指导养老服务政府和社会资本合作（PPP）项目的落地运营具有重要价值。

---

[1]　高若兰. PPP 项目成功标准研究［J］. 管理现代化，2018，38（02）.

[2]　潘慧鸿，巩爱军. 基于利益相关者满意的 PPP 项目风险分担问题的研究［J］. 现代商业，2017（25）.

[3]　李恺，孙剑，耿萌. 我国 PPP 项目核心主体互动关系模型研究［J］. 建筑经济，2017，38（06）.

[4]　杨雄雁. 水利工程 PPP 项目动态利益分配研究［D］. 中南林业科技大学，2018.

[5]　何平均，刘思璐. 农业基础设施 PPP 投资：主体动机、行为响应与利益协调——基于利益相关者理论［J］. 农村经济，2018（01）.

[6]　钱艳，任宏. PPP 项目成功标准研究［J］. 城市发展研究，2018（03）.

第3章 养老服务政府和社会资本合作的逻辑机理

我国人口正经历快速老龄化与高龄化的过程,"未富先老"的特征与家庭小型化、核心化的结构变迁同步,家庭养老照料的资源十分有限,自助型家庭养老功能不断弱化。社会化养老已经成为养老服务的发展方向,而政府受财政能力和组织能力的局限,仅仅依靠政府无法有效应对老龄化带来的养老服务压力,全靠社会资本则违背基本养老服务公益化属性,单主体供给在不同程度存在着非合作失灵问题。发挥政府和社会资本的合力提高养老服务供给能力,实现风险共担、互利共赢,是养老服务政府和社会资本合作(PPP)的必然逻辑。政府与社会资本的合作,社会资本的主体形式既有市场主体,也有社会组织主体,往往表现为政府、市场和社会之间的合作关系。

3.1 养老服务发展中政府、市场与社会合作的逻辑变迁

现代养老服务从产生、发展、到制度化的变革历程,是在工业社会家庭功能转化,家庭风险转化为社会风险的背景下发生的。政府、市场与社会作为现代养老服务的主要供给主体,三者间的互动合作是推动社会化养老不断发展的动力,养老服务是在政府、市场与社会的权利、责任和职能划分的演进中不断成熟的。

西方学者关于福利制度模式的划分,存在着多种观点。根据政府、市场与社会三者在社会福利服务领域中的职能划分,可将福利制度模式分为剩余型、制度型和发展型三个层次,这种划分体现了不同历史阶段政府、市场与社会在养老服务中的不同作用的强调,又包含了三者的合作逻辑及其变迁。

"剩余论"强调市场的作用[1],认为国家在社会福利方面的责任是有限的,家庭和市场是满足个人养老需求的自然渠道,只有当发生诸如年老、疾病等特殊情况,家庭和市场难以满足个人的正常需求时,政府才需要承担有限的责任。社会福利制度作为家庭和市场的支持系统,可以起到临时防范风险的作用。而"制度论"更强调政府的作用。认为养老服务是公民的基本权利,是一种家庭和市场之外的再分配机制。"制度论"的代表性观点很多,英国经济学家凯恩斯(John Maynard Keynes)认为,"市场在保障人类再生产上失败了。为了创造健康和幸福的生产力,人们要组织起来,以集体的形式来共同分担风险与不幸,而这个风险的分担经常是由国家来规划的,有时候通过投资的形式来完成,国家在其中充当着主要角色"。蒂特马斯(Richard M. Titmuss)论及制度型福利模式时,把社会活动分为利润取向的市场活动和福利取向的集体行为两个基本范畴,"家庭和私营企业以外的那些正式组织化的或是社会赞助的制度、机构或项目,其目的在于维持或提高所有人口或其中一部分人的经济条件、健康状况或人际竞争力"。随着"制度论"的兴起,个人权益受到尊重,政府责任得以强调,现代养老服务开始走向成熟。"发展论"则强调社会的作用。20世纪70年代以来,在福利国家危机和人口老龄化的背景下,强调政府责任的"制度论"也遭受质疑,养老服务开始走向变革,强调依托社会合作的"发展论"不断丰富和完善。吉登斯的"第三条道路"和"积极的福利"思想具有一定代表性,他强调"不承担责任就没有权利",建议培育国家、企业、个人彼此协调负责、积极互动、充满活力的公民社会。"发展论"在实践中表现为多元福利模式,强调"政府权力分散化",将单一由政府提供福利转变为由政府、市场、家庭、非营利组织、社区等社会主体共同提供福利产品,将非政府的社会福利功能正式纳入社会福利政策的整体框架中,如英国的"混合式经济"策略。

总的看来,政府、市场与社会共同承担养老服务的责任是社会化养老服务发展的必然逻辑。把养老服务作为全社会责任,可以调动社会资源投入社会福利事业,这对社会福利事业的发展是一个有力的推动。社会不排斥政府与市场,协同合作使政府能够更好发挥统筹主导作用,政府仍然作为主要的出资者、政策法规的制订者;市场竞争的养老服务民营化实践更有效率,提

---

[1] Richard M. Titmuss, Essays on the Welfare State. London: Allen and Unwin, 1963, pp.

供了多层次的服务供给；社会的参与发挥了组织者和监督者的作用。政府、市场与社会不同主体提供的服务各有侧重，分别满足基本养老服务、市场养老服务和非营利性养老服务三大类，它们互相联系、相互依赖、相互补充、相互促进，共同支撑了老年人的生活质量，这种合作的逻辑对中国社会养老服务的发展具有重要的启示意义。

3.2 政府、市场与社会的合作博弈

3.2.1 主体间非合作失灵

从社会养老服务结构分析中可以看出，社会化养老服务的供给与需求之间无论在数量上还是质量上都存在着明显的失衡，以致一方面社会化养老服务的供给能力与老年人的现实需求之间存在很大缺口，另一方面从 20 世纪 80 年代中期至今，市场化商业养老服务有效需求不足的问题严重[1]。老年人希望获得社会化养老服务的愿望没有转化为现实的有效需求，究其原因，是政府、市场与社会各主体不能协同合作，存在主体"失灵"的问题。

（1）政府失灵："补缺"与"多元"的错位

政府活动并非总能够做到理论演绎的那样"有效"，政府公共部门在提供公共物品时难以避免地浪费和滥用资源。就养老服务来说，政府力图为弱势老人和贫困老人补缺，长期注重基于生存需求的养老服务供给问题。各地政府针对弱势老年群体采取了包括购买式居家养老、给予养老补贴、养老福利院收养等多种措施，但对于引导市场和社会力量发展多元化、多层次养老服务供给等方面举措不力。具体体现在政策法规的局限性和扶持力度不够两个方面。在政策法规方面，根据《民办非企业单位登记管理暂行条例》[2]和《社会福利机构管理暂行办法》[3]规定，要求民办养老服务机构的所有权与

---

[1] 付诚，王一. 政府与市场的双向增权——社会化养老服务的合作逻辑 [J]. 吉林大学社会科学学报，2010，50（5）.

[2] 民办非企业单位登记管理暂行条例，是为了规范民办非企业单位的登记管理，保障民办非企业单位的合法权益，促进社会主义物质文明、精神文明建设而制定。自 1998 年 10 月 25 日起施行。

[3] 《社会福利机构管理暂行办法》为部门规章，是中华人民共和国民政部为加强社会福利机构的管理，促进社会福利事业的健康发展，根据有关法律制定的办法，分总则、审批、管理、法律责任、附则等 5 章，共 29 条，自 1999 年 12 月 30 日发布之日起施行。

经营权相分离。这种规定限制了举办者对民办养老服务机构的所有权，模糊了举办者从组织活动中受益的合法性，在对民办非企业单位的义务和责任作出明确规定的同时却很少论及其应有的权利。政府没有充分考虑人口老龄化导致的养老市场发展和社会力量的成长，导致养老服务机构被法律法规束缚了手脚。在培育扶持方面，政府对社会化养老服务机构的扶持通常包括直接投资、间接资助和免税等优惠政策。政府直接投资兴办规模化的养老服务机构，耗资巨大却未必能达到资源配置的最优化；间接资助大都停留在一次性建设补贴上，但社会福利事业的公益性使其投资收益周期通常较长，长期性补贴也十分必要，而间接投资无法满足这方面需求；政府对养老服务机构的优惠政策也往往难以落实到位，国务院办公厅曾经出台文件明确规定，对社会福利机构的土地、用电、用水、电信等方面给予优惠和优先照顾，但有关部门在具体执行中由于部门利益而互相推诿，导致绝大多数优惠措施并没有到位。

（2）市场失灵："公益"与"赢利"的博弈

20世纪80年代以来，养老服务逐步向市场和社会力量开放，政府出于对养老服务的社会公益性质的考虑，要求进入养老服务领域的市场资本具有非营利性的取向，"社会办福利机构应当坚持非营利的性质和发展方向"。非营利养老服务组织要实现正常运转，必须依赖政府组织的委托和政策优惠，以及企业组织及个人的资金资助，但是市场化养老服务机构既缺乏正式的政府委托，也很少获得政府资金支持或慈善捐助。也就是说，市场投资的养老服务机构承担了非营利性的社会责任，却没有获得相应的发展空间，这就迫使养老服务供给者产生通过市场交换获得价值补偿的营利性冲动。当赢利的冲动与非营利性的要求同时出现，市场投资的养老服务机构在现实中不得不面临着"公益"与"赢利"的博弈，而博弈的结果往往是两败俱伤：一方面社会养老服务所强调的非营利性质难以保证，另一方面养老服务机构常常处于低水平运营状态，供给层次单一，难以满足多元化的养老需求，老年人希望得到社会化服务的愿望无法得到现实的有效供给，市场在养老服务的资源配置中"失灵"。

（3）社会失灵："失范"与"失序"的困扰

社会失灵可以从两个方面去分析、考察，第一方面是指在缺乏外在公共权威的情况下，单纯依靠自然法则形成的社会共识，社会自我运行无法维持良好的秩序和状态。第二个方面就是社会组织在提供公共服务和社会救助过程中，由于自身的缺陷，带来的目标扭曲、自主性丧失以及由此导致的行为失范[1]。非政府组织是市场和政府之外的第三部门，非营利性、非政府性、公益性、志愿性是其典型特征。然而，实践中，非政府组织难以长期保持上述特征，组织特性容易发生偏离。当组织特性发生偏离时，非政府组织提供服务时就会发生低效与失效现象。具体表现为：首先，非政府组织的企业化倾向，非政府组织具有非营利性，从根本上讲，它应该利用社会捐赠和成员志愿活动开展活动。然而，在非政府组织实践过程中，由于来自社会捐赠和政府补助的不足，为了更好地开展活动，其不得不从事经营活动获取收入。其次，非政府组织的官僚制倾向，随着组织规模的扩大和层级的增加，组织的官僚制化就是无法回避的选择。再次，非政府组织的"利益集团"倾向，无数个活跃在社会不同服务领域的单个非政府组织，织成了一张密集的公共服务网络。然而，对于单个非政府组织来说，互益性组织本身代表少数人利益，组织活动的出发点就是成员利益和组织整体利益最大化，这种现象可能会分散、模糊组织成员对公共利益的关心，甚至不惜牺牲更广泛的需要来提高特定的要求。最后，非政府组织的志愿精神弱化倾向，服务意识和志愿精神是保证非政府组织活动正常持续开展的内在动力。然而，非政府组织的志愿精神可能随着组织的发展不断减弱。

综上，在社会养老服务领域，政府、市场与社会的职能边界并不清晰，合作局面远未形成。政府定位的"越位"或"缺位"，市场机构"公益"与"赢利"的博弈，社会组织的"失范"与"失序"，放大了政府的错位以及市场与社会的负面效能，政府、市场与社会就会处于多方"失灵"的非合作困境中。

3.2.2 养老服务主体博弈模型及其应用

政府、市场与社会突破非合作困境的途径，就是加强多方主体的合作。主体合作的关键是明确利益边界，而利益边界是通过养老服务各主体的博弈逐步确定的。具体来说，政府、社会资本、老年消费者为主的社会公众三方之间开展的博弈过程，通过博弈达到满足三方利益需求的"纳什均衡"的条件。

---

[1] 黄建. 社会失灵：内涵、表现与启示[J]. 党政论坛，2015（2）.

三方纳什均衡分析基础在于，作为利益的相关方要实现利益最大化，必须换位思考，即假定博弈的双方在某种情形下做出的选择对对手是最有利的前提下做出何种选择对自己最有利，并且博弈各方在博弈过程中都应是理性并自私的，即政府只需考虑如何降低补贴和提供优质价廉的养老服务，社会资本方只需考虑如何参与其中并获得利益最大化，老年消费者只需考虑如何用最低的可支配资金获得最大的养老服务需求，在此基础上进行双方博弈的纳什均衡分析才更有针对性和效果性。

(1) PPP模式下养老服务定价机制

定价机制是利益博弈的核心。目前定价机制研究大多集中在"市场导向""成本导向"和"收入导向"三个层面。"市场导向型"以周边养老服务产品价格为标杆呈上下浮动态势，可以通过提高定价效率节省定价成本，但是市场不稳定性使得价格水平波动幅度大，容易出现消费者支付能力低于价格的现象，无法实现保障功能；"成本导向型"以"成本+基本利润+税金"来确定服务价格，缓解政府的财政压力，但当成本过高时，无法发挥保障功能；"收入导向型"以养老服务消费者的支付能力为前提，政府对超出支付能力部分给予补贴，虽然实现了保障功能，但政府需要对社会资本和养老服务消费者进行双重补贴，增加了财政负担。定价过程实质是定价主体间的利益博弈，每一方都努力实现自身利益最大化，有意或无意忽略了一方利益的提高可能以另外主体的利益损失为代价。博弈论认为，一种好的策略应该是在博弈各方都优化自己的决策并形成"纳什均衡"时才能达到。因此，本文以三方博弈模型对养老服务PPP定价进行研究，探索是否存在能实现"纳什均衡"的价格点。如果不存在这个价格点，应当如何优化以达到"纳什均衡"状态。

(2) PPP模式下养老服务定价主体

养老服务是由政府牵头组织、社会资本参与服务并获利、老年人群受益的社会福利项目，因此养老服务PPP项目的利益相关方由政府、社会资本方和老年消费者三方组成。由于三方视角的不同，追求的目标也不尽相同，因此在养老服务项目定价过程中要充分均衡三方的权益。从政府角度看，其利益目标是通过PPP项目定价，为社会提供数量充足、优质的养老服务；从社会资本角度看，其利益目标是通过PPP项目定价在收回投资基础上还能实现盈利，即实现投资利润最大化；从老年消费者视角看，其利益目标是希望通过PPP项目获得优质养老服务的同时支付最少的费用，即实现自身利益的最大化。然而，以上三者的利益目标通常不能同时被满足，增加政府补贴必然会导致政府财政负担加大，降低定价必然会造成社会资本利润降低，提高社会资本的利润也必然会导致政府和老年消费者的经济负担。因此，养老服务PPP项目定价必须要综合考虑，均衡各方利益，从而达到各方利益目标的最优化、合理化。

养老服务项目属于公共产品范畴，具有复杂的属性，其中包括市场自行定价的外部属性和政府听证及指导的内部属性，同时也具有公益属性和服务属性，因此，其价格不能简单地由市场决定，需要政府对其进行监督管理和提供相应的财政补贴[1]。政府通过特许经营权协议给社会资本方提供一定的财政补贴，同时又考虑老年消费者的支付能力和社会资本方的收益，因此，政府的财政补贴水平、社会资本方的收益目标和老年消费者的承受能力制约着养老服务PPP项目的定价。

（3）养老服务PPP三方主体利益的纳什均衡分析

由于政府、社会资本和老年消费者三方的利益目标不同，决定着三方所追求的服务和利益最大化呈负相关，采用纳什均衡理论平衡三方利益，必须在假定分析的基础上分别建立政府与社会资本方的纳什均衡分析和社会资本方与老年消费者的纳什均衡分析两种矩阵。

其一是政府与社会资本方的支付矩阵分析。

政府的博弈信息集是（积极参与，消极参与），社会资本的博弈信息集是（积极参与，消极参与）。用 x 代表社会资本的利润函数，y 代表社会资本的收入函数，p 代表老年消费者购买养老服务的价格，s 表示老年人购买服务的数量，e 代表政府给予的政策补贴或政策优惠，c 代表社会资本的持续运营成本，r 代表社会资本的投资回报率或收益率，w 表示政府组织养老服务PPP项目的总成本。

社会资本的利润函数 $x(p, s, e, c, r) = y(p, s, e) - c \times (1+r)$，用 U_g 代表政府的效用函数，即 $U_g = x(p, s, w)$，在养老服务PPP项目中，政府作为社会利益的维护者，即政府有责任实现老年人福利最大化，而且只要政府能为老年人提供他们所希望的养老服务项目，那么 $U_g > 0$ 必然会发生。政府相对社会资本方来说，其追求的是养老服务PPP财政支出最小化，即社会

---

[1] 严宇珺，严运楼. 养老服务PPP项目风险防范机制构建研究 [J]. 财会研究，2018 (4).

资本在一定时段收入持平于或超过该时段的成本,那么在该时段政府对社会资本的补贴越少甚至为零,即实现了政府效用最大化。政府在满足老年群体利益的同时还追求财政支出最小,因此政府的效用与财政支出成函数关系,即养老服务价格越高,政府对社会资本提供的补贴就越少,政府的财政支出就越小。因此,决定社会资本是否参与养老服务 PPP 项目的关键因素在于其期望的投资回报率。政府与社会资本方的支付矩阵见表 3-1。

表 3-1 政府与社会资本支出纳什均衡矩阵

支出矩阵		社会资本	
		积极参与	消极参与
政府	积极参与	x (p, s, e), x (p, s, e, c, r)	-w, 0
	消极参与	0, 0	0, 0

首先,从政府方考虑,若政府充当"积极参与"一方时,当且仅当社会资本的利润函数 x (p, s, e, c, r) = y (p, s, e) -c× (1+r) >0,社会资本方才会"积极参与"养老服务 PPP 项目,也就是说这时政府使社会资本的收益率得到实现。反之,当政府偏好"消极参与"养老服务 PPP 项目时,无论社会资本方采取何种态度,社会资本的预期收益均为零。其次,从社会资本方考虑。当社会资本"积极参与"时,政府选择"积极参与"的效用是 x (p, s, e) >0。当社会资本"消极参与"时,如果政府单方面热情,只会产生政府组织项目的成本支出 w;当社会资本"不参与",政府也"不参与",即双方合作失败,将不会达成合乎双方意愿的 PPP 契约,效用均为 0。因此,决定政府参与养老服务 PPP 项目的决定性因素是能否有期望的社会效用。

因此,为了养老服务 PPP 项目能够顺利开展,即实现"纳什均衡",政府和社会资本都应选择"积极参与",且必须满足 y (p, s, e) - c × (1+r) >0。

其二是社会资本方与老年消费者的支付矩阵分析。

老年消费者的博弈信息集是(购买,不购买),社会资本的博弈信息集是(不希望寻租,希望寻租)。用 p 表示老年人购买服务的价格,R 表示老年人愿意购买服务的最高价格(R>p),s 表示老年人购买服务的数量,则购买者的收益是 G= (R-p) ×s。

养老服务 PPP 是为了保障老年人群的各方面需求而存在的，但受逐利心理和不健全监管体系的影响，往往会出现不符合申请条件人群的寻租现象。这些非目标人群的进入引起养老服务购买价格上涨，这不但会侵占老年人群的权益，而且在短期内社会资本方利润会呈现稳步增长态势，这些寻租现象也是社会资本方期望发生的。假如老年消费者由于服务价格的上浮选择"不购买"，则社会资本方所期望的额外收益也不会发生。如果老年消费者选择"购买"，而社会资本选择"不希望寻租"，则社会资本的利润函数是 x = y (p, s, e) − c× (1+r)，如果社会资本选择"希望寻租"，并且购买价格为 P_0，且 p< P_0<R，社会资本的利润函数为 X (P_0, s, e, c, r) = y (P0, s, e) − c× (1+r)，得出社会资本方与老年消费群的支付矩阵，如表 3-2。

表 3-2 社会资本方与老年消费者支出纳什均衡矩阵

支出矩阵		社会资本	
		不希望寻租	希望寻租
老年消费者	购买	x (p, s, R), x (p, s, e, c, r)	x (P_0, s, R), x (P_0, s, e, c, r)
	不购买	0, 0	0, y (p, s, e)

由表 3-2 可见，如果老年消费者选择"购买"，而社会资本"不希望寻租"，那么，老年消费者的利润为 x (p, s, R)，即 (R−p) ×s，社会资本的利润为 x (p, s, e, c, r)；如果老年消费者选择"购买"，而社会资本选择"希望寻租"，那么，老年消费者的利润为 x (P0, s, R)，社会资本的利润为 x (P0, s, e, c, r)；如果老年消费者"不购买"，而社会资本"不希望寻租"，则双方无契约关系，利润都为零；如果因为社会资本"希望寻租"使得老年消费者不购买养老服务，那么老年消费者利润为零，社会资本利润为 y (p, s, e)。从以上分析可以看出，老年消费者选择"购买"养老服务以及社会资本选择"不希望寻租"是实现社会资本方与老年消费者支出纳什均衡的最佳选择。

针对上述三方在博弈过程中出现的问题及如何实现纳什均衡可知：政府是养老服务 PPP 的组织发起者，政府要强化其提供公共服务的能力，在养老服务 PPP 项目的设计、建设及运营阶段中起到指导、监督、支持的作用。社会资本或项目公司是养老服务 PPP 的参与合作者，必要的投资回报率是维持社会资本积极性的推动力。使用者付费能够使社会资本获得必要回报的同时社会资本不正当的高额投资回报率受到控制,政府可以通过大量优惠政策或足额补贴吸引社会资本参与到养老服务 PPP 项目中来。老年人群是养老服务 PPP 的受益者,老年人可选择适合的养老服务项目,积极维护自己的权益。三方主体只有在遵守法律法规、履行权利义务的基础上才能真正构建养老服务 PPP 定价模型。

3.3 政府、市场与社会合作的治理要求

针对政府、市场与社会摆脱非合作困境,除了具体主体之间通过博弈形成合作格局,还需要用合作的逻辑理顺政府与市场和社会的治理关系,避免单方面"失灵"造成的负面影响,实现社会养老服务的协同增效,发挥"1+1+1>3"的效应。

3.3.1 坚持政府保基本的责任

养老服务是一个特殊的行业和产业,不仅具有一定营利性,更具有福利性。在养老人群中,存在数量庞大而经济实力欠佳的群体,如何让这部分人也能够享受到最基本的养老服务,是各级政府部门绕不开的责任。政府应坚持养老服务"低端有保障、中端有供给、高端有市场"的原则,坚守在社会养老服务方面的基本责任,政府和社区要重点解决中低收入老年人的养老问题。"保基本"重点就是要履行政府兜底的职责,加大政府对养老服务的基本投入。比如,公办养老机构的服务重点是无收入、无劳动能力、无赡养人和抚养人失能、半失能等生活困难的老年人,服务内容主要是提供无偿或低收费的供养、照护服务。加大机构养老中公建民营、民建公助的资助力度,着力保障中低收入尤其是特殊困难老年人的养老服务需求,确保人人享有基本养老服务。因此,各级政府部门需要通过财政补贴、政府购买服务等多种方式,为低收入或经济实力不济的群体提供最基本的养老服务,让他们也能够老有所养,具体做法有以下方面。

(1)强化政策扶持,优化 PPP 投资环境

简单来说,要想吸引更多的社会资本参与养老服务建设,政府就必须为

社会资本创造一个良好的市场环境。为此，政府应转变职能，适当放权给社会资本，让其拥有一定的自主权，使其成为独立的市场主体，不再依附于政府。

首先，政府应该放宽相关准入政策，拓宽PPP养老服务融资渠道，适当降低社会资本进入养老市场的门槛[1]。养老服务业本身就是一个投资成本高、风险大、回报周期长的领域，这就需要社会资本大量的资金投入。而资本的逐利性和时效性必然要求收益和回报，这在某种程度上与养老服务的公益性背道而驰。政府的政策和制度设计如果不能满足资本的营利性要求，那么这种"无形的门槛"就会阻碍社会资本进入养老服务市场，从而降低其参与积极性，进而影响我国养老服务业的进一步发展。政府只有采取一定的政策与手段，如给予税收优惠、转移支付等方法对社会资本进行激励，才能提高其投资积极性。

其次，PPP养老服务的社会公益性特质易造成资本投资的回收期长、回报率低、投资巨大、资金回笼慢且不稳定等问题。在这种情况下，外部融资是养老服务PPP项目获取后续资金的主要方式和渠道。然而，实践中政策性银行和商业银行的低息信贷才是主要的资金来源。基于当前我国养老服务业金融创新不足现状，政府和社会资本在PPP项目合作时应更加注重养老服务的品牌建设，不断加大对养老服务PPP项目的宣传和推广；而地方政府也需要大力发展养老服务基金，从而充分地调动资本市场投资养老服务业的积极性；适当放宽养老服务PPP项目的股权融资和债券发行审核政策以及部分准入条件、鼓励养老服务PPP项目通过私募基金完成融资建设，这样不仅可以不断促进养老服务金融创新、降低外资准入门槛，还能为养老服务打造一个资本市场广泛参与的融资机制，从而促进我国养老服务建设的投资主体多元化发展。

公平、有序的市场环境和保障有力的政策支持体系是吸引社会资本投资养老服务业的关键。因此，各级财政、民政、社会保障部门要因地制宜地细化落实各项扶持政策，切实为社会资本投资养老服务业提供一个良好的外部环境。

---

[1] 赵守晓，房敏. PPP模式在中国养老服务社会化中的运用研究[J]. 新西部，2018（24）.

（2）加大对社会资本的支持力度，保障其合理收益

成本高、收益小、回收慢是养老服务公共产品供给的特有属性，这也是社会资本参与投资养老服务PPP项目积极性不高的主要原因。因为，如果政府未能按照事先合同规定的条款履行扶持承诺，难以落实具体的优惠政策，社会资本方就会面临很大的风险[1]。这就需要政府采取措施来提高社会资本的投资积极性。一方面，政府要给予养老服务PPP项目适当的政策扶持，如简化项目的审批程序、优先保障项目用地、适当减免税费并适当采取水电优惠等措施，充分发挥政府兜底线、保基本的作用；另一方面，政府还要对扶持政策的执行和落实情况进行持续化监督，不断降低养老服务业的发展成本。

养老服务业的公益性与社会资本的逐利性的矛盾使得社会资本在利益最大化的驱使下会以获利为根本，从而淡化养老服务的公益性。而适当地放权给社会资本，保证其基本的、合理的投资收益对于弱化社会资本的异化行为十分有益。如何在养老服务的"公益性"和社会资本的"逐利性"之间取得平衡显得至关重要。为此，政府应该做到以下几点：首先，政府在项目审核的时候要建立一个科学、规范的程序，借助市场机制来选定合作方。其次，政府有必要建立一个比较严谨的承诺机制，来保障双方的最低收益。而建立有效的监督机制是保证社会资本在养老服务PPP项目中获得合理投资收益的关键。这就需要政府及时转变政府职能，加强与社会资本的沟通和监督约束，保持行业间的良性竞争。在养老服务PPP模式下，只有以社会资本合理的投资收益的实现为前提，老年人的高质量、高水平的养老需求才能得到较好地实现，养老服务项目的公益性、福利性也才能更好地体现。

（3）完善养老服务PPP的相关法律制度，强化政策的执行与监督

一方面，健全法律法规。我国政府与社会资本合作目前仍处于初期阶段，发展还很不成熟，配套的管理政策和法律条文都有待完善，合作协议的法律属性也比较模糊。而且，法律地位、主体责任、权利与义务、配套政策等方面的法律法规缺失，难以为政府与社会资本合作提供强有力的政策推动力。由于养老服务PPP项目涉及多方合作，主体之间关系较为复杂，为保证PPP

---

[1] 孙玉栋，郑垚. 老龄化背景下养老项目PPP模式研究[J]. 中国特色社会主义研究，2018（01）.

项目良好运行，必须加快 PPP 模式参与养老服务领域的立法建设，包括对各主体之间权责关系等基本问题进行法律层面的规定，从而为 PPP 项目在养老服务领域的实施提供基本法律依据，真正做到有法可依，规范运行。具体做法如下：第一，加快立法，健全法律法规。政府和社会资本合作需要有健全的法律背景作为依据和支撑，应加快在政府和社会资本合作方面的专项立法，做到有法可依，形成从中央到地方的统一的政策体系和法律规范。第二，明确各种的责任和义务。对相关主体的法律责任和义务进行明确的界定是建立和完善法律体系的前提，这样才能促进政府部门和社会资本合作的法治化和规范化。第三，细化政策，安全落地。加快配套政策建设，尽可能确保政策实施的公平性，尤其要在财政、税收、融资等方面加快配套制度的建立和贯彻落实。这样才能协调好中央政府和地方政府的政策，增强可操作性和适用性。

另一方面，强化政策的执行与监督。当前，我国在社会资本介入养老服务建设和发展方面已经颁布了一系列的政策、措施。然而，其实施效果和执行情况却并不理想。这样不仅浪费了我国有限的养老服务资源，使得老年人合理的养老服务需求无法得到满足，也不利于政府良好社会形象的树立。政策的效果是要通过其有效贯彻执行来体现的，这就需要进一步完善政策落实的相关配套措施、调动地方政府执行政策的积极性。另外，监督是保证政府和社会资本在合法合理范围内履行自身义务和享受权利的前提。然而，当前我国政府在购买公共服务的过程中并没有建立起一个有效的监督机制和评估体系，目前现有的监管制度尚未对监管主体如政府、社会组织、社会公众和第三方机构的职责范围进行明确的界定，在实施监督的过程中存在职责不清、责任模糊等问题，大大降低了监督的效率；此外，政府购买服务、社会资本参与公共设施建设等过程缺乏有效的评估环节；我国目前引入第三方评估机构的实践经验尚不成熟，如何公平有效地开展监督和评估工作应是政府和社会资本合作研究的重点之一。为此，政府相关部门应完善监管过程，形成综合性、全方位的监督体系。具体做法如下：第一，监督主体的多样化。应设立独立的监督机构，辅以政府监督部门、社会组织、社会公众以及媒体，形成多主体的监督形式。第二，全方位的监督领域。将经营管理的监管、资产领域的监管、财务管理的监管等多方监管内容共同纳入日常的监督工作中。第三，健全绩效评估体系。引入多元化的评估主体，加快引进第三方评估机构、优化评估的手段和方式、细化评估的内容、明确评估的标准，对合作主体的行为绩效进行细致合理的评估，形成一套成熟的监管评估体系。

3.3.2 引导社会资本经办养老服务

政府履行对弱势群体养老服务的保基本责任，并不意味着排斥与市场和社会的合作，这方面同样有较大的协同合作空间[1]。一方面加强与市场的合作，在保基本的养老服务中，政府可以扩大购买养老服务的范围，在节约财政资金、提高资金使用效率的同时，政府职能也应发生改变，从养老服务的直接供应方转变为服务购买方和监管方，更有利于规范养老服务业的发展，提升养老服务水平。另一方面加强与社会的合作，在养老服务总体规划过程中考虑统筹社会资源，统筹编制社区养老服务中心（站）空间布局规划，将老年养老设施纳入社会公共服务设施配套建设之中。同时，政府应该给予非政府组织政策、人员、资金等方面的引导和推动，吸引公益性机构或慈善组织等参与养老服务。具体做法如下：

(1) 坚持市场化改革取向，让社会资本成为经办养老服务的"主角"

在政府保障基本养老服务的前提下，鼓励社会资本发展养老服务业，既可以引导投资进入短缺领域，又培育了新的有效需求。养老服务产业链非常长，可以向医疗、康复、健身、文娱、旅游等一系列领域延伸，在提升老年人生活质量的同时，形成新的消费需求并实现良性发展。社会资本参与养老服务，可以采取政府和社会资本合作（PPP）模式建设养老设施，利用其规模化、连锁化的特点，推动跨区联合、资源共享，发展异地互动养老，形成一批具有较强竞争力的养老机构，满足多层次养老服务需求。

社会资本参与养老服务同样需要加强政府与社会组织的协同，政府需要不断完善市场经济体制，建立平等的竞争规则和公平的竞争环境，为社会资本成为养老服务业的"主角"提供保障，让社会资本举办的各类养老服务与公办养老机构获得同等待遇，在银行贷款、项目审批、土地出让等许多具体问题上，加强公平竞争和多方式合作，增强养老服务机构运行效率，提高社会资本参与养老服务的积极性和服务质量。社会资本还要加强与社会力量的合作，争取社会组织参与兴办养老机构，吸纳社会志愿者力量，建立公众监督机制，健全评

---

[1] 徐宏，岳乾月. 养老服务业 PPP 发展模式及路径优化 [J]. 财经科学，2018 (05).

估制度，形成一批具有知名品牌和较强竞争力的养老机构[1]。

（2）健全管理机制，提供合作的机制保障

当前，政府和社会资本之间合作难以实现的主要原因就是机制存在缺陷。首先，市场机制不完善。我国政府向社会资本购买公共服务时应充分结合市场和社会组织具体情况，但现实中还没有一个完善的市场机制，现行的竞争机制往往具有操作性不强的缺点，竞争主体和范围也没有明确的规范，这就导致资源的有效配置难以实现。其次，管理机制不完善。管理机制包括监督机制、甄别机制和评估机制等内容，这些方面仍存在流程不规范、信息未公开等问题，使得政府和社会资本的合作关系难以建立，还容易产生政府寻租等不良现象。再次，风险管理机制和回报机制不完善。政府和社会资本合作（PPP）过程中可能存在多种风险，如政策风险、融资风险以及管理风险等，目前尚未形成系统的风险分担和保障机制，这大大增强了项目合作的难度。为此可以采取以下做法：

第一，充分运用市场机制。在养老服务PPP项目中，政府部门在选择合适的合作伙伴时要依靠竞争机制，只有引入多元竞争主体才能充分调动社会资本参与的积极性，从而达到强化契约关系的效果。

第二，设计合理的风险分担机制。在养老服务PPP项目中，一方面，政府作为主导方往往会利用社会资本来达到维护公共利益的目标，从而让社会资本方承担大部分风险，大大降低社会资本参与积极性；另一方面，为吸引社会资本参与合作而承担过多风险也不利于有效激励社会组织。因此，设计一个合理的风险共担机制对于分散项目风险、降低项目成本、促进项目的顺利实施十分重要。

第三，坚持合理收益分享机制，多渠道构建项目回报机制。社会资本具有逐利特性，应遵循盈利而非暴利的原则让其在合作中获益，以满足其日常运行和发展的资金需要，但不能过度盈利而损害社会的整体利益。此外，可以根据项目特点，建立一个良好的投资回报机制，鼓励政府通过运营补贴或者投资补助等方式支持养老服务PPP项目的建设。

第四，建立一个社会责任评价机制。建立全面的绩效评价体系及考评机

---

[1] 章萍. 政府和社会资本合作模式下社会企业介入养老服务路径研究[J]. 现代管理科学, 2017（06）.

制，合理设置政府监管的养老项目绩效考核标准。在养老服务PPP项目中建立一个有效的社会责任评价机制能够减少甚至防止社会资本异化行为，引导其更好地投资于养老服务建设。这就要求社会资本把社会责任的承担作为其自身发展的重要内容，政府也应多举措调动其参与养老服务业、承担社会责任的积极性。

3.3.3 激发社会资源充实养老服务力量

政府与市场之外的社会组织是发展社会养老服务的重要资源，社区组织和非政府组织是其中的主要力量。社区组织和非政府组织能够吸纳社会养老资源，有效动员社会公众参与，集公益性、灵活性和竞争性于一身，有着政府和资本都无法替代的优势，非政府组织的参与能够成为我国社会化养老服务的发展方向。社区组织和非政府组织的参与，可以构建以家庭养老为基础、社区养老为依托、机构养老为补充、非政府组织为合作者的社会养老服务体系。

尽管近年来我国社会组织在数量和能力建设上都有了很大提升，但是目前来说，社会组织自身能力储备方面还存在很多不足，严重阻碍了社会组织参与政府合作。主要问题有：社会组织内部的专业人才资源匮乏，难以有效推动服务能力的提高；内部决策流程不规范和管理制度不健全，不利于组织整体的能力建设；组织自身的实力不强，不足以承接政府复杂的服务项目；社会组织公信力不高，难以切实取得政府和社会公众的支持与信任等。除此之外，我国相当一部分社会组织独立性不高，对政府机构有较强的依赖性，在和政府的合作关系中，难以取得平等协商、独立自主的地位。因此，适应政府职能的转移，承接公共服务，必须进一步重视和加强社会组织自身的能力体系建设，以获得平等合作的话语权。

社会力量参与养老服务同样需要加强与政府和市场的合作。政府需要发挥主导作用，培育其与社区组织和非政府组织提供养老服务的合作伙伴关系。行政管理体制改革要着力调整政府与社会的关系，健全党委领导、政府负责、社会协同、公众参与的社会管理格局，加快发展和壮大社会自我管理与自我组织能力，以顺应"小政府、大社会"的改革趋向，让社会组织更好地分担政府剥离出的部分职能，与政府共同对社会进行管理。这一关系的最佳方式是合作伙伴关系，政府和社会发挥各自的优势，合作互补，共同促进社会的繁荣与进步。政府应逐步在社会功能和法定权利方面向非政府组织实行让渡，扩大非政府组织的行动空间，进而形成政府与非政府组织在养老服务领域的合作关系。社区组织和非政府组织与社会资本合作，可以克服非政府组织发展普遍面临的资金上的困难，克服非政府组织发展的资金"瓶颈"，同时社会资本的合作，也有利于社区组织和非政府组织提高自身服务意识和管理效率。具体做法有：第一，政府加快政社分离，促进社会组织独立。在社会组织参与养老服务时，政府要适当指导。给社会组织充分发挥空间，在提供养老服务时充分施展自身才能，加快实现独立的步伐。第二，政府在加快政社分离步伐的同时，社会组织也要加强自身能力建设，保持自身独立性，加强自身发展。当前我国社会组织发育不足，对承接政府购买服务较困难，需要加强自身发展建设，强化专业能力和完善制度。因此，促进社会组织的成熟与发展迫在眉睫[1]。第三，完善监管机制，加强社会组织自身监管。社会组织需加强对自身的监管，建立科学有效监管机制，完善成员的激励、惩罚体制，增强组织的归属感。社会组织还应公开其竞标购买流程和提供服务的开支等，自愿接受第三方监管。

3.4 养老服务PPP模式的政策选择

3.4.1 养老服务PPP模式政策发展

21世纪以来中国人口老龄化趋势逐渐显著，单单依靠政府财政已无法满足老龄群体各方面的需求，非公办养老迎来蓬勃发展的良好时机[2]，但是养老服务完全市场化，则违背养老服务的公共属性。如何在维护养老服务公共性的基础上激发社会资本，养老服务PPP模式是理想选择，相关政策得到了快速推进。

在养老服务领域引入PPP模式，就政府角度来说缓解了财政支出压力，有利于社会和公共资源的整合，减轻了政府的风险；就社会资本角度来说，

---

[1] 欧纯智，贾康. 政府与社会资本合作对新公共管理范式的超越——基于公共服务供给治理视角的反思[J]. 学术界，2018（12）.

[2] 张秀兰，徐月宾. 我国社会福利社会化的目标及途径探讨[J]. 江苏社会科学，2006（02）.

能充分发挥其在资金、技术、管理和运营方面的专业优势,降低投资风险,实现收益。

近年来,中央和地方政府出台了一系列激励措施来鼓励社会力量参与养老服务,见表3-3。

表3-3 我国养老服务PPP模式政策发展

日 期	发布部门	文件名称	文件要点
2012.7.25	民政部	《关于鼓励和引导民间资本进入养老服务领域的实施意见》(民发〔2012〕129号)	明确鼓励和引导民间资本进入养老服务领域,对于实现养老服务投资主体多元化,缓解养老服务供需矛盾,加快推进以居家为基础、社区为依托、机构为支撑的社会养老服务体系建设,具有重要意义
2013.9.6	国务院	《关于加快发展养老服务业的若干意见》(国发〔2013〕35号)	提出主要任务,包括支持社会力量、举办养老机构和推动医养融合发展
2015.2.3	十部委	《关于鼓励民间资本参与养老服务业发展的实施意见》(民发〔2015〕33号)	重点提出支持采取PPP(政府和民间资本合作)模式建设或发展养老机构
2015.4.22	发改委、民政部和全国老龄办	《关于进一步做好养老服务业发展有关工作的通知》(发改办社会〔2012〕992号)	特别指出"同时发挥好政府投资引导作用,积极支持社会资本进入","鼓励政府和社会资本合作等方式发展多层次、多样化的养老服务"
2015.11.18	国务院办公厅	《关于推进医疗卫生与养老服务相结合指导意见的通知》(国办发〔2015〕84号)	鼓励社会力量兴办医养结合机构

续表

日 期	发布部门	文件名称	文件要点
2016.12	国务院办公厅	《全面开放养老服务市场提升养老服务质量的若干意见》（国办发〔2016〕65号）	降低了市场准入和外资进入的门槛，逐步使社会力量成为发展养老服务业的主体，并明确提出利用PPP等模式建设或发展养老机构
2017.1.23	民政部	《关于加快推进养老服务放管服改革的通知》（民发〔2017〕25号）	指出"进一步调动社会力量参与养老服务业发展的积极性"，"吸引社会力量进入养老服务基础设施和服务领域"
2017.2.6	工信部、民政部和卫计委	《智慧健康养老产业发展行动计划》（工信部联电子〔2017〕25号）	提出"探索政府和社会资本合作（PPP）模式，积极引导社会资本参与智慧健康养老服务推广"

3.4.2 养老服务PPP模式政策内容

近年来政府引导社会资本进入养老服务领域，出台了一系列文件，为养老服务PPP模式提供政策支持。

2016年10月，财政部发布《政府和社会资本合作项目财政管理暂行办法》的通知，进一步明确财政部门在公共服务领域（包括养老）PPP项目全生命周期内的工作要求。

2017年3月，国务院办公厅印发《关于进一步激发社会领域投资活力的意见》指出，"进一步激发医疗、养老、教育、文化、体育等社会领域投资活力，着力增加产品和服务供给，不断优化质量水平，对于提升人民群众获得感、挖掘社会领域投资潜力、保持投资稳定增长、培育经济发展新动能、促进经济转型升级、实现经济社会协调发展具有重要意义"。同时该意见还提出，"引导社会资本以政府和社会资本合作（PPP）模式参与医疗机构、养老服务机构、教育机构、文化设施、体育设施建设运营，开展PPP项目示范"。

2017年4月，国家发改委印发《政府和社会资本合作（PPP）项目专项债券发行指引》（发改办财金〔2017〕730号），明确规定"PPP项目专项债券"是指"由PPP项目公司或社会资本方发行，募集资金主要用于以特许经营、能源、交通运输、水利、环境购买服务等PPP形式开展项目建设、运营的企业债券"。支持重点为能源、交通运输、水利、环境保护、农业、林业、科技、保障性安居工程、医疗、卫生、养老、教育、文化等传统基础设施和公共服务领域的项目。

2017年8月，财政部、民政部、人力资源社会保障部联合发布的《关于运用政府和社会资本合作模式支持养老服务业发展的实施意见》（以下简称《意见》），鼓励运用政府和社会资本合作（PPP）模式推进养老服务业供给侧结构性改革，加快养老服务业的培育与发展，形成多层次、多渠道、多样化的养老服务市场，推动老龄事业发展。《意见》提出"坚持养老服务领域供给侧结构性改革方向，深入推广政府和社会资本合作科学理念，优化养老服务领域政府资金资源投入使用方向和方式，发挥引导带动作用，注重发挥市场在资源配置中的决定性作用，营造公平竞争的市场环境，鼓励各类市场主体参与养老服务PPP项目，充分调动社会资本特别是民间资本的积极性，逐步使社会力量成为养老服务领域的主体"。

对于优先支持的重点养老服务领域，《意见》提出"重点引导和鼓励社会资本通过PPP模式，立足保障型基本养老服务和改善型中端养老服务，参与养老机构、社区养老体系建设、医养健融合发展等养老服务供给"。

《意见》鼓励政府将现有公办养老机构交由社会资本方运营管理。支持机关、企事业单位将所属的度假村、培训中心、招待所、疗养院等，通过PPP模式转型为养老机构，吸引社会资本运营管理。鼓励商业地产将库存高、出租难的地方，通过PPP模式将闲置厂房、商业设施及其他可利用的社会资源改造成养老机构。

《意见》支持社会资本参与社区养老服务PPP项目，"鼓励政府和社会资本在城乡社区内建设运营居家养老服务网点、社区综合服务设施，兴办或运营老年供餐、社区日间照料、老年精神文化生活等形式多样的养老服务。支持政府将所辖区域内的社区养老服务打包，通过PPP模式交由社会资本方投资、建设或运营，实现区域内的社区养老服务项目统一标准、统一运营"。

《意见》还鼓励社会资本投资医养结合的养老服务PPP项目，鼓励养老机构与医疗卫生机构、健康服务机构开展合作，支持打造"以健康管理为基础、以养老服务为核心、以医疗服务为支撑"的全生命周期养老服务链，兴建一批以养老为主题，附加康养、体育健身、医疗、教育、文化娱乐、互联网等现代服务业的"养老"综合新业态。

《意见》要求各级财政、民政、社会保障部门要加强合作，依托全国PPP综合信息平台，综合项目实施周期、收费定价机制、投资收益水平、风险分配基本框架、所需政府投入等因素，论证筛选出适宜采用PPP模式运作的养老服务项目，做好项目储备，确保工作有序推进。

第4章 养老服务政府和社会资本合作模式

政府和社会资本合作（PPP）是一种参与者多且较复杂的系统工程。PPP模式主要分为特许经营类、外包类和私有化类三类，主要的项目模式包括BOT、TOT、BOO、ROT、O&M等，在PPP模式下政府和社会资本建立合作关系并发挥各自的优势，最终实现合作共赢的目标。PPP运用于养老服务领域，也相应发展出多种运作模式。

4.1 政府和社会资本合作（PPP）模式概述

4.1.1 PPP的基本内涵与特征

（1）PPP的基本内涵

PPP（Public-Private Partnership）的缩写，即"公私合作制""公私合作伙伴关系"或"公共部门与私营企业合作"等，我国政府文件中一般将其称为"政府和社会资本合作"。

2014年9月，财政部发布《关于推广运用政府和社会资本合作模式有关问题的通知》，该文件将PPP定义为：PPP是指在基础设施建设及公共服务领域建立的一种长期合作关系。通常是由社会资本承担设计、建设、运营、维护基础设施的大部分工作，并通过"使用者付费"及必要的"政府付费"获得合理投资回报。政府部门负责基础设施及公共服务的价格和质量监督，以保证公共利益的最大化。财政部文件界定了政府与社会资本的职责及利益分配方式,较为准确地概括了 PPP 内涵应包括的内容[1],表明 PPP 的政策目标是提供公共服务或公共设施,方式是建立政府与社会资本的长期合作关系。

(2) PPP 的本质特征

PPP 模式具有三个重要特征:伙伴关系、利益共享和风险分担,这些基本特征在 PPP 各种具体模式中都不同程度体现出来。

一是伙伴关系。伙伴关系是 PPP 的首要特征,所有成功实施的 PPP 项目都是建立在伙伴关系基础之上的。PPP 模式中政府与社会资本的伙伴关系与其他关系相比较,显著独特之处在于项目目标一致。政府部门之所以与社会资本合作并形成伙伴关系,核心点是存在合作的共同目标:即在某个具体项目上,以最少的资源实现最多的产品或服务。同时,通过合作目标的完成能达成各合作主体目标的实现,公共部门通过以此目标实现公共福利和利益的追求。社会资本通过此目标,得到政府的支持,实现自身利益追求。

二是利益共享。利益共享是伙伴关系的前提与基础。如果没有利益共享,就不会有可持续的 PPP 的伙伴关系。PPP 项目一般运营周期长、资金投入大、通常公益性较强,不能以利益最大化为目的。PPP 项目运作中政府部门与社会资本并不是简单地分享利润,且需要制定合理的利润分配制度,采取特许经营权或者政府补助等形式,使作为参与者的社会资本方取得相对稳定的投资回报,降低社会资本方投资与运营风险。PPP 项目的共享特点,也决定了社会资本方追求的主要是稳定适度的利润回报,不能期望得到超额利润。

三是风险分担。利益共享的同时也必须共担合作风险。政府与社会资本合理分担风险这一特征,是 PPP 区别于政府与社会资本其他交易形式的显著标志。在 PPP 项目中,需要制定合理的风险分担模式,根据风险由最有控制力的一方承担的原则,分配相应的风险,以期达到项目整体风险最小化。一般来说,PPP 项目设计、建设、融资、运营维护等商业风险原则上由社会资本方承担,政策、法律和最低需求等风险应由政府承担。

(3) PPP 模式的基本结构

在 PPP 模式下,政府与社会资本双方具有比较明确的责任与利益关系,也发展出比较稳定的基本结构。就养老服务 PPP 而言,分析财政部全国 PPP

---

[1] 孙洁. 管理视角下的 PPP:特点、构成要素与基本原则 [J]. 地方财政研究, 2015 (08).

综合信息平台公示的项目,其基本结构体现了风险共担、利益共享的要求。一般来说,养老服务 PPP 先由政府和社会资本签署相关的 PPP 项目合同,双方组建特许经营项目公司(SPV),政府在这个项目公司中可以持股,也可以不持股,但政策规定的政府持股比例不能超过 50%;再由项目公司负责养老 PPP 项目的融资、建设以及管理运营等任务,政府有关部门对项目进行指导与监督管理;项目特许经营期满后,社会资本将养老 PPP 项目移交给政府。在整个运作过程中,政府是项目的发起人,主要出台相关的政策和提供财政支持来帮助项目公司,而社会资本主要向项目公司提供资金、技术和管理经验等。在 PPP 模式下,社会资本和政府可以建立长期稳定的合作关系,双方充分发挥各自的优势,获得更大的社会利益,PPP 模式的基本结构如图 4-1 所示。

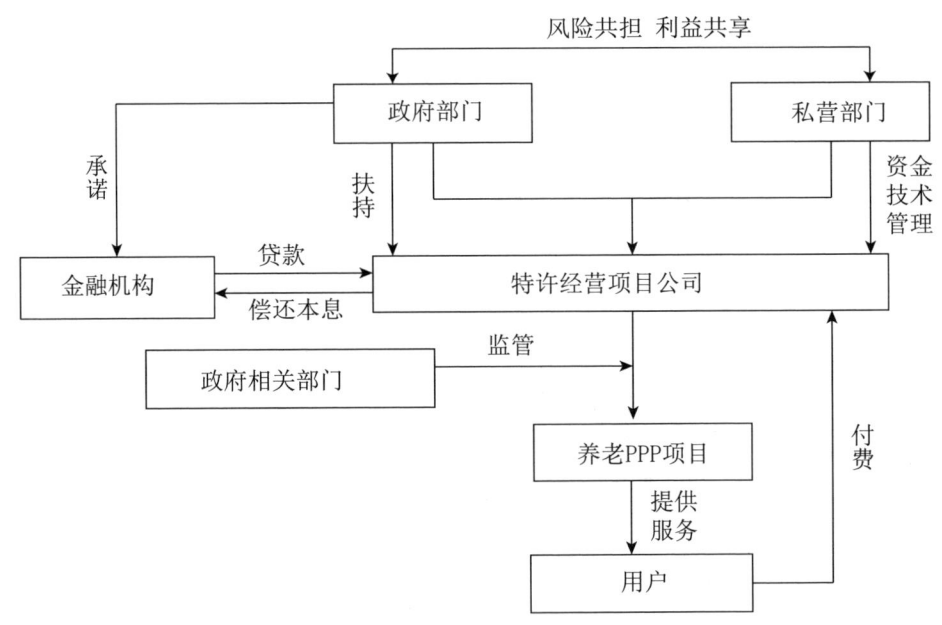

图 4-1 PPP 模式结构图

4.1.2 PPP 模式的常见类型

PPP 形式具有多样性,按美国民营化专家萨瓦斯的分类,除了完全国营和完全私营，中间部分都属于PPP，有多种类型，这些类型又结合发展出多种衍生类型，例如BOT、BOO、ROT、TOT等模式，其中BOT、TOT等模式是按照公共资产的所有权或使用权命名，我国很多地方都采取这样的命名法。国际上还会按照衍生类型进行分类，如以公共部门转交给私人部门职能多少命名区分DBFO（设计—建造—融资—运营）和DBFOT（设计—建造—融资—运营—移交），这两种模式大致与BOO和BOT相对应。PPP项目模式分类标准的不同，也会区分出不同的模式类型。以项目类型、融资方式、改扩建、期限等为区别标准，PPP的项目模式类型主要分为管理外包类、特许经营、私有化类三种类型（如表4-1）。

表4-1 PPP模式常见类型

分类	运作模式	适应项目类型	社会资本方承担职责	资产所有权归属	合同期限
管理外包类	委托运营 O&M	存量项目	运营维护	政府	≤8年
	管理合同 MC	存量项目	运营、维护及用户服务	政府	≤3年
特许经营类	建设—运营—移交 BOT	新建项目	设计、融资、建造、运营、维护和用户服务	政府	20~30年
	转让—运营—移交 TOT	存量项目	运营、维护和用户服务	合同期内：社会资本/项目公司 合同期后：政府	20~30年
	改建—运营—移交 ROT	存量项目	改扩建、运营、维护和用户服务	合同期内：社会资本/项目公司 合同期后：政府	20~30年
私有化类	建设—拥有—运营 BOO	新建项目	设计、融资、建造、运营、维护和用户服务	社会资本/项目公司	永久

一是管理外包类PPP项目模式。该模式下PPP项目由政府投资，社会资

本只负责项目的某项或几项任务，如项目设计、工程建设等，或者受政府之托代为管理维护设施或提供部分公共服务，并通过政府付费实现收益。采取这类模式的项目，主要目的不是为了融资，而是引入社会资本先进的管理技术和经验，提升运营效率和服务质量。由于未投入资金，这类模式下社会资本承担的风险较小。管理外包类PPP项目模式常见的是委托运营（O&M）、管理合同（MC），主要适用于存量项目。通常存量项目的资产所有权归政府所有，政府委托社会资本负责存量资产的运营维护，需要向社会资本支付委托费用。

二是特许经营类PPP项目模式。这是目前比较常见的PPP项目模式。该模式下，社会资本参与部分或全部投资，并通过一定的合作机制与政府分担项目风险、共享项目收益。根据项目的实际收益情况，政府可能会向特许经营公司收取一定的特许经营费或给予一定的补偿。采取该模式的PPP项目，主要目的不仅为了融资，也为了引入社会资本先进的管理技术和经验，在供给总量增加的同时又能提升服务质量与供给效率。根据项目是存量还是增量、是否需要追加投资等，特许经营类项目常见模式主要可分为建设—运营—移交（BOT）、改建—运营—移交（ROT）和转让—运营—移交（TOT）。其中，BOT适用于新建项目，这是目前我国应用较多的一种PPP模式，一般项目投入高、周期长，社会资本负责新建项目的设计、融资、建设、运营、改建、转让和服务等，特许经营期满后项目资产移交给政府。通常特许经营期长达20~30年。BOT模式可以同时引入社会资本的资金与技术。TOT和ROT主要是为了给存量项目引入资金，将政府性债务置换为非政府性债务，化解地方政府性债务风险。

三是私有化类PPP项目模式。该模式由社会资本承担项目的全部投资，政府对其进行监管，社会资本通过向使用者收费收回投资获取利润。私有化类PPP项目的所有权归属于社会资本，并且不具备有限追索特性，因此社会资本在这类PPP项目中承担的风险较大。私有化类PPP项目常用的模式是BOO模式，这种模式是由BOT模式演变来的，两个模式之间的区别是BOO模式下社会资本拥有所有权，一般不会存在移交阶段。

在BOO模式中，项目的所有权不再交还给政府，项目公司有权不受任何时间限制地拥有并经营项目设施，项目公司实际上成为建设、经营某个特定基础设施而不转让项目设施财产权的纯粹私人公司，其在项目财产所有权上与一般私人公司相同。从这种意义上说，BOO 代表的是一种较高级别的私有化。但从广义上来说，该模式仍属于 PPP 的范畴。因为在 BOO 模式下，所有权即使由社会资本持有也不意味着政府不再承担供给公共服务的职责。政府部门还需要通过监督私人部门履行合同中注明的公益性约束条款等方式来保证公私之间长期的"合作"关系。另外，在中国，公私间的股权合作也体现了混合所有制改革的要求。但是，并非所有的混合所有制都属于 PPP 的范畴，只有在公共服务领域的公私股权合作才能看作是 PPP 的应用。

4.2 PPP 典型项目模式

长期以来，人们一直将 PPP 与 BOT、ROT 等并列，其实 PPP 是一个总称，其管理模式包括 BOT、O&M、BOO、ROT 等典型模式，还有各种模式结合发展出的诸多项目类型。

4.2.1 BOT（建设—运营—移交）模式

（1）BOT 模式的内涵

BOT 是英文 Build-Operate-Transfer 的缩写，即"建设—运营—移交"，是指政府通过与社会资本方签订特许权协议，将部分基础设施和公共服务领域项目授予社会资本方，由社会资本方承担项目的投资、融资、建设和维护等工作，在协议规定的期限内，许可社会资本方经营其授权的项目并获得运营收益。合同特许期满后，社会资本方需要将项目资产无偿或者有偿地移交给政府。合同期限一般为 20~30 年。BOT 模式下，政府拥有新建项目的所有权，社会资本对项目投资后，通过对项目的运营、提供有偿服务来收回成本和获取收益。可以看出，该模式下政府实质上是用项目运营收益来换取对公共资产的投资。

BOT 属于最典型的特许经营类 PPP 项目模式，也是我国基础设施项目中最常用的 PPP 项目模式。该模式又具体分为 BOOT（建设—拥有—运营—移交）模式和 BLOT（建设—租赁—运营—移交）模式。

BLOT（建设—租赁—运营—移交）模式是社会资本承担项目的融资和建设任务，在合同期内，社会资本和政府签订租赁合同，并获得项目的经营权，社会资本方通过提供有偿服务收回成本和实现收益,合同期满后,将项目交给政府,经营期一般为 25~30 年。社会资本承担融资和建设的责任,合同期内的项目经营权归社会资本方,项目的所有权一直属于政府。

BOOT(建设—拥有—运营—移交)与 BLOT 的不同点在于,社会资本拥有特许经营期内的项目所有权,合同期满后才把项目所有权归还给政府。社会资本承担融资和建设的责任,合同期内,社会资本方既拥有项目的经营权也拥有所有权,期满后,社会资本将项目经营权和所有权全交给政府。

(2)BOT 模式的特点

第一,项目的主体是政府和社会资本,双方之间属于合同合作关系,本质是政府向社会资本颁发特许经营权。第二,项目一般具有投资大、周期长的特点,因此政府鼓励引入社会资本参与项目;同时这些项目多为基础设施或公共服务项目,具有垄断性或公益性特点。第三,政府拥有项目的所有权,社会资本方对项目具有一定的控制权,但政府对社会资本有指导、监管等权利。第四,该模式具有政府干预和市场机制相结合的混合特点。一方面,该模式可以充分发挥市场机制的作用。采用 BOT 模式的项目都在市场上进行,公共部门采用公开招标的竞争方式遴选社会资本方。社会资本方作为市场主体是 BOT 模式的主体,在合同期内拥有项目的经营权。另一方面,该模式中政府和社会资本方签署的项目合同为政府干预提供了有效途径。虽然该模式的管理运营都由社会资本方负责,但政府部门有权对项目进行指导、控制和监督。政府部门对 PPP 项目在立项、招标和谈判阶段具有关键性的作用。

BOT 模式的最大特点是将基础设施的运营有期限地特许授权给社会资本以获得项目融资。BOT 模式下,政府通过公开招标将项目的特许权授权给社会资本,然后组成项目公司承担项目的融资、建设、管理和运营,社会资本获取合理的收益主要通过在特许经营期内管理运营项目和政府的财政支持。合同期满后,项目移交给政府。在该模式下,政府一般保障社会资本的回报收益,如果特许期内没有实现收益,政府会给予适当的补贴。

(3)BOT 模式的运用

BOT 模式引入公共产品社会化的理念,一定程度上缓解了政府财政建设资金缺口的压力,实现"小投入做大项目",推进基础设施建设,在实践中发挥了重要的作用。发展中国家广泛应用这种新型的项目模式,1989 年巴基斯坦开展了第一个 BOT 项目 HUB 电站。政府承担了部分项目风险并对项目运营收入进行补贴，政府的分担是项目顺利实施的核心。随着 BOT 模式的不断推广，巴基斯坦出台了更完善的有关 BOT 模式的政策方针以规范模式实施方案，并广泛运用于各个项目中，主要体现在能源项目上。

发达国家也重视运用 BOT 模式完善基础设施。20 世纪 90 年代以前，澳大利亚的基础设施都是由政府出资建设。随着经济的增长和人民经济水平的提升，国家对各种基础设施和公共服务需求逐步提升。政府部门由于曾试图提高税收和借用海外资金来减轻财政压力而产生了政府信用危机，方案最终因公众反对而无法实施。澳大利亚政府借鉴其他国家对于大型基础设施的成功经验，运用 BOT 模式，1992 年 8 月悉尼海底隧道顺利建成，此后，政府又实施了几个较大的 BOT 项目。

我国最早于 20 世纪 80 年代采用 BOT 模式来建设公共基础设施。1984 年我国实施的第一个 BOT 模式项目是沙头角 B 电厂，这是由香港合和实业公司和中国发展投资公司等作为承包商在深圳建设的项目。当时我国政府还没有出台有关 BOT 模式的政策和措施，该项目完全按照国际 BOT 模式的经验运行。此后，我国广东、福建、四川、上海、湖北、广西等地也开展了 BOT 项目，例如广深珠高速公路、重庆地铁、上海延安东路隧道复线、武汉地铁、北海油田开发等。1995 年 8 月，广西来宾 B 电厂、湖南长沙 A 电厂和四川成都自来水厂 B 厂等 BOT 项目的建设试点，开创了外商在我国基础设施公共领域投资的新时代。[1] 之后政府对 BOT 项目投入更多的关注和支持。华东、华中、华南地区陆续在电力、公路、铁路和桥梁项目上运行 BOT 模式，并得到了很好的运作成效。另外在一些大型的建筑领域采用 BOT 模式也很成功，例如北京"鸟巢"。

随着我国人口老龄化的不断发展，我国养老服务产业投资需求逐渐增加，BOT 模式在创新我国养老服务业投资多样化中起着至关重要的作用。在具体的实践中，新建项目的养老服务机构可以运用 BOT 模式，首先由公共部门和社会资本共同组建项目公司（SPV），一般而言，社会资本是最主要的投资方，政府的投资较少，主要由项目公司承担养老服务项目的融资和建设，完成后政府将特许经营权授权给 SPV，由 SPV 负责项目的管理运营，通过提供

---

[1] 高小娜. 浅析 BOT 融资项目的发展及运用 [J]. 纳税, 2018 (17).

有偿服务获取回报，政府可以参与使用者付费的定价，向项目公司提供一定的融资支持和财政补贴，确保社会资本获取合理回报，特许经营期满后养老服务项目移交给政府（如图 4-2）。该模式能够加速项目的建成和提高资金利用率，促使社会资本为获取更多的回报而提供丰富的服务项目和提升服务质量，满足老年群体的需要。典型案例是江苏省无锡扬子颐养中心模式、福建省南平市金太阳老年服务中心模式、宜华健康的 BOT 项目，以及大量建设类公司竞标的养老院建设项目，如中城建设集团中标的养老 PPP 项目等。

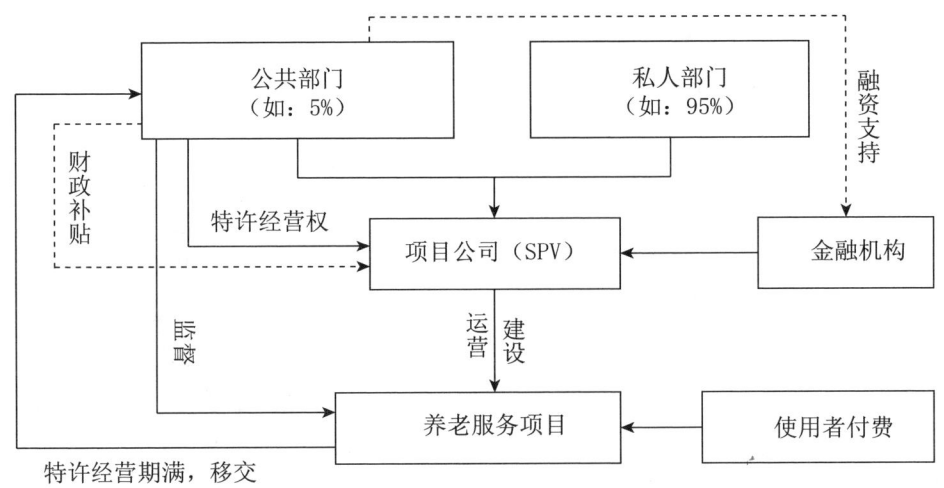

图 4-2　养老服务项目 BOT 模式图

4.2.2 O&M（委托运营）模式

（1）O&M 模式的内涵

O&M 是 Operations & Maintenance 的缩写，即委托运营。政府保留存量公共资产的所有权，而仅将公共资产的运营维护职责委托给社会资本方或项目公司。O&M 模式合同期限一般约定年限，在约定年限内资产所有权属于政府部门，项目的建设也靠政府，政府部门只向社会资本支付委托运营费用。O&M 模式的本质就是政府部门通过支付委托运营费用，委托社会资本对项目进行运营和维护。社会资本方主要的收入来源为政府支付的委托运营费。该模式下不存在项目所有权的移交问题。

(2) O&M 模式的特点

第一，委托运营模式与其他模式的不同点体现在，政府拥有公共资产的所有权，社会资本方只负责对项目的运营和维护任务，委托运营主要运用于存量项目，即项目的前期工作由政府完成，但还没有全部完成，社会资本方承担未完成项目的运营工作，政府向社会资本支付一定的委托费用。O&M 模式的合同期一般为 8 年以下，可以续签。该模式公共部门承担更多的风险，社会资本方承担较小的风险。该模式的主要目的是引入项目的管理运营方，带来先进的管理运营技术和经验，保证基础设施的建设。

第二，不同于购买服务项目中的契约关系，O&M 模式中政府与社会资本存在雇佣关系，社会资本方只受政府的委托负责项目的管理运营维护，项目资产的所有权归政府。整个过程中社会资本方在获取委托运营费用的同时，政府也有权利对其运营管理成效等进行监督和控制。

第三，O&M 模式引入专业的社会资本对项目进行管理运营，这些专业的项目公司拥有丰富的管理运营经验，有助于提升项目运营效率和水平；政府委托社会资本方运营管理就不需要另外安排专业人员参与项目运营，能够缓解政府部门工作人员的压力；很多失败的公共项目都是由于缺乏专业的管理运营经验，O&M 模式可以使那些缺乏效率的公共项目重新运作，引入专业的社会资本方来参与其中，专业的管理运营可以重新运转存量项目。

第四，从私人部门角度看，O&M 模式补充了代理运营的市场，组建了专业的项目运营管理公司，一个私人部门可以承担多个公共项目的运营管理工作，这有助于私人部门积累运营经验和提高运营的专业化水平，同时减少社会资本参与公共项目的成本，促进 O&M 模式的可持续发展。

(3) O&M 模式的运用

O&M 模式最早开始运用于日本，20 世纪 80 年代日本就开始将一些养老机构的运营管理权交给专业的社会资本方负责，这种做法是为了提升养老机构的管理运营效率，实施后的结果是增加了运营量，并创造了丰厚的运营收入。2016 年我国政府在工作报告中提出"开展养老服务业改革试点，推广多种形式的医养结合"，随着全国各地逐步开始以"医养结合"特色来实施养老服务项目，O&M 模式在养老服务项目中也得到广泛推广。山东省面对严峻的人口老龄化问题，2012 年推行的"山东济南养老服务中心"项目就是 O&M 模式的成功运用。此外，O&M 模式应用于合肥市金玫瑰社区居家养老服务项目及上海市徐汇区邻里汇社区养老项目中也效果明显。

4.2.3 BOO模式（建设—拥有—运营）模式

（1）BOO模式的内涵

BOO是英文Build-Own-Operate的缩写，即建设—拥有—运营，是指社会资本承担项目融资和建设的责任，并且拥有项目的所有权和经营权，政府主要承担项目的监管职责，政府和社会资本签订的合同约定社会资本必须实施项目的公益性条款。该模式一般没有具体的合作到期日。

BOO模式与BOT模式的运营形式比较相似，两个模式的不同之处在于BOO模式社会资本拥有项目的所有权，但必须在合同中注明保证公益性的约束条款，一般不涉及项目期满后移交。由于没有合作周期约束，可以在公共服务或者基础设施整个存续期内真正拥有项目资产并持续经营获益。社会资本可以站在一个更长远的视角，整体规划、整体统筹各个环节的工作。

（2）BOO模式的特点

BOO模式属于私有化类PPP项目模式，社会资本拥有项目资产所有权，承担更多的风险。BOO模式的优势在于，该模式能够缓解公共部门的财政、人员紧张压力，保证公共部门的主导和指导地位，社会资本可以在运营中获得投资收益。BOO模式由于拥有项目的经营权和所有权，没有期满移交这个阶段，更具有私有性。BOO模式的目的在于吸引社会资本参与项目的建设运营，提高项目的运营效率，减少项目的投资成本，保证项目产品和服务的质量水平。

（3）BOO模式的运用

我国采用BOO模式的项目有河南省洛阳仁大医院项目，伊川县人民政府授权伊川县卫生局与社会资本伊川县嘉润置业签署PPP项目合同，该项目中政府占股34%，社会资本占股66%，项目的合同期限为30年，采用可行性缺口补助的回报方式。

就养老服务PPP来说，运用BOO模式的养老服务项目，社会资本拥有项目的所有权，通过运营项目获得运营收益并承担相应风险，政府只对项目进行监管，不参与项目的建设和运营。社会资本为了获得更大的利益，会提供更加丰富和高质量的养老服务，这样既可以提升养老服务的质量，又可以提高政府的治理能力，实现多方共赢。具体来说，BOO 模式的养老机构一般由社会资本建设运营，政府部门只提供用地或税费方面的优惠政策，且政府提供的优惠政策幅度取决于养老机构的性质，如果是民办非营利性养老机构，政府会提供免费或较低的租金的养老建设用地，给予较多的税费优惠及运营补贴，如果是营利性养老机构，政府提供土地的租金会高于非营利性养老机构，提供的税费优惠相对较少，并且在项目的合同中明确注明公益性条款，对服务质量和服务收费进行合理监管。

4.2.4 ROT（改建—运营—移交）模式

（1）ROT 模式的内涵

改建—运营—移交（Rehabilitate-Operate-Transfer，ROT），即改建—运营—移交，主要是指社会资本在获得特许经营权的基础上，对存量旧资产或者项目进行改造，并对改造后的资产在特许经营期内进行运营、维护并获取运营收益，特许期满后，再将项目资产移交给政府的一种模式。它是 TOT 模式的升级版。该模式增加了改扩建阶段，项目合同期限一般为 20~30 年。该模式先改扩建公共资产，再转交给私人部门进行运营，合同期满后移交给政府。

（2）ROT 模式的特点

ROT 模式是在 TOT 模式基础上衍生出来的一种项目运作模式，有时也等于"BOT+TOT"，其主要特点是在 TOT 模式的基础上新增了改扩建的内容，一般合作期限为 20~30 年。该模式主要适用于改扩建的存量项目。ROT 模式下，社会资本方在与政府签订特许经营权协议后，发起成立项目公司（通常政府方会少量出资成为股东并对项目公司形成监管），改造更新陈旧的基础设施，并在运营一段时间后移交给政府。项目的特许经营期类似于 BOT 项目，存在着建设期和运营期两个部分。

与 TOT 模式类似的是，ROT 模式也会与 BOT 模式绑定，通过社会资本方对一些老项目进行改造升级并提升整体项目的规模。ROT 模式的主要优势在于其专业性，解决了养老服务项目中的专业维护问题。ROT 模式与 TOT 模式一样，都是用于处理地方政府债务、盘活存量资产的有效模式。

（3）ROT 模式的运用

从财政部 PPP 项目库中的入库项目情况看，对于我国 PPP 项目的具体模式选择，存量项目多是以 ROT 模式运作。我国采用 ROT 模式的项目有如皋市同源污水处理厂，项目包括对目前污水处理厂一、二期招标改造和三期扩建，总共投资 3.85 亿元，政府支出了 2.35 亿元用于项目征地拆迁、管网配套费用，剩下的 1.5 亿元由社会资本方如皋市同源污水处理公司出资，主要用于项目的投资建设。该项目的合同期限为 30 年，政府付费为项目的回报方式。

在养老服务领域，ROT 模式较多用于对公立养老机构的改扩建项目，一般由社会资本负责公立养老机构的改扩建任务，并在合同期内拥有项目的管理运营权，通过提供养老、医疗、文体娱乐、保健、物业管理等服务获取运营收益。该模式主要是通过使用者付费来获取投资回报，由于 ROT 项目多为公立养老项目，所以收费价格一般由政府指导定价。典型的案例有北京市朝阳区恭和养老公寓项目、深圳市福田区园岭八角楼托养中心项目。

4.2.5 BOT+OM 模式

（1）BOT+OM 模式的内涵

BOT+OM 模式即建设—运营—移交+委托运营模式，它是 BOT 模式与 OM 模式的结合，具体说来，就是项目包含新建项目和存量项目两部分，对于新建项目采用 BOT（建设—运营—移交）模式运作，资产所有权归政府，由社会资本方获得特许经营权，负责项目的融资、设计、建造和运营等，享有项目收益，项目期满后资产的运营管理权移交给政府；对于存量项目采用 O&M（委托运营）模式，与新建项目一起捆绑委托给项目公司运营。这种"新建+存量"捆绑式的"BOT+O&M"运作模式，将政府和社会资本的各自优势与资源进行有效发挥和利用，合力提供高质量的养老服务，实现政府、社会资本、老人和社会的多方共赢。

该模式下，政府部门参与项目设计、为项目提供一定的财政支持，并出台一系列政策和项目流程，把土地作价入股。政府将养老服务设施按照租赁的方式委托给社会资本进行运营，一般采取降低租金或者根据养老机构服务人数提供补贴。项目公司（SPV）主要承担项目的设计、融资、建设、维护等职责，获得项目的特许经营权。专业的养老机构属于运营方，负责项目日常的运营管理。项目建成后，SPV 与运营方签署《资产租赁协议》，将项目委托给专业的养老机构进行运营,SPV 承担监督运营方和维护资产的职责[1]。

在资金方面,社会资本融资形成项目资产,运营方租赁资产并支付租金,社会资本方收回投资是依靠租金,运营方获取回报是通过运营管理。运营方分担了政府部门的养老压力,缓解了政府的财政支出。

(2) BOT+OM 模式的特点

BOT+OM 模式中,对于政府来说,政府通常将土地作价或直接提供资金入股项目公司,成为项目的股东,政府既是公共事务的宏观管理者、监督者,也是 PPP 项目的合作出资者、参与者,在养老服务领域,政府能获得养老机构的部分床位用于保证基本的社会养老需要;以股东身份获得项目运营收益,在合同期满后收回项目资产;对项目的各个阶段进行监督,确保项目的顺利开展和保证项目的质量。对于社会资本方或项目公司来说,其获得项目的租赁权和特许经营权,承担项目的融资、建设、运营、维护等责任,可以通过委托运营的方式将项目资产租赁给运营方;可以通过向运营方收取租金的方式收回投资成本并获得一定收益;项目公司有权选择运营方并监督其运营,确保合同期内项目的顺利开展和合同期满后项目的移交。对于接受项目公司委托运营的运营方来说,在合同期内负责项目的日常运营,并获得运营收益;运营方必须受政府和项目公司的监督,参考政府提供的定价指导,保证项目的公益性特点。

BOT+OM 模式是养老服务领域政府和社会资本较适宜的合作模式,是快速解决养老服务供需失衡矛盾的一种有效 PPP 运作模式,在较短时间内盘活了政府的存量资产,扩大了养老服务供给资源总量,改善了供需矛盾,提高了供给水平和效率。

(3) BOT+OM 模式的运用

BOT+OM 模式属于一种创新的项目模式,BOT+OM 模式是发达国家的成功实践,该模式也能指导我国的 PPP 项目实践,推动养老服务 PPP 模式的长久发展,进而满足老年群体日益增长的养老服务需要和缓解政府的养老财政支付压力。我国采用 BOT+OM 模式的项目有江苏宜兴市农村污水治理项目,该项目的新建设施采用 BOT 模式,已建设施采用 OM 模式。恩施州巴东县乡镇污水处理工程和市政基础设施改造 PPP 项目也同样采用了 BOT+OM 模式。

---

[1] 王海发."BOT+OM"模式在养老服务业的应用研究[J]. 招标采购管理,2017 (08).

在养老服务领域，BOT+OM 模式在实践中运用较成功的是江西省赣州市章贡区社区居家养老服务中心项目。该项目被选为财政部第二批示范项目。项目自实施以来，居家养老服务网点迅速增多，各项居家养老服务工作有序开展，已初步建成了一个范围广、功能多的社区养老服务网络，当地的养老供给状况得到较大改善，养老服务质量和水平有了较大提升，也给社会提供了可复制、可推广的学习范本和模板，取得了较好的示范效果。

4.3 PPP 其他项目模式

4.3.1 TOT（转让—运营—移交）模式

（1）TOT 模式的内涵

TOT 是英文 Transfer-Operate-Transfer 的缩写，即转让—运营—移交，是指政府将存量资产的所有权转让给私人部门，并由私人部门对项目进行运营、维护和提供服务，合同期满后再将项目资产及其所有权移交给政府。合同期限一般为 20~30 年。

TOT 模式中公共部门与私人部门的关系较简单：公共部门将公共资产转让给私人部门来进行运营管理，政府在合同期内监督私人部门提供的公共产品和服务。在该模式中，合同期限满后，私人部门将公共资产移交给政府。

（2）TOT 模式的特点

TOT 模式与 BOT 模式的不同点在于，TOT 模式主要适用于存量项目。该模式下社会资本方拥有政府存量项目的经营权和所有权，这种模式避免了项目的建设阶段，减少了社会资本的建设风险。该模式更多运用于通讯、供电、供水、供气等公共基础设施项目中。

TOT 模式的实施过程如下：第一，制定 TOT 项目方案并报批。转让方应先制定 TOT 项目计划书，征求相关部门的意见并获得有关部门的批准。例如国有企业必须得到国有资产管理部门的批准才能采用 TOT 模式。第二，对项目进行招标。参照有关规定，TOT 项目需要通过招标方式决定项目的运营方，招标过程与 BOT 模式相同。第三，转让方应将项目资产转让给社会资本方或项目公司，让其在一段时间内对项目进行运营管理并收获利益。第四，转让方获得一定的资金，再将这些资金用于建设新的项目。第五，合同期满后，项目公司将项目完整地移交给政府。

(3) TOT 模式的运用

我国采用 TOT 模式的项目有河南省平顶山市区污水处理项目，平顶山市住建局与厦门水务签署项目合同，厦门水务组建专门的项目公司，承担污水处理设施的管理、运营和维护等工作，合同期限为 30 年，期限满后移交给政府。该项目主要是依靠可行性缺口补助方式获取回报。

对于现有的、建设完成的公共养老服务设施，其服务功能已大致形成，但在实施过程中也出现了各种管理和运营方面的问题，导致现有的养老服务设施效率不高。为了实现最大的社会利益，可以采用 TOT 项目模式，引入专业的私人部门参与项目的运营，提升养老服务的专业化水平。首先公共部门应该评估目前的养老服务基础设施，采用招标的形式选择专业私人部门，并转让项目的运营权，私人部门在获得项目运营权后，组建项目公司，在特许经营期内，项目公司拥有运营和维护养老服务设施的权利，并采取使用者付费回报机制获得相应的运营收入，公共部门还会提供一定的补助。合同期满后，将公共养老服务设施完整移交给政府。其运行原理如图 4-3 所示。这种模式可以促进养老服务项目设施的不断更新，提升养老服务项目的运营效率，缓解政府部门的财政压力。典型案例包括江苏省如东县中医院医养融合项目。

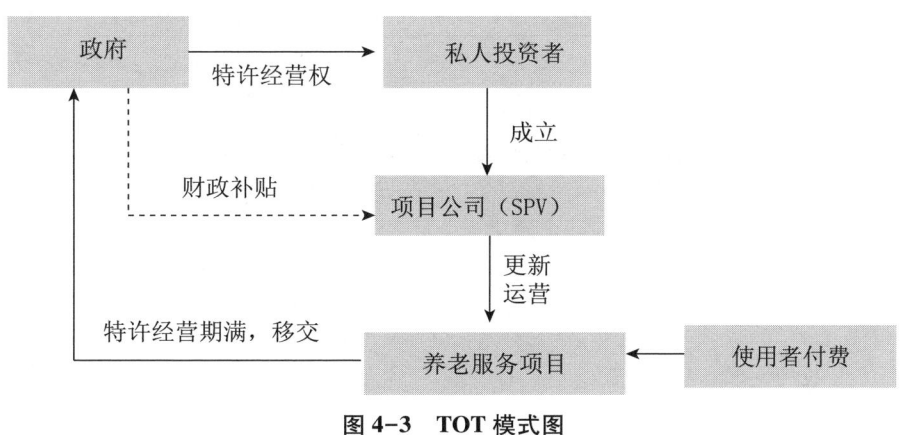

图 4-3　TOT 模式图

4.3.2 MC 模式（管理合同）

（1）MC 模式的内涵

MC 是英文 Management Contract 的缩写，即管理合同，是指政府保留存量公共资产的所有权，将公共资产的运营、维护及用户服务职责授权给社会资本或项目公司的项目运作方式，政府向社会资本或项目公司支付相应管理费用。

（2）MC 模式的特点

MC 模式一般被认为是 TOT 模式的过渡。项目的合同期限较短，一般不超过 3 年。在管理合同模式中，政府将公共资产的运营管理委托给社会资本，还将提供用户服务工作授权给社会资本。但是资产的所有权还是归政府，项目的建设和改扩建都归政府。在 MC 项目模式中政府部门承担为社会资本支付管理费用的责任。这种模式有利于更新项目的管理运营经验和技术，提高存量公共资产的效率。

（3）MC 模式的运用

MC 模式主要用于工程类项目，一般适用于大型的、复杂的项目，政府与专业项目公司签署合同。在实际操作中，很少有 MC 模式独立出现的，大多数都会与 TOT 模式绑定。在公共服务领域，MC 模式适用于保障性住房项目。采用 MC 模式实施保障性住房项目，是将存量的保障房交给项目公司进行管理和运营，而不是新建住房。这种模式对项目公司的资金要求不高，反而对公司的管理运营保障能力的要求较高。在养老服务领域，由于 MC 模式同 O&M 模式一样，涉及政府付费，其方式上与政府购买服务有不少的重叠，所以目前阶段，还是以政府购买服务的方式出现较多，MC 模式实践中运用相对较少。

第5章 养老服务政府和社会资本合作模式的运行实践

养老服务领域推行 PPP 模式可以吸引社会资本的投入，缓解政府养老服务供给不足的财政压力，还能提升养老服务供给的效率和质量，推动养老服务可持续发展。2014 年 9 月，财政部颁布《关于推广运用政府和社会资本合作模式有关问题的通知》（财金〔2014〕76 号文），要求积极开展 PPP 项目试点，尽快形成制度体系，该文的发布开启了 PPP 试点的总动员。2015 年 5 月，国办发〔2015〕42 号文《关于在公共服务领域推广政府和社会资本合作模式的指导意见》，要求在养老领域推广运用 PPP 模式，并明确了推广 PPP 模式的工作要求。迄今为止，PPP 模式应用于养老服务领域的探索已有数年，实践中，因项目具体情况差异 PPP 运行模式也各不相同，有新建项目的 BOT、BOO 模式，也有存量项目的 O&M、ROT 模式，还有新建与存量项目结合的 BOT+O&M 模式。考察典型的养老服务 PPP 实践模式是理论与实践的结合，能够为养老服务 PPP 的健康持续运行提供实践经验与借鉴。

5.1 新建项目的 BOT 模式

BOT（建设—运营—移交）模式是我国养老 PPP 项目的主要运作模式，从国家财政部 PPP 中心示范项目库数据显示，在养老项目中，BOT 模式占比最高，达到 58%，这与我国目前养老服务设施总量供给不足、急需增加养老服务机构和设施有关。BOT 模式下社会资本通过公开招标的方式从政府手中获取养老设施项目的特许权，允许其在一定时间段对项目进行融资、建设和运营，并获得合理的利益，特许期结束后，社会资本应将项目无偿地移交给政府。BOT模式的典型项目主要包括江苏省无锡扬子颐养中心项目和福建省南平市金太阳老年服务中心项目。

5.1.1 江苏省无锡扬子颐养中心项目

(1) 江苏省无锡扬子颐养中心项目介绍

江苏省无锡扬子颐养中心是较早采用BOT模式的养老机构，该项目是无锡市社会福利中心二期工程，总面积大约2.09万平方米，是一座多功能、高标准、医疗护理一体化的养老康复机构。中心设有单人间、标准间、多人间、套间及专业护理房间，共计床位650余张，严格按照护理院标准设计建造，老人可根据自己的实际需要选择入住。

该项目属于社会资本探索举办、政府扶持的非营利性养老院，由扬子颐养中心投资开发建设，总投资2亿元，政府在土地划拨、床位建设、税收优惠等方面提供支持。自筹建以来无锡市政府给予大力支持，是无锡市政府的重点民生工程。该项目自2016年10月正式运营以来，已入住老人400多人，入住率达到70%。该项目采用医养结合的创新模式，设立综合老人护理院，内有临床、康复、护理、理疗、体检、中医养生六大中心，配备专业营养师，为老人科学安排各类健康膳食，并提供预约点餐服务。中心还配备儿童休息区、电子阅览室、多功能中心、书画室等设施，该项目在老人医疗保健方面和休闲娱乐方面投入较多，还为老年群体提供多样的娱乐活动区域，满足老年群体的兴趣爱好。另外，中心运用智能化管理体系，先进的无障碍设施，24小时安保服务，24小时医疗服务、生活照护，努力为老人打造优质的养老环境，提供称心的养老服务。

(2) 江苏省无锡扬子颐养中心项目主要做法

第一，运用BOT模式完善养老服务供给侧改革。根据统计数据，无锡市总居住人口达800万人，其中老年人口数量为130多万人。[1]随着人口老龄化的不断发展和家庭结构的变化，老年抚养比越来越高，独生子女面临着赡养多位老人的养老压力。并且人们生活条件也不断提高，综合性的养老模式受到了老年群体的欢迎，传统的家庭养老在逐步向社会集中养老发展。无锡

---

[1] 国家发展改革委社会发展司等.走进养老服务业发展新时代——养老服务业发展典型案例汇编，[M].北京：社会科学文献出版社，2018.

市政府以实现"老有所养、老有所依、老有所乐、老有所学、老有所为"为目标,坚持为老年人提供更专业的养老服务为原则,寻求与社会资本合作,争取在每个社区都建设一所养老院,满足老人多元化的养老服务需求。无锡扬子颐养中心项目正是在这种背景下产生,采用BOT模式,政府部门提供项目的养老用地和有关优惠政策,社会资本负责投资和建设,社会资本方并拥有项目的经营权,合同期满后将项目移交给政府部门。毫无疑问,BOT模式探索出了一种减轻政府财政压力而利用私人资本投资养老项目的发展方式,创造了政府办养老项目可靠性与私人资本专业性互补的养老模式,优化了养老服务体系。该项目建设专门的养老院,满足老年群体的养老、医疗和娱乐方面的需求,保证老年群体的根本利益,作为无锡市社会福利的重要项目,实现了很大的社会效益。

第二,加强养老和医疗设施建设,确保服务的专业性。无锡市社会福利中心一期的设施和规模已经不能满足老年人的养老需求。随着人口老龄化问题的不断深入,加之无锡市经济的不断发展和人们日益提高的生活水平,社会福利服务的供需矛盾日益明显。一期养老中心存在设施老化、规模小等问题,不能满足当前无锡老年群体的养老服务需求。因此,建立社会福利中心第二期项目,即扬子颐养中心项目,加强养老和医疗设施建设,打造成为老年群体提供汇集养老、医疗、娱乐的养老服务中心。该项目安装有专业的老人定位、床头呼叫等系统和网络、监控、通讯、安保、消防等设备。护理方面配备护理床、专用洗浴床椅、保温餐车等日常护理设施,医疗方面配备心电图、B超、氧气瓶、吸痰器等医疗设备。该项目为了满足老人医疗方面的需求,向无锡市有关部门提供医疗机构许可材料,获批248张护理床位,该中心划分了内科病区、康复病区、临终关怀科、中医病区四大病区,并设有内科、康复科、临终关怀科等诊疗室。临终关怀病区增添更人性化的服务,提供家属陪伴室。中心配备有专业的医疗队伍,及时为老人提供专业的医疗保健服务。

第三,政社合力注重养老服务人才培养,保证养老服务人员队伍的稳定性。

为促进养老服务质量水平提升,推进养老护理员队伍"稳心留根",政府出台了《无锡市养老护理岗位工作人员入职奖励暂行办法》《关于进一步完善养老服务业财政补贴政策的通知》等多个政策文件,对从事养老护理岗位的人员予以政策倾斜。一是入职奖励补贴。对在养老服务机构中连续从事养老护理（包括护理、护士、康复、社工等）专技岗位工作满五年且继续在上述岗位工作的人员，根据学历高低给予不同数额的入职奖励补贴，本科及以上学历人员，每人奖励60 000元，专科或中专学历人员则分别奖励48 000元和36 000元；对同岗位工作人员先后取得国家不同层级学历证书的，按照就高原则进行发放。二是职业资质补贴。对取得国家养老护理员初级、中级、高级、技师、高级技师五类职业资格证书的护理人员，分别给予每人500元、1000元、2000元、5000元、10 000元的一次性岗位补贴。另外，凡进入颐养中心工作的人员在入职前都会接受综合的培训，员工持证上岗率达到85%以上。培训一周两次，分为职业道德培训和技能操作培训。颐养中心会对每次的培训进行反馈，还会对培训效果进行抽查和记录。通过政社合力，该中心建设了一支年轻、文化水平较高、形象好的个性化养老服务队伍，改变了养老服务项目普遍存在的工作人员年龄较大、文化水平不高等现象，保证了养老服务人员服务的专业性和长期稳定性。

（3）江苏省无锡扬子颐养中心项目经验效果

第一，因地制宜选择合适的政府和社会资本合作模式。无锡市扬子颐养中心项目通过政府与社会资本签署项目合同，双方建立长期合作关系。政府为社会资本提供土地、床位补贴等优惠政策，社会资本提供资金和管理技术支持，并由社会资本管理运营，提供优质的养老服务满足老年群体的不同需求。BOT模式缓解了政府的养老财政支出压力，毕竟养老服务资金不足影响了养老服务机构的发展，而BOT模式可以吸引优秀的社会资本来投入养老项目，为养老项目提供资金支持，能够在短期内快速地增加养老服务供给总量缓解供需矛盾。为了获得更多的运营收益，社会资本创新养老服务，满足不同老年群体的多种需求，努力提供更令人满意的优质服务。如项目重视老人医疗保健及文体娱乐的设施建设，积极开辟各种形式的娱乐活动场所，满足老人多方面的养老服务需求。

第二，政府和社会资本各自优势得以发挥，运营效率提高。从扬子颐养中心运营效果看，这种BOT模式，政府和社会资本合作运营，取长补短，互利合作，以最有效的成本为老人提供高质量的服务，形成政府、社会资本和老人三方长期共赢。从政府角度看，由于无锡市老龄人口多，养老服务供给任务重、压力大，BOT运作模式不仅可以减轻政府养老投入的财政负担，还减少政府对微观事务的干预,有更多的精力放在养老规划和监管上。对社会资本方来说,投资颐养中心项目,有政府部门的合作与政策扶持,降低了其投资养老服务领域的门槛与风险,拓宽了发展空间。另外,项目主要由社会资本方按照市场需求进行各种养老服务设施规划和配置,提供各种有专业性的养老服务,运营效率较好,老人的满意度较高,社会效益显著。

第三,医养融合的养老服务模式契合老人需求。对于老人而言,随着年龄的增长,身体容易受疾病的困扰,身体机能逐渐下降,因此,老人的机体康复与老年慢性病医疗是养老服务构成中不可缺少的服务内容之一。与许多的养老院只提供一般日常生活照护服务功能不同,扬子颐养中心在服务内容上为老人提供医疗、护理、康复等多重养老服务。该中心主打中医特色,邀请知名的老中医坐堂开药方,针灸推拿。从医疗服务、康复护理、心理护理、生活护理、全方位地照顾老人的身心健康,提供优质的养老服务。扬子颐养中心医养融合的养老服务模式实施两年多来,给老人养老生活带来便利与实惠,得到了老人及其家属、政府和社会各界的充分肯定和高度评价。

5.1.2 福建省南平市金太阳老年服务中心项目

(1) 福建省南平市金太阳老年服务中心项目介绍

南平金太阳服务中心于2013年成立。该服务中心由福建金太阳公司发起。福建金太阳公司最早成立时间是2007年,是在福州市注册登记的社会服务机构——福州金太阳服务中心。2014年得到国资委下属上市公司注资,成立福建金太阳公司,主要从事养老服务行业。目前福建金太阳公司拥有南平金太阳服务中心、福州金太阳服务中心、龙岩金太阳服务中心等多家社会服务机构,以及一家医疗诊所、一个培训中心、两所养老院。该公司长期与政府部门合作开展PPP养老服务项目。该公司目前管理南平、福州、龙岩地区共269个社区居家养老服务站,4所机构养老院、2个日间照料中心,一键通、老人定位机约3.6万部。2015年共计服务约70万人次。该公司拥有约900家合作服务商,与北京良医联盟家庭医生签约,签约医生3000人左右,为老人配备更专业的医疗队伍[1]。联合社会公益组织和合作服务商提供的资源,为老人提供更加优惠和高质量的服务。

---

[1] 刘梅芳. 基于PPP模式的居家养老服务供给研究 [D]. 福建师范大学, 2017.

（2）福建省南平市金太阳老年服务中心主要做法

一方面，明确项目的供给主体。南平市金太阳服务中心采用 BOT 项目模式，项目的供给主体是南平市政府和南平金太阳服务中心，双方签署 PPP 合作合同，共同为老年群体提供社区养老服务。

另一方面，明确项目主体双方的供给内容和方式。南平市政府和南平金太阳服务中心采用 BOT 模式来提供社区居家养老服务。政府部门的做法有：一是 2013 年南平市民政局提出引入社会养老服务机构的建议，经过讨论确定引入福州金太阳服务中心，注册南平市社会服务机构——南平金太阳服务中心，构建地区居家养老服务信息化平台，以试点的方式在延平区提供养老服务。二是出台有关政策和鼓励社会力量参与居家养老。南平市政府出台的《南平市人民政府办公室关于实行老年人高龄补贴的通知》和《南平市人民政府办公室关于建立居家养老服务公共财政投入机制的意见》，为社区居家养老服务的开展提供了法律支撑。三是政府部门与南平金太阳服务中心签署 3 年的购买合同，政府保障特殊老年人享受基本养老服务。四是政府为项目提供一定的资金支持，2013 年给予 66 万资金用于养老服务平台和老人信息数据库建设。五是为项目提供社区居家养老服务站点，每个站点补贴 2 万元的运营费用。六是政府为项目提供养老用地，并提供一些优惠措施，例如免去第一年的水电费用，确保项目的成功实施。七是政府为项目提供更多的帮助，与医院、消防、公安局等建立联动机制和构建合作关系，为居民提供更方便的服务。作为社会资本方的南平金太阳服务中心，主要做法有：一是南平金太阳服务中心负责南平市"968885"居家养老信息化平台建设，前期投入 30 万资金。二是与政府签署 3 年合同，为合同约定的特殊老年人提供免费居家养老服务。三是延平区的社区居家养老服务站点从试点到全面运营，对服务站点进行改造，并安排社区助老员对其进行管理。四是建设老人信息数据库，进行入户调查，了解社区老年人的基本情况和养老需求。五是在本地组建和培养一个优秀的养老服务团队。

（3）福建省南平市金太阳老年服务中心经验效果

南平市政府与南平金太阳服务中心双方共同合作，采用 BOT 项目模式，该模式在南平金太阳服务中心取得了一定的效果。

一是在供给主体方面，在该 PPP 项目中，南平市政府不仅为南平金太阳服务中心提供养老场所和政策支撑，还提供一定的资金支持。项目中具体的养老服务由社会资本方提供。2016年8月,南平金太阳服务中心与南平联通公司合作,定制并购买了"一拨通"终端设备,并配备手机和定位腕表,建成了特殊老年人的信息数据库,承接了地区社区居家养老服务站点,并对其进行适当的改造。南平金太阳服务中心坚持整体社会利益大于个人经济利益的原则,保障特殊老年群体获得稳定的养老服务。南平南平金太阳服务中心的服务满意率高达98%。

二是在供给内容方面,南平南平金太阳服务中心为政府购买养老服务的特殊老年群体提供各种优惠服务,并为中心的老人提供不同需求的养老服务。中心对服务对象采用会员制的管理方式,每位会员需缴纳每月10元的会费,并为其建立档案。会员享受基础性服务和增值服务两大类服务,其中包含19项养老服务,例如上门服务、急救服务、日常生活照料等。社区老年人居住在家中就能享受到中心的便利服务。该中心承诺15分钟到位的服务效率,为服务对象提供专业化的服务以及满足他们的精神需求,并对服务过程进行管理和监控,对于服务对象提出的投诉意见在48小时内给出相应的解决办法,该中心以提供高质量的服务为服务的宗旨。

三是在供给方式方面,南平南平金太阳服务中心构建"四位一体"的协同服务供给机制,联合机构、居家养老、社区、信息平台,开创了"没有围墙的养老院"的养老模式。利用现代化信息技术,联合紧急呼叫、定位系统、上门服务等,形成"互联网+家政"服务网;实现社区O2O模式,线上线下服务;"968885"呼叫平台24小时有服务人员,保证15分钟到位;中心与社会资本合作,为老人提供更加优惠的服务,例如与通讯公司、银行等合作;中心还与高校建立了合作关系。

南平金太阳服务中心提供一站式的服务,搭建养老服务信息管理云平台,为社区养老提供居家养老服务、日托照料、养老机构入住等全服务产业链,中心配有养老、医疗、康复、家政、临终关怀等服务。南平金太阳服务中心利用信息化平台和互联网技术,为服务对象提供线上线下的服务,助老员还通过入户调查和电话访问了解养老群体的基本情况和养老需求。该中心总结自身长期从事养老服务行业的经验,设置了专门的服务护理员培训课程,制定南平金太阳服务中心养老服务星级标准,定期对服务人员进行培训。该中心制定居家养老服务站管理运营的规章制度,逐步完善养老服务。2015年福建省老龄办与南平金太阳服务中心制定了《城市社区居家养老服务规范》,为养老服务项目提供了政策支持，促使养老服务服务更加规范。

5.2 新建项目的 BOO 模式

新建项目的 BOO 模式（建设—拥有—运营）是指社会资本对项目拥有经营权和所有权，不存在期满移交。BOO 模式的典型项目主要包括福建省泉州市禾康智慧养老服务中心项目和上海市金山区颐和苑老年服务中心项目。两个项目的共同点为都采取 BOO 模式（建设—拥有—运营），都强调通过政府和社会资本的合作来实现最大化的经济效益和社会效益。

5.2.1 上海市金山区颐和苑老年服务中心项目

（1）上海市金山区颐和苑老年服务中心项目介绍

上海市金山区颐和苑老年服务中心是一座高品质的养老养护服务中心，是政府扶持的非营利性养老院、养护院。"十二五"时期，颐和苑老年服务中心作为上海唯一被纳入 PPP 试点的养老机构项目，获得了上海市级建设财力补贴。该项目采用 BOO 项目模式（如图 5-1 所示），是目前上海最大的非营利性养老项目，由社会资本进行运营，政府给予一定的支持。该服务中心的投资和建设由颐和苑老年服务中心完成，政府部门为项目提供相应的税收优惠政策、划拨养老用地和建设床位补贴等支持。颐和苑老年服务中心项目总占地 200 亩左右，其中养老机构及养护中心建筑面积约 10.6 万平方米，共建有约 1000 余套高品质养老寓居，可提供约 2500 余张床位。此外，项目所在地还兴建约 150 亩配套生态四季果园，一方面大力提升颐和苑生态景观资源，另一方面也为居于此地的老人提供多样化的业余生活空间。

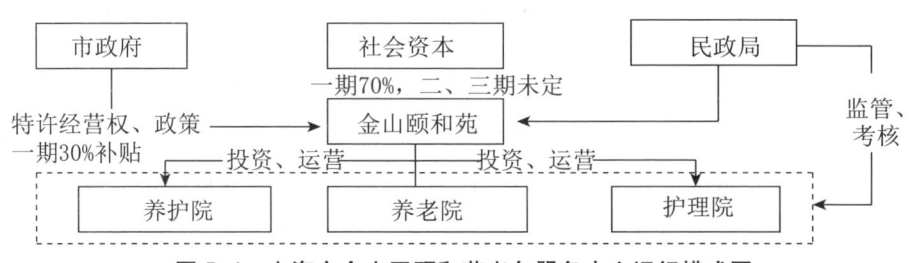

图 5-1 上海市金山区颐和苑老年服务中心运行模式图

颐和苑老年服务中心项目总共投资12亿元，分三期建设，首期投资3亿元，提供800张床位，其中养老院376张床位；养护院424张床位。二期工程除进一步增加床位外，还规划一座200张床位的老年护理医院，为每位老人建立健康档案，提供日常的医疗、保健、营养方面的咨询服务，并可以对常见病、多发病进行基础化的诊断与治疗，同时与上海三级甲等医院建立合作，为院内老人开设绿色通道。三期开发建成后，床位总数将达到2500张。在建设一期项目中社会资本方承担70%的建设资金，剩余的30%资金由上海市政府以市、区两级床位补贴的方式投入。颐和苑老年服务中心项目不仅是政府部门和私人资本的合作、养老护理与医疗的合作，该中心还与丹麦执行家园签署合作合同，丹麦方承担养老护理区的建设和运营，引进国际养老服务标准和理念，使养老服务质量得以提升。另外，在颐和苑老年服务中心项目BOO运作模式中，社会资本负责该项目的建设和运营，通过提供养老服务获得收益，但政府有权指导项目定价，颐和苑老年服务中心一期于2015年10月30日正式开业以来，养老房间采取家庭租住的方式，申请入住的健康老人需要先交8万元押金，之后每人每月缴纳租金为5000元左右，需要护理的老人每月费用则在5500元左右。该收费标准高于一般公办养老机构，但低于同级别的商业性养老公寓，有公益性特征。这种BOO运作模式，属于政府和社会力量合作的一种创新，既减轻了政府部门的财政支出压力，鼓励社会力量参与投资，解决了养老床位的供需矛盾，又保证了社会资本的回报收益，降低了社会力量投资养老服务项目的风险，提高社会力量的参与热情。项目积极引进国外先进养老经验、管理观念和专业的社会机构，不仅可以提升养老服务的效率，还能丰富养老服务供给和满足不同群体的个性化需求，赢得较好的社会效益。

（2）上海市金山区颐和苑老年服务中心项目的主要做法

第一，政府和社会资本探索BOO运作模式提高养老服务供给效能。上海是我国最早进入老龄化社会的城市，也是我国老龄化程度最高的大型城市。截至2018年底，上海户籍老年人口占户籍总人口的34.4%，其中80岁及以上户籍高龄老年人口占户籍老年人口的16.2%，这意味着上海正步入深度老龄化时代。为了满足庞大、多元的养老服务需求，上海很早就开展社会化养老服务探索，提出"9073"养老服务体系，鼓励社会力量参与养老服务。上海金山区颐和苑老年服务中心项目正是在这种背景下产生，政府和社会资本方探索性地采用 BOO 运作模式提高养老服务供给效能。颐和苑老年服务中心项目是由社会资本方投资建设并运营、政府提供补助与支持并监管的民办非营利性的公益养老机构，它从区位、外观到目标客户群虽与商业性养老公寓相仿，但有别于商业公司，其服务带有公益性质[1]。在此合作模式中，政府提供补助和支持，如颐和苑的土地属于划拨用地，后期政府对每个养老床位提供一定金额的补助，作为投资人的社会资本方，前期只需要支付拆迁征地补偿，在后期投资建设后，社会资本方继续持有投入资本的所有权，但不得从养老院的运营收入中提取任何分红作为利润，因此不会存在利益输送的担忧，有利于保证项目的长期持续稳健运营，保障了老年群体的养老服务质量。

第二，政社双方共同承担项目责任和融资风险。政府作为社会养老服务的最大责任主体，在颐和苑老年服务中心项目的前期规划和建设过程中始终发挥其重要作用，力保项目公益性质。在项目养老设施设计阶段，作为政府代表的民政部门就参与设计方案的指导、审查，确保设计方案不仅满足社会资本方的要求也能达到国家建设养老服务设施的规范标准。在养老设施建设过程中，民政部门定期走访，查看设施实际建设情况，确保与设计方案一致。在养老设施建设后期，政府以床位建设补贴的形式作为投资，注入颐和苑老年服务中心，政府出资人代表通过参与理事会方式，行使出资人对该老年服务中心重大事项的决策权，确保履行监管职责。在老年服务中心投入运营后，政府要对入住老人进行老年照护需求评估、对养老服务项目收费标准的确定及运营进行监管等。另外，还对其在税收、水电气等方面提供优惠政策，如用电、用水、用气按照居民生活类的价格标准计算、可以依法使用农民集体所有的土地、5 年内不增收土地年租金或土地收益差价、免征企业所得税等。颐和苑老年服务中心项目正是由于政府的全程参与和扶持，进行了必要的责任分担和风险分配，既降低了民办非营利机构投资养老服务设施的风险，激发了他们投资积极性，也保证了项目的公益性，为老人带来较大的实惠。

第三，引入国外先进的幸福养老理念和管理方法。政社双方在项目 BOO 运作模式中，社会资本方颐和苑老年服务中心负责项目的投资、建设和运营，与丹麦最大的非营利养老机构"丹麦执事家园"（DDH）签订了合作协议，引

---

[1] 民非是"企业事业单位、社会团体和其他社会力量以及公民个人利用非国有资产举办的，从事非营利性社会服务活动的社会组织"。

入先进的养老理念和养老方式。由丹麦人担任养护区的院长,全权负责养护区的标准建设和日常运行,并由丹麦方进行统一的人员培训和管理,规范和提升护理人员整体服务水准。颐和苑倡导以"幸福养老"为核心理念,规划设计从老人需求、生理及"喜安静,怕孤独"的心理特征出发,构筑一套"安全、清晰、舒适、活力"的体系。创新运用周边农民土地,开创田园式的养老生活,以"家"为目标管理,"田园"为生活环境,摆脱以往国内养老院呆板保守风格,将传统的居家养老和新兴的机构养老的优势集聚并融入高端住宅概念,实行居家型养老、疗休式护理,为老人提供着"奢与适"的真实高效的养老服务。

第四,实施医养结合的养老服务模式。颐和苑老年服务中心实施医养结合的养老服务模式,二期工程规划了一座 200 张床位的老年医院,为每位老人建立健康档案,提供日常的医疗、保健、营养方面的咨询服务,并可对常见病、多发病进行基础化的诊断与治疗,同时与上海三级甲等医院建立合作,为院内老人开设绿色通道。除了提供舒适的居住环境和丰富的日常活动,为了解决老人的后顾之忧,上海颐和苑老年服务中心内还开设了颐丹护理院,老人们一旦出现不适症状,就能第一时间进行心电图、CT、B 超等常规检查。另外还借力于区内的医疗资源,请二三级医院的一些医生过来定期开展义诊和咨询活动,方便院内老人的自我保健和疾病预防。

(3)上海市金山区颐和苑老年服务中心项目的经验效果

首先,颐和苑老年服务中心项目是政社合作的深入探索与创新,实现了多方共赢。该项目采用 BOO 运作模式,是政府和社会资本合作模式的新探索。它解决了政府的资金问题,减轻了财政负担;吸引了社会力量投资养老服务业,弥补了养老床位总量供给不足和服务结构失衡的短板;同时还降低了民办非营利机构投资养老服务设施的风险,调动了他们的积极性;通过引进先进管理理念和专业化服务人才,不仅提高了养老服务效率,也满足了老人多样化、个性化的服务需求。因而,BOO 运作模式是上海在养老服务社会化供给方面的深入探索,也是政府和社会资本合作互动模式的创新。入住老人对颐和苑老年服务中心的环境、服务质量、服务人员态度等评价都很高,通过老人的宣传,需要入住的老人越来越多,一期的床位几乎不剩。

第二,开辟了一条居家养老与机构养老相结合、家与田园融合的幸福养老模式。颐和苑老年服务中心倡导"幸福养老"的核心理念,以"家"为目标管理。入住的每一位老人可选择不同样式的多个户型：一室两厅、一室一厅、两室两厅等，每一套房从结构布局到软装配饰都极尽体现"家"的温馨和幸福。颐和苑老年服务中心现有6幢养老院和4幢养护院，入住养老院的老人们均能自主生活，养护院则实行护工半护理养老服务。在养护院，院方从丹麦引进了世界领先的升降吊篮设备，方便行动不便的老人走出户外活动。在老年人活动中心，多功能厅、咖吧、家庭影院、水疗池、桌球馆、spa馆、图书馆、书法室等能够满足老人们的各种爱好需求。颐和苑老年服务中心还建有150亩果园，老人们可向院方申请租赁土地，亲手种植自己喜好的蔬果，品尝自己的劳动成果。

第三，完善了养老服务体系，填补了中等收入老人的养老服务供给空缺。上海作为老龄化程度高达34.4%，户籍老年人口超过503万的特大型城市，养老服务资源供给总量不足、供需结构失衡一直是民生领域的突出问题。在机构养老方面，政府职责定位为"保基本、兜底线"，即不包揽所有老人的养老责任，而是为经老年照护统一需求评估达到相应照护等级，及符合国家优待优抚政策规定的老年群体提供基本的养老服务。长期以来，上海养老服务供给市场两极分化严重，公办养老院"一床难求"，民办养老院"好的住不起，差的没人住"，使得人数较多的健康型的中等收入老人不得不处于"高不成、低不就"的供给盲区。颐和苑老年服务中心项目，恰好填补了这类人群的养老服务供给空缺，其高档的建筑品位、先进的服务理念、田园式般的健康养老生活、智能化的设备、"家"元素的融入，以及价格适中，恰好为那些中等收入老人提供了契合其需求的服务。这种政府与社会资本合作模式，不仅降低了养老服务的成本，同时颐和苑老年服务中心是非营利组织，不以盈利最大化为目的，承担了更多的社会责任，社会效益突显。

最后，"三个合作"有助于提升养老服务的公益指数。颐和苑老年服务中心项目，作为"十二五"时期唯一被纳入PPP试点的养老机构项目，是上海市政府在养老服务供给领域与社会力量合作的深入探索与创新，满足了退休教师、医生、公务员等这些"中产高知"收入人群的养老服务需求，填补了"高端养老商业公司做，托底养老政府管，中端养老无市场"的状况。另外，颐和苑老年服务中心还与丹麦的非营利性养老机构合作，引入先进的管理模式与护理标准，实行养（养老院）护（养护院）与医（附设老年护理院）合作，不仅有利于方便老人养老就医，也有利于平衡运营总体收益，维持项目持续运营。据了解，养护院和护理院即使全部住满也入不敷出，需靠养老院的收益填补。由此可知，颐和苑老年服务中心项目的"三个合作"模式对于提升养老服务的公益指数、改善老人养老生活质量具有积极效果。

5.2.2 福建省泉州市禾康智慧养老服务中心项目

（1）福建省泉州市禾康智慧养老服务中心项目介绍

泉州市禾康智慧养老服务中心是2014年10月在泉州市民政局注册，由泉州市老龄工作委员会办公室主管的民办非企业服务单位，属市级居家养老服务平台，由政府主导提供资源、出台政策、购买服务。政社双方采用BOO运作模式，为泉州市区县内的老人提供智慧居家养老服务。"政府主导、扶持及购买服务，企业建设和市场化运作"是项目合作的主要特色。

泉州市禾康智慧养老服务中心以建设信息化、智能化呼叫服务及支援中心为核心，依靠互联网、现代通讯等信息技术，构建老年人信息数据库，创建基本养老服务、便民服务、上门配送服务的居家养老服务平台，为社区居民提供日常照料、紧急救助、精神关怀、家政等服务。该项目总投资约3000万元，全部由社会资本方南京禾康智慧养老产业有限公司投入。南京禾康智慧养老业务开始于2011年，2013年进入智慧居家养老行业。该公司通过在线上建立统一的呼叫中心，线下建立社区服务站，为老人提供线上的基础信息服务以及线下的实体援助服务，满足老人的居家养老需求，实现"互联网+养老"的有力结合。南京禾康智慧养老产业有限公司在很多地区都建立养老服务中心，服务人数已超过100万人，年上门服务次数已超过380万次，年总服务工时超过1000万小时。2015年泉州市禾康智慧养老服务中心信息化平台建设投入资金已达250万元，中心可为30万服务对象提供服务。[1]此外，泉州市禾康智慧养老服务中心还在政府许多社区建立了实体服务站，构建了自己的养老服务队伍，呼叫部门共10名工作人员，配有45名紧急救助工作人员，还与300多家单位签署合作关系，与政府构建公私合作关系，为社区居民提供养老服务。

（2）福建省泉州市禾康智慧养老服务中心的主要做法

第一，政社齐力打造"互联网+居家养老"服务模式。截至2016年底，

---

〔1〕 刘梅芳.基于PPP模式的居家养老服务供给研究［D］.福建师范大学，2017.

泉州市共有老年人口98.7万，约占户籍人口的13.30%，其中80岁以上老年人口14.6万人，占老年人口总数的14.6%[1]。为推行居家养老专业化服务全覆盖，泉州市政府与禾康智慧养老服务中心签署养老服务合作协议，充分利用双方资源大力推动"互联网+居家养老"服务模式。泉州市禾康智慧服务中心投入资金建设居家养老服务信息化平台，泉州市地方政府为禾康智慧养老服务中心提供资金购买居家养老信息化服务、养老用地等资源。泉州市禾康智慧养老服务中心项目的合作内容和形式主要有：一是该中心与泉州市老龄办和中国电信合作，共同搭建社区居家养老服务平台，由禾康智慧养老服务中心负责平台的管理和运营，中国电信为项目提供信息技术支持和终端机服务，另外该服务中心还积极寻找优质的社会企业，为社区居民提供更加便利和优惠的服务。二是泉州市政府购买该中心提供的居家养老服务。通过购买服务形式，一方面为社会资本方提供资金支持，另一方面也为政府保障的特殊老人提供了基本的养老服务。

泉州市禾康智慧服务中心打造的市级居家养老专业化平台首期通过泉州市委、市政府为民办实事项目，由政府出资为中心市区7000名特殊老人如特困失能、低保、空巢、失独等群体购买居家养老信息化服务。免费发放服务终端手机一部，内含手机通话费、定期回访、紧急救援、基站定位等基础服务项目，老人手机上特设了"SOS"键，老人的信息事先已录入养老服务中心平台，遇到突发情况，老人只要按"SOS"键，就能拨打到呼叫平台获得应急援助。此外，手机还赠送每月200分钟通话时间，并具有远程定位功能。只要手机是开机状态，一旦老人失联，能为寻找老人多一道安全保障。泉州市11个县（市、区）的所有城市社区、2.5万多名享受政府购买服务的老人被该中心的养老服务覆盖，一个电话就能满足大部分养老服务需求。

第二，深入社区建设实体服务站，注重医养结合。泉州市政府十分重视居家养老服务工作，将居家养老服务列入为民办实事项目。为拓展服务项目、深化服务内容，让社区老年人更方便快捷地享受到居家养老服务，泉州市通过对社区进行资金补助，扶持社区为禾康智慧养老服务中心提供场地，建设实体服务站点。2016年4月，该中心第一家医疗护理中心入驻社区，与实体

---

[1] 泉州市人民政府.2016年度泉州市老年人口与老龄事业发展情况公报[N].泉州市人民政府网站.

服务站服务内容相结合,着重开展医养结合服务。医疗护理中心内设全科健康体验区、医生问诊区、药品区、理疗区、简易康复产品体验区等,重点为社区老人提供常见病、多发病、慢性病的认知、预防与护理的基本医疗服务和康复服务,与社区卫生服务中心相辅相成,真正实现老年人能"小病不出社区",使老人得到了较大实惠,居家养老服务逐步向社会化、信息化、市场化、品牌化经营转变。该中心总共建有 17 个养老服务站点和 1 个养老医护中心,每个站点配有 1~3 名服务人员,为社区居民提供紧急救助、健康管理、体检服务、上门服务、便民服务、休闲娱乐等服务。

第三,培育专业服务队伍,提升居家养老水平。泉州市禾康智慧养老服务中心成立以来,以员工制的方式组建含家政、应急救援、话务、业务的服务队伍。建立自己的服务队伍的目的,一是能够提供更为个性化的服务,二是为了保障养老服务的高效和质量,防止出现在关键时刻找不到适合的服务商的情况。中心共设立呼叫坐席 10 个,自建了一支智慧养老服务队伍,配备各工种服务人员 80 多人,紧急救援 66 人(均持有市红十字会颁发的急救证书)。另有 238 名紧急救援协助员遍布在各服务社区,以非员工制方式加入服务队伍中,以保障紧急救援机制运行顺畅,使老年人得以顺利救助。中心的每位助老员都拥有一部服务电话,系统可以定位助老员,并显示闲忙状态,实现就近派单。

(3)福建省泉州市禾康智慧养老服务中心的经验效果

泉州市政府与禾康智慧养老服务中心的合作采用 BOO 项目模式,为社区居民提供便捷高效的养老服务,对 PPP 项目的实践具有一定的指导意义。

第一,政社合作以"智慧+居家"养老为切入点,探索出一条切实可行的提高居家养老服务效率之路。泉州市政府与社会资本方合作,利用其资金实力及智慧养老行业背景和优势,通过合作,打造市级智慧养老信息服务平台,并以政府购买服务特殊老人居家养老服务形式捆绑配套、打包招资。禾康智慧养老服务中心作为社会资本方,投资配备相关设施、设备和服务人员,运营智慧养老信息平台,利用现代化的信息网络技术,为老年人建立信息数据库,开通"968962"呼叫平台,为社区居民提供定位和提供 24 小时呼叫服务。另外,该中心开发禾康管家 APP,包含生活许多方面的在线预订服务和快捷支付服务项目,需提供商家和服务人员的真实信息和服务价格,中心居家养老服务平台对其服务进行监督和上门调查,以保证服务质量。

第二，政府的扶持与引导是项目落地顺利实施的关键。具体表现在：一是政府制定相关政策法规为项目执行提供制度保障，出台了《泉州市人民政府关于加快社会养老服务体系建设和支持社会力量兴办养老服务机构的实施意见》《关于推进居家养老服务工作的贯彻意见》等政策措施，确保居家养老服务项目的开展有策可依。二是泉州市老龄办代表政府方，在其主导下，联合南京禾康智慧养老产业有限公司和中国电信，共同搭建泉州市禾康智慧养老服务中心居家养老信息化平台，并向社区居民提供智慧养老服务。三是政府联合社区、街道、养老服务机构等各方力量，搭建社区居家养老服务平台，支持禾康智慧养老服务中心建设社区居家养老服务点和社区居家养老实体援助服务点，完善养老服务网络和养老服务体系。四是政府将居家养老服务列入为民办实事项目，为项目提供资金支持。自2015年项目启动以来，政府每年都将购买居家养老服务项目纳入市政府的为民办实事项目。通过购买居家养老服务为保障的对象提供餐食、家政、助浴等基础上门服务，还提供家政保姆、钟点工、康复护理等额外自费项目，以满足老人日常需要。由于政府积极参与探索BOO运作模式，泉州居家养老服务工作上了一个新台阶，信息化、市场化、品牌化特色明显，切实提高了老人的老年生活质量。

第三，政社合作打造"没有围墙的养老院"。由于有了禾康智慧养老服务中心的居家养老服务平台，老人若身体突然不舒服，只需触动SOS呼救机制，就有专业人员及时上门查看并实施救助；老人空闲时可以到养老服务站免费享受应急服务、生活缴费、健康体检、休闲娱乐等多种服务。政社合作围绕社区老人现实的养老服务需求，打造真正的"没有围墙的养老院"，让老人们享受足不出户的居家养老专业化服务，切实提升老年群体的获得感和幸福指数。禾康智慧养老服务中心在服务对象较为集中的社区成立实体服务站17个，建立禾康祥安养老医护中心1个，为周边社区老人免费提供应急呼救上门巡视、生活缴费、健康体检、休闲娱乐等服务。一年来，禾康智慧养老服务中心累计出动紧急救援94次，18次成功救助陷于危难的老人，其中，成功挽救老人生命4次。

5.3 已有项目的 ROT 模式

已有项目的 ROT 模式（改建—运营—移交）下，政府将存量资产所有权转让给社会资本,社会资本对其运营管理、改建和扩建,获取相应的收益,期满后将所有权转让给政府。ROT 模式的典型项目主要包括北京市朝阳区恭和老年公寓项目和深圳市福田区园岭八角楼托养中心项目。

5.3.1 北京市朝阳区恭和老年公寓项目

(1) 北京市朝阳区恭和老年公寓项目介绍

北京市朝阳区恭和老年公寓作为北京首个采用 PPP 模式的养老项目,是朝阳区第二福利中心采用政府和社会资本合作模式,引进社会资本进行运营管理的养老项目。2012 年朝阳区恭和老年公寓由北京市发改委批准建设,总占地面积 5649.2 平方米,建筑面积 20 881 平方米,养老床位共 469 张(失能区 240 张,高龄区 229 张),其中 20%的床位(94 张)属于政府保障床位,主要面向"三无"老人、低保高龄老人、失独等特殊老年群体,其余 80%的床位对外开放。

恭和老年公寓与一般养老院不同,它是集养老照料、医疗康复、文娱休闲、体育健身等为一体的多功能养老机构,公寓设有卫生服务站,文体娱乐等设施,老人不出楼就可以看病,还能享受医院转诊绿色通道。该养老公寓在建造装修时充分考虑到老人的不同层次需求,进行了全面的适老化改造,各个房间均配有独立卫生间,紧急呼叫系统、集成电话系统、有线电视系统、雾化消毒系统、集中空调系统、新风系统、地采暖系统等都是标配。在公共空间,建有无障碍通道、厨房餐厅、安保监控系统、护士站等养老服务设施。公寓也配有阅览室、棋牌室、书画室、多功能厅等文体娱乐设施,另设有屋顶花园和院区活动场地,可满足老人各方面养老需求,实现足不出户养老。

该项目采用 ROT(改建—运营—移交)运作模式(如图 5-2 所示),将政府部门出资建设的老年公寓项目委托给专业的社会机构,通过公开招标的形式,由乐成集团养老服务公司对老年公寓项目进行适老化改造并负责该项目的管理和运营。项目前期建设资金由政府出资,约 19 145 万元,后期改建运营资金由社会投资人出资,约 1669 万元。社会资本注册民办非企业"朝阳区第二社会福利中心"承担养老项目的管理和运营,合同期限 10 年,项目的运营机构拥有项目资产的使用权、经营权和收益权。该项目自 2017 年 6 月运营以来,受到老人的普遍好评。

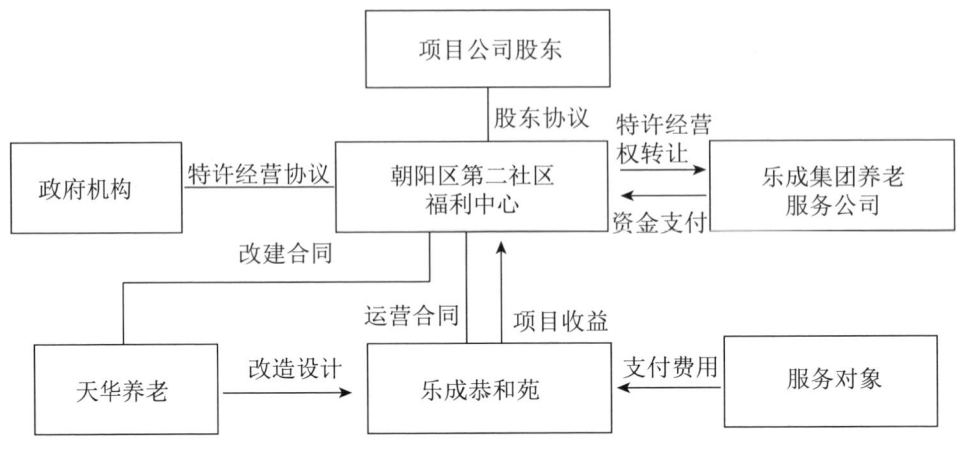

图 5-2　北京市朝阳区恭和老年公寓项目运作模式图

（2）北京市朝阳区恭和老年公寓项目主要做法

一是多次研究项目模式，设计项目实施方案。依据《北京市朝阳区存量养老设施政府与社会资本合作项目操作指南》，北京市民政局引入第三方专业的 PPP 项目咨询机构，组建养老、财务、法律、PPP 方面的专家组，深入分析该养老项目采用 ROT 模式的可行性和必要性，探讨出具体的实施方案、财政预算、效益分析报告，为项目的顺利开展打好理论基础。

二是采用公开招标方式优选社会资本方。朝阳区民政局是项目的招标主体，负责向社会发布公开招标信息，采用公开招标的形式选择合适的社会资本方，该项目共有 9 家社会资本方参与投标，都是在国内有知名度的企业，政府在综合考虑社会资本方的管理方式、运营方案、资金实力、绩效考核等方面后，进行打分排名，最终选定乐成老年事业投资有限公司（乐成集团的全资子公司），这是一家注册资本 1.7 亿元人民币、以投资、建设、运营连锁型养老服务设施，为老年人提供高品质生活照料和护理服务为主营业务的专业养老服务机构，也是国内最早研究中国养老市场、论证中国社会化养老模式，并从事专业养老服务投资的民营企业，资金实力较强，运营管理养老机构的经验较丰富。

三是采用委托运营的方式，缓解政府养老财政压力，提高服务供给量。项目的改建资金由政府部门投入，约 19 145 万元，占项目总投资的 92%，项目的运营资金由社会资本出资，约 1669 万元，占项目总投资的 8%。为保证养老服务质量，ROT 模式下，合作双方按照"让专业的人做专业的事"的原则，给予社会资本方充分的经营自主权，对该养老项目进行运营管理。同时运营期间政府不用投入资金，在一定程度上可以缓解政府的养老财政压力。据测算，与传统的政府自营模式相比，该模式可减少财政投入资金上千万元。此外，还有助于推进政府的职能转变，由养老服务的直接提供者转变为宏观调控者、协调者和监管者，实现社会福利的最大化。

四是强化契约精神，以合同体系明确责权利关系，合理分担风险。恭和老年公寓项目中，ROT 模式政府和社会资本合作约定期限是 10 年，为确保该养老项目的顺利实施和长期稳健运行，合作各方强化契约精神，朝阳区政府与社会资本签署 PPP 项目主合同、PPP 项目咨询合同、PPP 项目第三方监管合同、第三方审计合同等多份项目合同，明确各方在养老项目中的权利和责任。在权责划分上，政府（朝阳区民政局）是公寓建造、购置设备设施的出资人，也是公寓土地、建筑、设备设施的产权所有人，拥有对资产的绝对控制权与监督管理权，对运营期间国有资产的安全管理、履行公益职能的效果、服务项目增减、老人入住变动、老人健康评估、社工活动开展、医护服务质量、公共服务安全、管理人员变化、服务人员配备和统计信息采集等进行经营管理监管和财务监管。并委托第三方监督评估机构根据服务内容、服务标准、评估标准和评估办法对养老机构服务管理实施绩效考核和督导评价，运营不好有权收回公寓运营权。另一方面，乐成集团对老年公寓的运营全面负责，公寓运营前的装修改造费用也由其承担；在合同约定的 10 年有效期内，有权对公寓内的硬件设施进行管理和使用，并且享有政府的各项政策优惠和补贴。10 年之后，政府部门再根据运营情况考虑是否续约。另外，政府设立老年公寓管理发展资金，该资金由乐成集团逐年专项留存并专款管理及核算，原则每年不低于国有固定资产投资的 2%，运营初期可适当减免或少量留存，发展期逐步递增，稳定期应相对固定留存；政府还设立风险保障金，由乐成集团以押金形式向所有权方一次性缴纳，原则不低于该机构国有固定资产投资（包括设施建设安装费、勘察设计费、大额设备购置费等）的 1%，用途在于保障运营方造成的设施、设备异常损坏的赔偿或运营方异常退出的风险。

五是引入独立第三方监管机构，加强养老服务质量管控。为确保老人能够享有较好的服务，恭和老年公寓项目加强多方监管，设立由政府牵头、联合第三方专业监督评估机构、社会资本方、老人代表等组成的联席会机制，讨论项目的重大决策与运作安排。会议的重大决定需要各方代表都签字确认，再交由政府部门确认后执行。恭和老年公寓项目还引进专业的第三方监督评估机构对项目的运营管理成效进行评估，结果直接与社会资本方的绩效奖励挂钩，政府依据第三方监督机构的评估分数，允许社会资本方从运营利润中提取一部分以基本管理费+绩效奖励的方式获得合理回报，若年度综合评估分数在80-85分、86-90分、91-95分、96-100分，允许社会资本从运营利润中提取管理费的比例分别是5%、8%、10%、11%。若评估不合格，需要责令整改。

（3）北京市朝阳区恭和老年公寓项目经验效果

作为北京市首次引入社会资本建立起来的PPP项目，恭和养老公寓的特别之处在于它是一个多功能的养老机构，集养老、医疗以及娱乐于一体，在满足老人多样化的养老需求的基础上，缓解了政府的财政压力，也契合政府职能转变要求。该项目的成功运营归根于合理的竞争机制、投资回报机制和有效的约束激励机制。一方面，项目采用ROT模式，政府对存量资产主动放权，让社会资本拥有一定的自主权，还给予社会资本一定的税收优惠和财政补贴，保障其合理的利益诉求。这些做法较大程度地提高了社会资本参与项目的积极性，充分发挥出其社会资本的专业化优势与能力，这不仅有助于提升养老服务供给水平，还能吸引更多的社会力量参与养老服务业，为解决养老服务的供不应求问题探索出一条成功的实践路径。另一方面，项目实施过程中构建合理的竞争机制，采用社会公开招标的形式挑选优秀的社会资本来运营项目，并通过制定监督评估的要求，构建了项目的约束机制，保障了养老项目向规范化、专业化方向发展。此外，在ROT模式下，政府由过去的"经营者"转变为现在的"监管者""合作者"，把更多的精力用来营造良好、公平透明的政策环境，更多注意力放到加强监管上，不仅改善了养老服务的供给质量，也提高了公办存量养老资产的利用效率。该项目的创新运营模式，可有效发挥公办养老机构的示范引领作用，在全市甚至在全国范围内探索出一套可复制、可推广、可落地的养老服务PPP模式。

5.3.2 深圳市福田区园岭八角楼托养中心项目

(1) 深圳市福田区园岭八角楼托养中心项目介绍

深圳是我国改革开放的试点城市，吸引了很多人才来就业和生活，存量人口越来越多。随着人口老龄化问题的不断加深，老年群体人数越来越多，深圳市人口老龄化问题尤其显著。福田区是深圳市的中心城区，人口密度大，户籍老人多，全市三分之一的老人居住在该区。截至2017年底，福田区60岁以上户籍老年人口达85 500人，较2016年增长13.2%。老年人口总量大、增速快，养老服务需求形势更为严峻。

为了提升养老服务专业化水平，增加福田区养老床位供给总量及改善供给结构，福田区全面放开养老服务市场。区政府对园岭八角楼托养中心进行PPP项目改革试点。该项目定位为普惠型养老机构，为居家老人提供以解决日常生活困难为主要内容的社会化基本养老服务，建成为集提供托养、日间照顾、居家养老、医养护结合、长者食堂等养老服务为一体的养老综合体。旨在通过提供多种方式结合的养老服务以缓解福田区养老床位不足的现状，并通过打造新型养老示范项目，探索福田区养老产业规模化发展道路。

福田区园岭八角楼托养中心的前身是园东社区老年人日间照料中心，该中心成立于2012年，是深圳市首家老年人日间照料中心，场地小、床位少。为了满足老年群体多样化养老服务需求，福田区率先优化布局，对符合条件的社区老年人日间照料中心进行转型升级，积极打造集托养、日间照料、居家养老、医养结合"四位一体"的"没有围墙的养老院"。2017年5月，福田区政府经过公开招投标，选中深圳市创乐福居家养老服务中心作为社会资本方，采用ROT运营模式，政府和社会资本方共同投入800万元资金对园岭八角楼托养中心项目进行改造建设，社会资本方创乐福居家养老服务中心负责项目的改造设计与施工，并拥有项目改建完成后的运营管理权，运营期为15年。园岭八角楼托养中心项目运营场地包括八角楼主楼和附楼。改建前，项目建筑面积不到2000平方米，改建后建筑面积有近5000平方米，加上户外面积，整个项目有近1.5万平方米，设置床位达到162张。

2017年12月，福田区园岭八角楼托养中心PPP项目正式投入使用，该中心引入荷兰"生命公寓理念"实施社会化运营。该项目最大的亮点是打造集居家养老、日间照料、集中托养、老年餐饮、医疗服务、文娱康乐"六位一体"的新型社区养老模式。项目以公益性服务为主,也提供歌舞卡拉OK、各类棋牌、网络书报阅览、花艺编织、门球、高尔夫推杆训练、生日会等超过30项无偿公益服务。项目运营以来,切实提高了片区的养老服务水平,其中长者食堂累计为辖区及周边老年人配餐超40 000人次,社会效果显著。

该项目采用ROT项目模式,一方面是已有存量设施有改建的需要。福田区园岭八角楼托养中心建造于1988年,主楼为老人提供日间照料服务,附楼主要用于政府办公。随着福田区老年人越来越多,养老服务设施日益紧缺是不争的事实,对已有的存量设施进行改建,是投入成本低且短期内能较快增加设施供给量的较好选择。另一方面,项目采用ROT模式可以引进专业的运营机构、提升养老服务质量的需要。园岭八角楼项目通过采用PPP模式,鼓励社会资本参与养老项目的投资、管理和运营,有助于提升养老服务的供给效率和质量,为老年群体提供优质的服务,也有助于加快转变政府职能,调动市场积极性,增加养老服务供给。

(2)深圳市福田区园岭八角楼托养中心项目主要做法

一是政府顶层设计与制度推动,为项目提供制度化的保障。为解决养老服务设施供给不足,福田区政府整合社会的各项资源进行适老项目改造。福田区园岭八角楼托养中心项目是区政府尽力打造的社区养老的典型项目。自2012年以来,区政府出台了《福田区适度普惠型社会养老服务体系建设规划》《福田区多元化养老服务体系建设工作方案》《福田区"老年人日间照料中心"建设运营管理暂行办法》《社区老年人日间照料中心建设标准》《福田区"老年人托养中心"建设运营管理暂行办法》等养老政策文件,这些文件对于规范和指导园岭八角楼托养中心项目的建设、运营管理和监督起了较大作用,有利于项目的顺利开展和规范运作。

二是公开招标挑选合适的社会资本方,协议明确各方权责利关系。福田区园岭八角楼托养中心项目由政府发起,对社会进行公开招标挑选项目的运营社会资本方。制定了《福田区园岭八角楼托养中心PPP试点项目招标文件》和《福田区园岭八角楼托养中心PPP试点项目承办协议》。根据双方协议约定,园岭八角楼托养中心项目运营场地为八角楼主楼和附楼。主楼为正在社会化运营的老人日间照料中心,建筑面积共计1300平方米,总床位数40张;社会资本方可根据运营需求对主楼的养老设备等进行更新使其符合老人入住的标准,养老设备等的更新费用由社会资本方承担。附楼建筑面积共计2600平方米,改造完成后新建80张床位。社会资本方负责项目附楼的改建工作,改建期为半年,政府根据附楼改建费用和改建质量提供总额不超过515万元的改建资金补贴。项目改建完成后,由社会资本方对八角楼托养中心的主楼和附楼开始运营、维护等工作,特许经营期为15年。运营期间,社会资本方自行筹集运营、维护项目所需资金,自行获取运营收益并承担相应的运营风险,政府按照项目管理办法向社会资本提供奖励补贴。项目发布后,在福田区民政局和街道办的督促和积极对接协调下,项目进展顺利,仅用半年多时间就完成项目的策划、评估、设计、施工到竣工验收、正式运营整个建设过程。

三是设定项目的改建和运营管理标准,严把服务质量关。园岭八角楼托养中心项目在改造设计和施工阶段,协议要求社会资本方参照《老年养护院建设标准》《深圳市公办养老机构建设和运营指引》等规定和协议约定的相关要求,进行包括生活服务区、保健康复区、娱乐区和辅助功能区等功能单元的改造以及相关设备设施的购置、安装工作。项目改造的施工图设计、预算文件和施工方案等均应由政府部门审查批准后方可实施。在项目运营阶段,为加强对运营管理,福田区政府出台《福田区"老年人托养中心"建设运营管理办法》,为项目的标准化管理提供了指导建议,制定项目运营考核奖励标准,委托专业的第三方机构对社会资本方的运营进行评估,根据运营效果决定奖赏力度。另外,注重养老服务的质量。开展养老护理员培训班,聘请专业的老师对护理员进行集中授课,不仅注重理论的学习,也注重实践,鼓励工作人员考取职业技能考试资格证,提升服务人员的职业技能和职业道德,从而提高养老护理质量。对于半自理、失独、高龄等特殊老年群体提供环境更加舒适、服务更加优质的日间照料中心。对于有高端需求的老人,为其设计更加专业的、个性化的养老服务。

四是创新运营模式,促进服务向多元化、智能化、医养融合发展。首先,园岭八角楼托养中心PPP项目定位为以家庭为核心、以社区为依托、以专业化服务为依靠,为居住在家的老年人提供以解决日常生活困难为主要内容的社会化养老服务,是集提供托养、日间照顾、居家养老、医养融合和长者食堂"五位一体"的养老综合体。养老服务内容多而且专业、家门口的距离更给老人养老生活带来切身的实惠。其次,园岭八角楼托养中心项目依托96980

信息服务平台，利用信息网络技术，整合各种养老服务信息，将"互联网+"技术对接老人服务需求，建设全天候响应"一键呼"紧急救助平台，为老人提供日常生活照料、康复护理、精神慰藉、法律服务、紧急救援等多元化的居家养老服务。此外，园岭八角楼托养中心还积极探索医养融合，创新老年健康服务模式，组建由全科医生、社康中心护士、托养中心工作人员及社区志愿者组成的家庭医生式服务团队，满足老年人的医疗和康复服务需求。

（3）深圳市福田区园岭八角楼托养中心项目经验效果

为提升福田区养老服务水平，改善养老服务供给结构，福田区全力推动福田区园岭八角楼托养中心项目社会化运营落地及服务品质提升，打造都市社区养老新标杆。福田区政府采取政府和社会资本合作中的 ROT 项目模式，引入专业的养老机构来运营和管理八角楼托养中心项目，取得了一定的成效，带来了一些实践经验，探索出一条政府和社会资本合作的 ROT 成功之路。

首先，创新 PPP 项目模式，提高服务质量和效率。福田区政府创新体制机制，使公私双方实现共赢，加强制度保障、资金支持，避免了项目社会资本方的"短期行为"。福田区政府部门出台相关的政策，明确规定了根据老年日间照料中心的面积、租金和床位进行资金的补助，老年群体可以获得更加稳定的养老服务，也调动了社会力量参与养老服务项目的热情。福田区园岭八角楼项目既运用创新的养老模式又采取规范的管理办法，提升了养老项目的效率和质量，该地区已经初步建立了多样化、专业化的养老服务体系。

其次，ROT 模式低成本盘活了存量资源，快速高效地增加养老设施的供给。就福田区园岭八角楼托养中心项目来说，八角楼主楼是正在社会化运营的老人日间照料中心，总床位数 40 张，运营合同快到期。八角楼附楼原作他用，需要经装修改造后作为托养中心投入使用。八角楼主楼和附楼位置毗邻。鉴于此，福田区政府创新性将八角楼主楼期满回收和附楼捆绑打包，招聘社会资本方统一社会化运营，有利于提高项目标准和质量，实现资源共享，提高项目利用效率，降低运营成本，还能够有效避免两者独立运营可能产生的冲突问题，使项目能够提供更好的养老服务。

再次，"专业的事"交给"专业的人"做，提升养老服务的质量和效率。项目采用 ROT 模式，鼓励社会资本参与养老项目，养老项目与专业的养老机构对接，能够提高养老服务的专业化水平，促进养老服务向标准化、专业化发展，更有助于政府转变职能和提升管理能力，减轻政府的工作压力和融资压力，集中做好监管、指导、制定政策、设计规划等工作，从养老服务的"主导者"转变为养老服务项目的"合作者"和"监督者"。在 ROT 模式中，可以充分利用好社会资本在融资、管理、专业技术上的优势，充分发挥市场的作用，提高养老项目的效率和水平。

最后，打造"五位一体"的养老综合体，切实提高了社区老人的幸福指数。福田区园岭八角楼托养中心项目立足福田"首善之区"定位，打造特色鲜明、风格独特的社区养老服务。项目在充分研究辖区内老年人基本情况以及社区养老需求的基础上，引入国际上成熟的"生命公寓"理念，集提供托养、日间照顾、居家养老、医养融合和长者食堂"五位一体"养老机构，不仅提供贴近社区老人需求的老年大学、歌舞、图书、门球、高尔夫、健康管理讲座等公益性服务，同时也建立标准化、规范化、职业化的管理和服务体系，为有特殊需求的老人提供精细化服务，切实提高了社区老人的幸福指数。"民生实事不仅办到了家门口，更办到了心坎里！"

5.4 已有项目的 O&M 模式

已建项目的 O&M 模式（委托运营）是指政府将已有公共资产的运营维护委托给社会资本，资产所有权还是归政府，政府向社会资本支付一定的委托运营费用。O&M 的典型项目主要包括合肥市金玫瑰居家养老综合服务中心项目和上海市徐汇区斜土街道江南新村邻里汇项目。

5.4.1 合肥市金玫瑰居家养老综合服务中心项目

（1）合肥市金玫瑰居家养老综合服务中心项目介绍

近年来，合肥市 2017 年户籍人口达到 717.7 万人，其中 60 岁及以上老年人口占比超过 17%，65 岁及以上人口占总人口超过 12%，达到或超过全国老龄化水平，而且老龄化程度预计还将加深。合肥尽管是省会城市，但是中部省份财力本来有限，加之养老服务需求集中增加，政府养老支出捉襟见肘。在国家支持政府和社会资本合作的大背景下，合肥市积极探索推行社区养老服务体系建设，各街道结合辖区老龄人口需要，携手社会力量推出各具特色的养老"品牌"。芜湖路街道位于合肥市老城区，60 岁以上的户籍老年人口近 2 万人，人口老龄化和家庭空巢化现象愈加严重，养老服务供给不足现象尤其突出。2016 年，该街道积极探索政企合作的为老服务新路径，合肥市金玫瑰居家养老综合服务中心就是芜湖路街道办引入社会力量打造的居家养老服务项目。

合肥市金玫瑰居家养老综合服务中心是《合肥市居家养老服务条例》颁布后投用的首个居家养老项目，也是合肥市乃至安徽省首个 PPP 模式居家养老中心。该项目利用街道闲置的服务用房及设施，引导社会资本投入，开展专业化、有偿化、产业化的社区居家养老服务。金玫瑰居家养老综合服务中心采取的是"1+X" PPP 运作模式。"1"代表芜湖路街道居家养老服务中心，"X"代表各个社区居家养老服务站，坚持可持续、可复制原则，努力发展养老服务 PPP 产业集群，为安徽省养老服务 PPP 提供示范经验[1]。

金玫瑰居家养老综合服务中心建筑面积约 2000 平方米，自 2016 年底开始运营，主要开展老年教育、医疗保健、社区餐饮、便民家庭服务及志愿者服务等工作。其中，金玫瑰老年学校负责老年教育，班级规模一学期服务人次可达 6000 人以上；医疗保健服务站开展定期义诊、健康讲座和保健体验等活动，覆盖服务站周边社区老人；中心厨房运营后，社区食堂每周为 80 人次老人提供用餐服务；便民服务站每周大约为 50 人次老人提供服务，前来咨询的老人陆续增多；金玫瑰居家养老综合服务中心提高了政府服务效能，拓展了社会资本投资渠道，取得了较好的社会效益。

（2）合肥市金玫瑰居家养老综合服务中心项目的主要做法

金玫瑰居家养老综合服务中心项目是合肥市乃至安徽省首个开展 PPP 模式的项目。PPP 模式尚属新生事物，投资规模大，回收周期长，不可控因素较多，操作复杂。为了确保 PPP 项目的顺利推进，政府和社会资本方积极协商，多举措确保项目质量和防控风险。

首先，项目前期准备充分。金玫瑰居家养老综合服务中心项目，在项目识别和准备阶段，政府做了大量的项目前期准备和协调工作，全面保障项目建设；基层政府在充分吸纳民意、征求社区民众意见的基础上，统筹规划养老设施布局，审慎确定项目建设规模，规范运作流程。项目落地时，严格按

---

[1] 章萍. 基于新公共管理理论分析的居家养老服务 PPP 模式——以安徽省合肥市金玫瑰居家养老示范项目为例 [J]. 广西社会科学，2018（09）.

照财政部《PPP项目指南》和《合肥市居家养老服务条例》的规定和要求，进行项目设施的建设落实，并且在项目建设方案审查、工程建设及竣工验收等阶段，依据规划审查把关。

其次，采用公建民营、委托运营模式，将养老服务设施打包交由社会资本方运营管理。金玫瑰居家养老综合服务中心坐落在合肥市手表厂小区内，作为安徽省首个PPP（政社合作）模式的社区养老服务基地，包河区芜湖路街道办与安徽金玫瑰健康产业投资有限公司联手打造，芜湖路街道办提供该小区一座三层的闲置大楼，面积约1200平方米，社会资本方根据功能需要重新设计装修，配置方便老年人的电梯、安全扶手等设施。在功能分布上，中心设置了日间照料室、棋牌室、图书室、老年餐厅、便民服务站等，另外，为了打造成综合性养老服务中心，提供更便捷的为老服务，街道办还将原位于别处的老年学校、便民医疗站都迁至此处，所有这些服务设施打包委托给金玫瑰养老服务组织运营管理，由该企业提供文化娱乐、老年教育、休闲保健、送餐、家政、临时寄养等专业且多元的服务，不仅有利于调动社会力量投入养老服务业的积极性，也提高了社区居家养老服务的专业水平和社会化运营率，同时也使政府闲置资源得到了有效利用。

再次，根据项目需要遴选合适的社会资本方。金玫瑰居家养老综合服务中心PPP项目的社会资本方为安徽金玫瑰健康产业投资有限公司，是安徽三环科技集团独立注资成立，是一家从事健康养老项目投资建设和运营管理的专业化、综合性养老产业投资管理公司。该公司的前身安徽三环科技集团成立于20世纪90年代中期，是一家集团业务领域涵盖互联网科技服务、文化产业、健康养生、房地产开发、环保能源等为一体的综合性集团公司，具有从事养老服务的业务基础和专业优势。其盈利点在于，规模效应优势明显，公司具有比较完备的供应链，而且业务熟练，管理经验丰富；公司业务整合能力强，包括互联网科技服务、产品开发、社会工作、医学等，很多都与养老服务关系密切，特色突出盈利点较多，能够利用其业务优势为公司增加收益。

（3）合肥市金玫瑰居家养老综合服务中心项目的经验效果

首先，政策环境的支持和引导是项目成功推进的保障。合肥市与全国同期进入老龄化，预计到十三五期末，老年人口占户籍人口总数的比例将达到或超过20%。为积极应对人口老龄化，合肥市把养老服务业纳入全市经济社会发展的总体规划中统筹安排、积极推进，根据《国务院关于加快发展养老服务业的若干意见》和《安徽省人民政府关于加快发展养老服务业的实施意见》文件精神，出台了《加快发展养老服务业的意见》《推进医疗卫生和养老服务相结合的指导意见》《合肥市人民政府办公厅关于加快推进养老服务体系建设的意见》《合肥市社会养老服务体系建设实施办法》和《合肥市社区养老服务设施建设财政扶持资金使用管理方法》等系列文件。同时，为了规范居家养老服务，满足老年人居家养老服务需求，还出台了《合肥市居家养老服务条例》，指出居家养老服务坚持政府主导、保障基本，社会参与、市场运作，自愿选择、就近便利的原则。金玫瑰居家养老综合服务中心，就是《合肥市居家养老服务条例》颁布后投用的首个居家养老项目。项目由于有政府相关政策的规范和要求，使得项目运作有规可依、有章可循，保证了养老服务设施项目的建设落实，也有利于针对养老服务的供给探索出一条标准化、规范化、可持续、可复制发展的经验与方法。

其次，发挥街道、社区在居家养老服务中的重要作用。社区是社会治理的基本单元，最接近社区居民。老人居住在家庭，生活在社区，街道作为政府的基层组织，对社区老人的基本信息、生活状况和养老服务需求较为了解，为此，合肥市政府在增加居家养老服务供给方面，突出社区的基础性、支撑性、零距离的特点，充分发挥街道、社区在居家养老服务工作中的重要作用。金玫瑰居家养老综合服务中心项目的规划与落地，政府代表方芜湖路街道办做了大量工作，发挥了引导者、协调者、监督者的重要角色作用。如：街道办根据本辖区内高龄、空巢老人较多的特点，积极响应老人需求，与社会资本方积极协商和沟通，利用闲置的服务用房及设施，引导社会资本投入，开展专业化的社区居家养老服务；将对外出租的集体资产收回，改造成了一个居家养老服务中心食堂一角，还设置了一块阅读空间区域，开创了"居民食堂+阅读空间"模式，供老人吃完饭后看看书、放松身心等。

第三，嵌入"家门口"式的养老服务，更符合老人的养老需求。金玫瑰居家养老综合服务中心属于嵌入合肥市手表厂小区内的嵌入式小型养老服务机构。合肥市手表厂小区是建于20世纪70年代末期到90年代中期的老旧小区，建筑面积约4万平方米，小区内有居民800多户，高龄老人、空巢老人较多，由于老旧小区养老服务设施配套差，老人多数分散居住在各自家庭中，养老存在诸多问题。金玫瑰居家养老综合服务中心设立后，依托老人所生活的社区整合周边各类家政、医护、文化等社会资源，为提供嵌入家门口的养老服务，使老人在不脱离原有生活环境的情况下可以享受养老家政、就餐、医疗保健、文化娱乐等基本生活服务，而且家门口街坊邻居多，老人精神上也不会感到陌生和孤独，生活质量有了较大提升。

5.4.2 上海市徐汇区斜土街道江南新村邻里汇项目

（1）上海市徐汇区斜土街道江南新村邻里汇介绍

上海市徐汇区是上海人口老龄化程度较高的中心城区，具有老年人口总量多、比重大、高龄化突出、独居纯老家庭较多的特点。截至2017年底，徐汇区户籍总人口92.12万人，60岁及以上老人共30.82万人，占总人数的33.5%；80岁以上的老人有5.94万人，占老年人口总数的19.2%。[1]为积极应对人口深度老龄化的挑战，解决社区养老服务品质不高、种类不全、资源不集聚不平衡问题，徐汇区以政府为主导，以满足社区居民基本需要为出发点，积极鼓励和动员社会力量参与，通过政府购买服务等形式引入专业机构参与服务项目运营，提升服务的品质和丰富服务的供给，构建社区服务和社区自治平台——邻里汇。邻里汇项目不仅汇集了养老、康复、助餐、助浴和社区生活服务等功能，更成为社区居民休闲的汇聚地。目前，徐汇区已建成十多家"邻里汇"，实现了区内街镇全覆盖。邻里汇项目实施以来，受到周围社区成员的普遍喜爱，服务项目受益社区居民达10万人次。

徐汇区斜土街道江南新村邻里汇项目，是徐汇首批建成启用的邻里汇，位于斜土街道江南新村内，总建筑面积约1200平方米，服务包括江南新村在内的周边多个小区居民。江南新村是原江南造船厂的职工新村，始建于1953年，有常住居民2504户，实有人口近万人，其中老年人占35%。江南新村邻里汇由已经闲置的原江南造船厂生产车间改造而来，2017年5月正式投入运营，内部功能包括老年人托养、日间照料服务、医疗服务、社区助餐服务等。一楼主要是基本生活和医疗健康服务，例如聊天吧、老年助餐点、社区卫生服务站、健康服务驿站等；二楼主要是养老服务，为社区老年群体提供长者照护、日托照料、老年助浴、康复健身等服务；三楼主要是公共托育和娱乐休闲，为社区居民提供幼托、晚托等服务，居民可以看书、绘画、打太极拳和种植花卉，节假日还为居民开展亲子活动和各种种植体验；四楼是会议室

---

[1] 上海统计局，《上海统计年鉴2018》。

和阳光休闲区，为社区居民提供议事场所。邻里汇项目包含的综合服务共计146项，日均服务约150人次。邻里汇项目不但包含了基本养老、医疗护理、康复训练、健康管理、送餐、法律咨询等项目，还成为社区成员的休闲场所，各年龄层群体都能参与邻里汇项目提供的服务活动（如表5-1）。江南新村邻里汇项目坚持"政府主导、社会参与、邻里互助"的原则，明确政府在项目中的主导地位，提高社会资本和社区居民的参与积极性，提高周围居民的群众意识。2018年4月11日，李克强总理对江南新村邻里汇项目作为上海居家养老设施的典型代表进行了考察，称赞江南新村邻里汇项目医养结合的尝试，帮助更多社区居民实现了居家养老。

表 5-1　徐汇区斜土街道邻里汇活动日志

星期一	星期二	星期三	星期四	星期五	星期六	星期日
健康体检	健康体检	健康体检	健康体检	健康体检	健康体检	健康体检
老年照料	老年照料	老年照料	老年照料	老年照料	老年照料	老年照料
法律咨询	中国画	服务咨询	党员服务	考察座谈	服务咨询	国学诵读
中国结	太极拳	故事会	服务培训	闲话邻里	健康讲座	国学诵读
老人助餐	健康指导	读书班	舫议事	老人助餐	篆刻体验	老人助餐
少儿晚托	少儿晚托	茶香品茗	编织技巧	综艺表演	布包彩绘	绘石观景
外教英语	硬笔书法	少儿晚托	少儿晚托	手机交流	舫议事	小苗营地

（2）上海市徐汇区斜土街道江南新村邻里汇项目的主要做法

第一，政府制订项目管理工作方案，多举措推进邻里汇建设。为了满足社区居民多样化的养老需要，调动社会群体参与社区治理的积极性，依据国务院《关于加强和完善城乡社区治理的意见》，上海市政府《关于进一步创新社会治理加强基层建设的意见》和《徐汇区国民经济和社会发展第十三个五年规划纲要实施的意见》等文件，徐汇区民政局制定《徐汇区"邻里汇"建设管理工作方案》来确保项目建设、管理、运营和推广，完善了邻里汇项目的运营环境。徐汇区斜土街道作为基层政府组织加强规划统筹推进邻里汇建设，动员居民、社会组织、区域单位各方共同参与商议邻里汇的相关问题。斜土街道还建立了邻里汇工作联席会议机制，加强管理协调、信息互通、服务联动，打造有品质的邻里汇。

第二，政企合作，整合资源，探索打造小规模多功能的社区服务综合集成的邻里汇模式。徐汇区斜土街道的江南新村邻里汇，是由政府主导，多元主体协同参与的集养老、康复、生活等多元服务为一体的社区养老综合服务平台。这里原为江南造船厂的生产车间，船厂搬迁后，一层曾经作为江南新村居民活动室和社区卫生站使用，二层以上一直闲置，斜土街道在进行邻里汇项目布局选址时发现了这里，将其改造翻新，前期场地建设和设施设备的费用都来源于政府的财政资金，后期街道对项目的运行费用进行财政补贴。邻里汇的社区养老服务功能区主要在二楼，设有10张床位的长者照护之家和可容纳20人的日间照料中心，同时设有中医理疗室、护理站和阳光花园。养老服务功能区采用社会化项目运营形式，通过委托运营（O&M）模式，引入专业的社会资本来参与社区养老项目的运营，上海和孝养老服务集团通过竞标获得运营资格，这是一家在养老服务行业已经深耕十余年，专注于为老年人提供养老服务、健康管理的集团公司。这种公建民营模式既能提高社区养老的服务质量，又能减轻政府的养老运营压力。

第三，构建社区养老监督评估机制。为了确保公共利益的最大实现，邻里汇项目构建了完善的监督评估机制。徐汇区政府会定期委托专业的第三方机构来评估项目的实施效果，并调查社区居民的满意度。斜土街道需要对"邻里汇"的前期建设和运营管理进行监督和检查，并负责项目服务设施的维修保养和评价。相关部门按照行业规范对社会资本所提供的服务进行评估，考核结果会影响奖励补贴。完善的监督评估机制，有利于规范社会资本参与项目运营的各种行为，进而确保项目服务质量。

第四，采用医养结合模式，实行家庭医生签约服务。江南新村是一个有着70年历史的老小区，是"新家庭发展计划"的国家级实验基地，住户大多是原江南造船厂的老职工。针对居民老年化程度高、健康养老需求突出特点，江南新村邻里汇采用医养结合模式，接入了医疗卫生站点，有一支专业的家庭医生团队，居民在家门口就可以享受诊疗配药、打针输液、推拿按摩、健康自检等服务。很多患慢性病、小毛病的居民上午就诊，下午取药。为缓解"配药难、配药烦"问题，方便部分慢性病、老年病患者，家庭医生团队为辖区内诊断明确需连续治疗的慢性病患者提供便捷的门诊配药服务，为符合条件的慢性病患者配足四至六周的治疗药物，同时提供就近领药服务，该项服务在一定程度上有效避免轻微病症去大医院排队现象，为居民尤其是老年人提供了方便。此外，邻里汇项目的卫生服务站点积极加入市级慢性病管理中心，联合复旦大学附属中山医院、上海交通大学附属第六人民医院，推行社区慢性病管理增值服务，为居民提供手机APP、微信等新媒体信息化互动平台。通过手机APP，家庭医生能与居民随时互动，签约居民能享受优先就诊、双向转诊、签约"长处方"等服务，给老人带来了极大的便利。

（3）上海市徐汇区斜土街道江南新村邻里汇项目的经验效果

江南新村邻里汇项目坚持"政府主导、社会参与、邻里互助"的理念，以保障居民基本需求为出发点，在政社合作模式下高标准、高质量地打造而成。它是政府加强为老服务工作的重要举措，也是有效补齐社区服务短板、整合社区服务资源的积极实践。

第一，家门口的"托老所"，帮助更多老年人享受居家养老。上海市徐汇区斜土街道江南新村邻里汇，依托第三方专业服务机构，将养老服务嵌入社区，打造家门口的"托老所"，形成15分钟社区养老服务圈。这里既有家庭医生、康复理疗，也有营养膳食、日托照料，还为老年人如何上网、使用智能手机、培养各种兴趣爱好提供服务培训。这种养老模式的优点在于：一方面，老人不必离开自己的住所和家庭，不出小区就可以享受养老、康复、助餐、助浴、医疗保健等服务，真正实现了家门口养老；另一方面，由第三方在社区层面上提供为老服务，保证了专业性和服务质量，避免了家庭成员负责养老在时间、精力、能力和专业方面的短板。此外，在社区层面上集中统一提供各项养老服务，也有利于集约化地使用资源，提高资源的使用效率。

第二，整合社区资源，贴近需求提供服务。江南新村邻里汇项目集政府公共资源、民营企业、社会公益组织和志愿者服务资源为一体，以确保设施的有效运作。政府在江南新村邻里汇项目中主要起到带头以及提供场地支持的作用，提供闲置的社区用房用于邻里汇基础设施建设，提供必要的工作人员进行项目的统筹管理，而后期的服务提供和活动组织上政府不做过多干涉。邻里汇提供的服务，是经过调研从居民实实在在的需求出发而安排。如短期过夜的长者照顾、不过夜的老年照料、老人的用餐，以及卫生服务、健康服务，这些都是老人最现实的需求。整个邻里汇运营的每个细节，包括防撞、防滑以及舒适型的角度，都体现了人文关怀。这里的长者照护之家主要是考虑到独居自理老人及部分高龄自理老人的生活照料问题，也为了帮助有喘息式服务需求，如子女出差或假期出游的家庭。在社区中因地制宜提供的养老服务设施，只要年满60周岁的街道居民都可以申请轮候入住，入住时间一般为一周到六个月。长者照护之家内一般配备有2名照护员和1名护士，为老人提供叮嘱按时吃药、助浴、起居照料、清洗随身衣物等必要的基础护理照料服务及心理慰藉服务。同时配以手指操、手工折纸、太极拳、保健操等康复服务，帮助老人延缓机能退化。

第三，搭建共治共享空间，营造有温度的社区。不同于一般的综合为老服务中心仅为老年人提供综合服务，斜土街道江南新村邻里汇从功能布局上，主要采取"3X"的服务模式，即突出"养老服务、健康服务、生活服务"三项基本功能，并叠加各类特色服务。邻里汇不仅服务老年人，更吸引中、青、幼等社区成员参与，每天从早到晚都有丰富的活动供社区居民选择参与，每月16日有"大篷车"便民服务，提供健康指导、心理咨询、法律咨询服务，还有画艺、茶艺活动、特卖会活动和众创空间头脑风暴等，很多服务和活动都是居民自发举办或提议的。这种"邻里汇"模式是社区养老服务的创新形式，它不限于养老服务，还通过中、青、幼等社区成员的相聚与参与，让为老服务增添了灵性与活力，很好地展现出社区参与感与融入感，营造出一个有温度的熟人社区。"邻里汇"模式独创性的功能定位、服务理念、受众覆盖面、服务内容、运营模式等都具有较好的借鉴与复制推广价值。

第四，为政府与社会资本搭建了一个合作平台。邻里汇项目坚持自治共治，社会参与的原则。"邻里汇"模式为社区成员自治和社会资本参与运营搭建了平台，动员各类社会群体参与社区养老服务和运行，充分利用社会资本的专业性特点，汇集志愿者、社会团体、社会组织等多元主体的力量，打造邻里互助的社区养老环境，调动社区自治潜力。

5.5 新旧项目结合的 BOT+O&M 模式

新旧项目结合的 BOT+O&M 模式是指新建项目采用 BOT（建设—运营—移交）模式运作，社会资本方获得特许经营权，负责项目的融资、设计、建造和运营等，存量项目采用 O&M（委托运营）模式，政府将存量资产交给项目公司委托运营。BOT+O&M 的典型模式主要包括江西省赣州市章贡区社区居家养老服务项目和河南省开封市民生养老院 PPP 示范项目。

5.5.1 江西省赣州市章贡区社区居家养老服务中心项目

（1）江西省赣州市章贡区社区居家养老服务中心项目介绍

赣州市章贡区社区居家养老服务中心是江西省首个居家养老 PPP 项目，入选财政部第二批示范项目。赣州市章贡区是赣州市老龄化程度最高的行政区，截至 2016 年底，全区人口 49.5 万人，60 岁以上老人 9.33 万人，占总人口数的 18.85%，且以每年 5%～6% 的速度增长[1]。老年人口基数大、高龄老人比例高、空巢老人逐年增多、家庭养老功能弱化等问题日益显现，养老服务供给侧改革任务紧迫。

2015 年，国家开始在养老服务领域推广 PPP 模式，章贡区政府在分析自建自营居家养老服务中心效果的基础上，决定采用 PPP 模式建设运营居家养老服务中心。区政府通过竞争性磋商方式，选取江西鹭溪农业发展有限公司为社会资本方，并授权赣州市场建设综合开发有限公司与社会资本方合资，运用 PPP 模式组建江西添福养老服务有限公司。项目总投资 1.6 亿元，政府占股 20%，社会资本方占股 80%，公司负责建设和运营区内 72 个居家养老服务中心，其中新建网点 10 个，改扩建网点 62 个，总建筑面积达 5.05 万平方米。2015～2017 年分三期实施，2015 年建成 31 个网点，2016 年建成 22 个网点，2017 年建成 19 个网点。PPP 项目计划为全区 11 万名 60 周岁以上老年人提供日间照料、配餐送餐、医疗陪护等社区居家养老服务，实现城乡养老服务全覆盖目标[2]。区政府授权项目公司特许经营期 15 年，特许经营到期后，项目公司将该项目全部设施无偿移交给政府指定机构。自 2015 年 7 月 PPP 项目公司开展运营以来，已运营居家养老服务中心网点 29 个，日均接待、照料老人 500 人次，日均助餐 600 人次。各社区居家养老服务中心还成立了老年协会和兴趣小组，定期举办唱歌、排练舞蹈、乐器练习等团队活动。从服务效果看，老人满足感较高，初步形成范围广、功能多的社区养老服务网络，居家养老服务供给水平显著提升。

---

[1] 国家发展改革委社会发展司等. 走进养老服务业发展新时代——养老服务业发展典型案例汇编. [M]. 北京：社会科学文献出版社，2018.

[2] 章萍. 社区居家养老服务 PPP 运作模式研究 [J]. 当代经济管理，2018，40（11）.

(2) 江西省赣州市章贡区社区居家养老服务中心项目的主要做法

为妥善解决养老问题,章贡区重视居家养老建设,政社双方按照"规范操作、加快推进、成为标杆、造福于民"的总体要求,在合法合规的前提下加快推进社区居家养老服务中心PPP项目建设。主要做法有:

第一,创新居家养老服务PPP运作模式。章贡区社区居家养老服务中心PPP项目的运作,采用"BOT+O&M"(建设—运营—移交+委托运营)模式。新建项目采用BOT(建设—运营—移交)模式运作,由社会资本方获得特许经营权,负责项目的融资、设计、建造和运营等,项目资产所有权归政府,项目公司以零租金方式使用项目资产,享有项目收益,项目期满后公司资产的运营管理权移交给政府;存量项目采用O&M(委托运营)模式,政府将之前长期闲置的非临街商业用房改扩建后,以零租金租赁方式给项目公司用于社区居家养老服务(如图5-3所示)。这种"新建+存量"的捆绑式"BOT+O&M"运作模式,将政府和社会资本的各自优势和资源有效发挥和利用,合力提供高质量的养老服务,实现政府、社会资本、老人和社会的多方共赢。

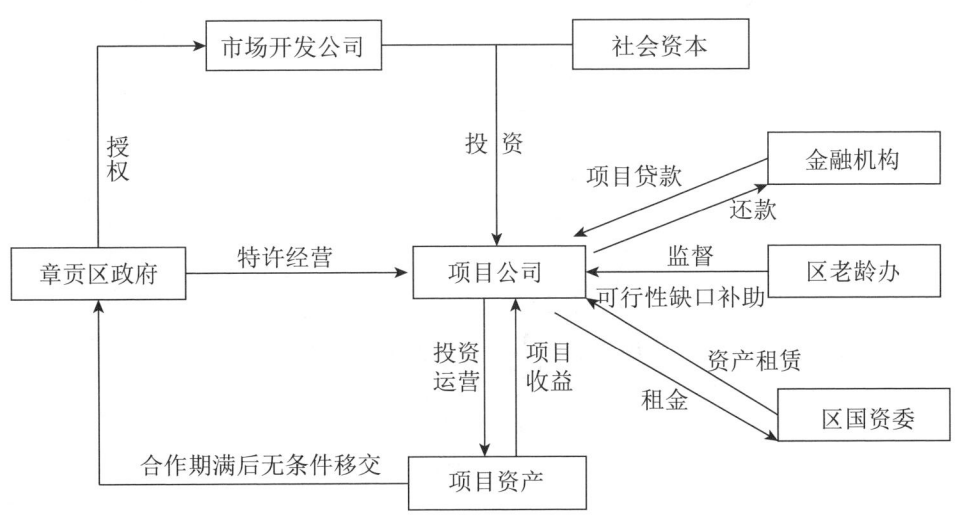

图5-3 章贡区社区居家养老服务中心PPP运用模式图

第二,多举措防控项目风险,确保项目顺利推进。PPP模式尚属新生事物,投资规模大,回收周期长,不可控因素较多,操作复杂。为了确保PPP项目的顺利推进,章贡PPP合作双方积极协商,采取多举措防控风险。首先,广纳民意，项目前期准备充分。在项目识别和准备阶段，区政府做了大量的项目前期准备和协调工作，成立了综合协调、项目规划建设协调和融资协调等工作组，全面保障项目建设。区政府还在充分吸纳民意、征求社区民众意见的基础上，统筹规划全区养老产业发展和养老设施布局规模，审慎确定PPP项目建设规模，最终确定了首批72个网点、5万余平方米的建设规模。在项目识别阶段，区政府授权区老龄办作为实施机构，代表政府参与PPP项目全过程，并委托专业咨询机构提供PPP项目识别论证、实施方案编制、社会资本方遴选、合作协议起草等全过程专业服务。项目落地时，严格按照财政部《PPP项目指南》的流程，强化项目评审，规范项目操作。其次，运用竞争性磋商机制遴选合适的资本方。章贡社区居家养老服务中心PPP项目的社会资本方，是江西鹭溪农业发展有限公司，这是一家在赣州市内拥有包括餐饮、生态农业、社区生活配送、广告设计在内的多产业公司。多产业的竞争能力和优势是其维持项目公司持续现金流和盈利的关键。其盈利点在于，规模效应优势明显，公司在餐饮和生态农业上有完备的供应链，而且业务熟练；公司业务整合能力强，运用其广告设计能力自产自销，为养老服务业务做广告；公司开拓"小饭桌"增收业务，不仅为老人提供成本价的配餐服务，而且面向社区其他人群开拓"小饭桌"业务，利用其业务优势为公司增加收益。再次，充分借智借力，科学识别和分担项目风险。章贡区居家养老服务中心PPP项目根据项目周期长，风险因素复杂的特点，注意识别和分担项目风险。在项目准备阶段，政府委托专业咨询机构识别和评估项目全周期风险，并根据风险由最适宜一方承担原则，在政府和社会资本之间合理分担风险责任。PPP合同约定，项目设计、建造、财务和运营、维护等商业风险由社会资本承担；法律、政策、最低市场需求等风险由政府承担；不可抗力等风险由政府和社会资本合理共担。

第三，确定合理的居家养老服务PPP投资回报机制。章贡区居家养老服务中心PPP项目的投资回报方式是混合收益模式，其收益由三部分构成：一是使用者付费。即由享受服务的老人对居家养老服务中心提供的日常生活照料、精神慰藉、家政等服务，按照定价支付相应费用。这部分收益是PPP项目公司的主要收益来源。二是政府付费。政府将购买PPP项目养老服务的付费纳入财政预算，包括两种付费：一是固定补助：主要用于居家养老服务中心日常运行管理；另一是民生补贴：主要用于对年满60周岁以上的"三无"

老人、低保老人及城市中度以上失能老人等特定对象购买居家养老服务中心提供的配餐送餐、生活照料、医疗保健、家政等养老服务。三是可行性缺口补助。在15年特许经营期间，按照风险分配机制，对项目公司风险超过上限的，由政府给予项目公司一定的经济补助，以弥补使用者付费之外的缺口，确保PPP项目公司通过使用者付费、政府固定补贴、民生补贴和运营补贴等方式取得的年回报率不低于10%的基本收益水平，实现可持续发展。

第四，建立居家养老服务PPP绩效考评机制。为确保公共利益最大化，章贡区居家养老服务中心PPP项目建立了比较严谨的绩效考评机制。一是在政府补助中设置了政府民生补助项目，PPP项目公司需要提供相应服务才可获得该项补助。二是编制了《项目绩效考核指标及相关考核表》，制定了一套非常详尽的监管指标，使用者的反馈和打分占有较大权重。每年1月和7月，政府依据"考核表"组织相关职能部门对照指标逐项考核。考核通过，项目公司获得全额补助资金；考核若第一次不通过，项目公司可以整改；若第二次不通过，政府有权自行或委托第三方进行必要的整改，一切风险与费用由PPP项目公司承担，并相应减扣补助金额。严格的绩效考评制度，有助于规范项目公司运作中的各类行为，保证项目服务水平。

（3）江西省赣州市章贡区社区居家养老服务中心项目的经验效果

章贡区社区居家养老服务中心PPP项目实施以来，各项居家养老服务工作有序开展，已初步建成了一个范围广、功能多的社区养老服务网络，当地的养老供给状况得到较大改善，项目示范效果明显。

第一，因地制宜地创新居家养老PPP运作模式，提供了可复制推广的模板。章贡区社区居家养老服务PPP项目，采用"BOT+O&M"（建设—运营—移交+委托运营）模式，在章贡区政府的支持与监管下，授权国有企业与社会资本方合作，双方共同注资组建项目公司，并建立利益共享、风险分担机制，取得了明显成效。该合作模式是政府和社会资本合作的一种方式创新，同时也是适合章贡区实际特点、解决其供需失衡矛盾较有效的PPP运作模式，在较短时间内盘活了政府的存量资产，扩大了养老服务供给资源总量，改善了供需矛盾，提高了供给水平和效率。另外，这种"新建+存量"捆绑式PPP运作模式，将政府和社会资本的各自优势和资源在实践中有效发挥和利用，实现政府、社会资本、老人和社会的多方共赢。

第二，政府的政策助力与融资支持为项目推进保驾护航。首先，政府出台了《章贡区关于加快发展养老服务业的实施意见》《章贡区健康养老产业发展实施方案》《章贡区社区（村）居家养老服务补贴办法（暂行）》等政策文件，为养老服务业发展提供了良好环境。其次，完善政府向社会资本购买养老服务项目目录。如规定有章贡区户籍且在该区居住的、60周岁及以上的"三无"或低保老人享受每月100元的政府购买居家养老服务补贴；中度以上的失能老人享受每月200元的居家养老服务补贴；正常运营的居家养老服务中心（站）每年给予2~6万元的运营补贴等。另外，政府为项目公司向国家开发银行融资提供信用担保支持。这些政策助力与融资支持较大程度地推进了PPP项目的顺利开展。

第三，合理的风险分担和回报机制保障了项目的可持续运营。目前，养老项目投资成本高，周期长，服务定价普遍较低，项目经营收费（即使用者付费）无法使社会资本获取合理收益，甚至不能抵补项目公司的建设和运营成本。章贡区社区居家养老服务中心PPP项目，在使用者付费的基础上增加了政府补助和可行性缺口补助方式，项目风险超过上限时，启动补贴或调价机制，由政府给予社会资本一定的经济补助，以弥补使用者付费之外的缺口。这种风险分担和回报机制设计使项目具备商业上的可行性，保障了社会资本的基本收益水平，有利于项目的可持续发展。

5.5.2 河南省开封市民生养老院PPP项目

（1）河南省开封市民生养老院PPP项目介绍

开封市民生养老院PPP项目是财政部第二批PPP示范项目，也是开封市乃至河南省第一批政府和社会资本合作项目。负责该项目的政府部门是开封市民政局，社会资本是由河南中城建设集团股份有限公司和河南宏锦源实业集团有限公司合资组建的开封市福祉养老服务有限公司。项目总投资为2.2亿元，建设内容分为主体工程和配套工程两部分，占地面积47 301平方米，规划地上建筑面积56 000平方米，地下车库面积7200平方米，总床位数1500张，由两部分组成：一是中央投资项目市社会福利院老年养护楼，总建筑面积21 250平方米，包括综合楼5400平方米，老年养护楼15 850平方米，床位数500张，以孤寡老人为主要服务对象；二是社会引资项目，建筑面积约34 750平方米，地下车库面积7200平方米，包括综合楼、康复楼、智障老人公寓楼、家居养老楼、自理型老人公寓及配套设施等建筑，床位数1000张。项目建成后将成为开封市现有规模最大的养老服务中心，可面向社会提供1500张养老床位以及多元化的养老服务。

开封市民生养老院PPP项目于2016年开始实施，是当地促进养老服务发展的重大民生项目。该项目采用BOT+OM模式，在引入社会资本来运营养老院的同时，还实行一种新的可行性缺口补助回报方式，即政府将部分养老床位补偿代替通常的货币补偿，创造了养老PPP项目政府与社会资本部门合作的新模式。

（2）河南省开封市民生养老院PPP项目的主要做法

第一，因地制宜选择合适的PPP模式。河南省开封市民生养老院采用BOT+OM项目模式，政府部门采用公开招标的形式选择河南中城建设集团股份有限公司和河南宏锦源实业集团有限公司共同组建项目公司——开封市福祉养老服务有限公司，其中宏锦源实业集团占90%股份，中城建设集团占10%股份。项目合同期为30年，其中包括2年建设期和28年运营期。项目主体工程完全由社会资本投资建设，除土地费用2870万元外，投入约1.533亿元，建成后主要用于市场化经营，总计提供1000个养老床位。项目配套工程则由社会资本方和政府共同投资，其中社会资本投资2370万元，政府投资1430万元，总计提供养老床位500个。由于政府投资参与，该项目建成后的配套设施供社会资本使用，以此换取用于为当地"三无老人"提供基本养老服务的床位，保障"三无老人"基本养老需求。由于该项目社会资本负责运营1000张养老床位，在收费的基础上还有一定的资金缺口，需要财政补贴。开封市政府拥有500张床位，不过当地"三无老人"目前人数不多，只有50名，即政府还富余450张床位。经过测算，社会资本的资金缺口大约相当于255张床位收益，因此，政府将富余床位拿出255张，交由社会资本进行市场化经营，以床位来替代货币补贴。此外，政府还富余约200张床位，为提高资源利用效率，这些床位也与上述床位一块打包委托社会资本运营，政府享有这部分运营收益的80%。30年合作期届满后，开封市福祉养老服务有限公司将项目设施无偿、完好地移交给项目实施机构或开封市政府指定的其他机构。

第二，创新PPP项目投资回报机制。河南省开封市民生养老院项目社会总投资为17 700万元，其中自有资本4400万元，银行贷款13 300万元。结合开封市 PPP 项目的基本收益水平,该项目社会资本自有资金内部收益率预期为 7.5%。项目社会资本的投资回报来源于两部分,自身市场化经营取得的使用者付费以及政府提供的可行性缺口补助。根据测算,在社会资本市场化运营 1000 张床位的情况下,社会资本运营收益总额约为 2.5 亿元,自有资金的财务内部收益率仅能达到 3.5%,不足以取得项目预期的投资回报。为满足社会资本的合理回报,政府需提供可行性缺口补助,资金缺口大约相当于 255 张床位收益。为此,开封市政府采用"以实物补偿替代货币补偿"方式,将政府拥有的 500 张保障"三无老人"基本养老需求床位中的 255 张床位交给社会资本运营,床位运营收益即为政府支付的可行性缺口补助。这种"以实物补偿替代货币补偿"回报机制的创新,不仅保障社会资本取得合理回报,提高其参与养老项目的积极性,也减少了政府财政支出,操作效果较好。

第三,建立风险分配机制。河南省开封市民生养老院项目先依据风险分配的基本原则,政府和社会资本共同承担项目的风险。再对项目可能发生的风险进行判断,建立合理的风险分配机制。如项目前期的行政审批、土地获取、基本养老服务对象的养老需求、政治和法律变更等风险由政府承担;项目融资、主体工程的建设、运营期间的市场需求、服务质量、经营收益以及移交期间的风险由社会资本承担;建设期间配套工程的建设风险,运营期间物价波动风险以及不可抗力由政府和社会资本共同承担。

第四,建立监管体系,形成监管合力。河南省开封市民生养老院项目确立的监管体系主要由项目实施机构对项目履约监管、相关行政主管部门的行政监管及公众监督三部分构成,以此形成全方位的监管合力,确保公众利益得到充分保障。在项目的经营期内,项目实施机构有权对项目公司的 PPP 协议及相关合同的履约情况进行监管,重点主要在质量与安全监管、收费与成本费用监管、合法合规监管。项目实施机构定期对项目进行绩效评价,并将评价结果向社会公示,多角度保护老年人的合法权益。

(3) 河南省开封市民生养老院 PPP 项目的经验效果

开封市民生养老院项目对我国养老服务项目的发展提供了实践经验,具有社会和实践意义。

首先,创新 PPP 项目可行性缺口补助的支付形式,"以实物补偿替代货币补偿"模式具有借鉴意义。河南省开封市民生养老院 PPP 项目在可行性缺口补助部分采用以实物补偿替代货币补偿,该项目社会资本负责运营 1000 张养老床位，在使用者付费的基础上还存在一定的资金缺口，需要政府财政补贴。经测算，社会资本的资金缺口大约相当于255张床位收益。因此政府从其富余床位中拿出255张，交由社会资本进行市场化经营，以床位来替代货币补贴。这一做法在当地政府同时运行多个PPP项目、地方财力非常紧张的背景下，使得地方财政不掏一分钱还能兼具公益性的养老项目，这一创新探索无疑有利于减少地方财政支出压力，引导更多的PPP项目。

其次，"以实物补偿替代货币补偿"开创了一种新的委托运营模式。开封市民生养老院项目中，政府为了满足社会资本的盈利需求将自营的资产打包给社会资本运营，既满足了社会资本的要求，又减轻了自身的负担。该项目中"以实物补偿替代货币补偿"的做法，实质上也是探索了一种政社双方都易于接受、实务中操作性更强的委托运营模式。其实每个地方政府手头上都有不少的存量资产，比如一些楼堂馆所、旅游景区、文体设施等。如果由政府自营，资源利用不充分，甚至还需要每年进行补贴。若将这些资产与同类项目打包委托给有资质、有能力的社会资本来运营，既发挥了资产的最大效用，又减轻了政府的负担，并且能够促进社会资本不断不断优化自身的运营、管理、服务，对改善公共服务领域的服务质量和效率也有明显的积极效果。

另外，政府资金的引导效果明显。开封市民生养老院PPP项目中，政府投资项目配套设施的资金1430万元，来自于中央财政支持地方养老的专项资金。单靠这笔政府资金建养老院，缺口较大。开封市民生养老院PPP项目积极引入社会资本，拓宽了资金来源，发挥了政府资金的引导作用，杠杆效用明显。

第6章 养老服务政府和社会资本合作的利益机制

为进一步加快我国养老服务业的建设和发展,政府鼓励运用 PPP 模式持续推进我国养老服务业的供给侧结构性改革,提升我国养老服务业的发展水平。[1] 养老服务一般具有定价较低、投资回收期较长、运营收入无法抵补项目建设和运营成本等特点。因此,为了吸引社会资本广泛参与养老服务 PPP 项目的投资、建设及运营,政府就必须建立一个合理的利益回报机制来保障社会资本获得合理的投资回报收益,调动社会资本的投资积极性,从而保障养老服务 PPP 项目的可持续进行。

6.1 养老服务 PPP 回报机制的基本原理

6.1.1 养老服务 PPP 回报机制的内涵及必要性

PPP 基于政府和社会资本签署的利益共享和风险共担的特许经营协议,在城市基础设施建设和公共服务等项目中,通过签订合同,明确各自的权利和责任,实现双赢。政府和社会资本作为主要投资者,通常通过设立项目公司(SPV)来实施 PPP 项目,这是 PPP 模式的重要载体。PPP 模式的项目设计的具体思路是,政府授权民政部门和出资方,使其与社会资本共同成立项目公司(SPV),由项目公司负责项目的规划、投资、建设、运营维护等工作。其中,社会资本可以向银行等金融机构进行贷款,项目公司定期还本付息。运营期满后,项目公司将其股权移交给政府指定的机构,至此完成整个

---

[1]《关于运用政府和社会资本合作模式支持养老服务业发展的实施意见》(财金〔2017〕86 号).

PPP 项目流程[1]。

养老服务 PPP 模式是政府和社会资本双方合作在养老领域的具体体现。政府为了提高养老产品和服务的供给能力和效率，与社会资本方签订养老项目特许合同，组成项目公司，从而形成伙伴关系。这种新型养老服务供给模式以提供养老产品和服务为出发点、以"利益共享、风险共担、目标一致"为原则，突破了传统政府—企业—市场的分工，通过充分合作配置资源。

就回报机制而言，主要有政府付费、使用者付费和可行性缺口补助三种方式。具体来说，政府通常会采用竞争招标或者多次磋商的方式来选择最合适的社会资本方，从而共同组成项目公司，并由其负责项目的建设、运营、维护。此外，政府和项目公司往往会签订长期（通常为 30 年）的特许经营协议。在特许经营期内，政府会定期分配可行性缺口补助，也可委托民政局进行定期的绩效考核和监督。特许经营期满后，项目资产将无偿移交给政府。而项目的运营成本则是由私营企业按照用户支付标准和等价交换原则来收回的，就养老服务来说，一般是通过向养老院和社区的老年人提供日常护理、医疗、心理咨询和其他服务来补偿成本并适当获利。

"养老服务 PPP 模式"实质上是以融资为基础的、利用社会资本来进行养老项目建设的一种合作模式。在这种新型模式中，政府部门的主要职责就是提供适当的财政支持，如税费补贴以及土地等。此外，做好政策制定和服务监管工作也是政府义不容辞的责任；而资金融通以及项目开发、建设等具体的运营管理工作是社会资本的分内职责。养老服务 PPP 项目由专门的养老服务公司来提供，这在一定程度上不仅可以减轻政府的财政负担，也能最大程度地分担社会资本单独投资养老服务业的风险。

由于 PPP 项目投资周期长，面临风险较大，尤其是通胀引起的成本上升，因此只有建立合理的价格调整机制和回报机制，才能确保养老项目的公益性和社会资本方获得合理的投资收益，从而维持整个项目的正常运营。

"积极应对人口老龄化，构建养老、孝老、敬老政策体系和社会环境，推进医养结合，加快老龄事业和产业发展"，是我国养老事业在新时代背景下的

---

[1] 高嘉华. 应用 PPP 模式推进城市养老服务业发展[J]. 辽宁工业大学学报（社会科学版），2018，20（05）.

发展方向和指导方针[1]。PPP模式下，政府和社会资本的合作关系不仅有利于专业化分工效率的提高和资源配置的最优化，还可以实现双方的优势互补。首先，在养老服务业的建设与发展中引入社会资本，可以在某种程度上弥补养老服务业发展的资金缺口，缓解政府的财政压力。其次，引导社会资本合理投资养老服务业不仅可以激活养老市场活力、提高养老服务的整体水平，还能在很大程度上改善我国养老服务业的宏观市场格局，促进我国养老服务业的快速发展。总之，将PPP模式应用于养老服务业的建设，具有广阔的发展空间，不仅能够让社会资本更加有所作为，还能有效地协调社会资本参与养老投资在"公益性"和"营利性"之间的矛盾[2]。

必须正视的是，社会资本参与PPP模式非常注重投资回报问题。只有稳定、合理、可持续的投资回报机制才能充分调动社会资本的参与热情，促进PPP项目的成功运营。换句话说，投资回报机制是PPP项目合作成功的关键，是积极推广PPP模式的重要前提[3]。如果社会资本在长期的养老服务投资中无法获得基本的合理的回报，其行为就可能产生"异化"。一方面，此情况下的社会资本可能会忽视养老群体需求，批量生产低质量的养老产品，降低成本以获得更高的经济收益。另一方面，社会资本还会打着投资养老服务业促进其发展的旗号进行"圈地运动"，试图从政府的手中获得暴利。这样一来，我国养老服务业的建设和发展势必会受到影响，尤其是社会资本的直接退出会使得我国的养老服务资源无法得到优化配置，老年人正常的养老需求也无法得到满足。

不同机制对社会资本介入养老服务建设和发展有着不同的作用。比如市场营利机制是社会资本投资养老服务业建设和发展的"经济动力"；激励机制则是促进社会资本投资养老服务业的"政策性动力"；另外，在合理的风险分担机制下，风险分担充分发挥双方的风险控制优势，实现彼此收益的最大化；最后，社会资本的营利性与养老服务的公益性如何协调，离不开有效的外部

---

[1] 习近平. 决胜全面建成小康社会夺取新时代中国特色社会主义伟大胜利——在中国共产党第十九次全国代表大会上的报告[R]. 人民出版社，2017.

[2] 李楠楠，王儒靓. 论公私合作制（PPP）下公私利益冲突与协调[J]. 现代管理科学，2016(02).

[3] 周迪雯. PPP模式应用于我国社会养老机构建设的必要性与可行性分析[J]. 商，2016(07).

监督和约束。而有效且合理的回报机制，会提高社会资本参与养老服务建设的积极性和持续参与合作的能力，在某种程度上弥补养老服务业发展的资金缺口，进一步缓解政府的财政压力、促进我国养老服务业的健康发展。因此，在养老服务 PPP 模式中建立合理的利益回报机制是非常必要的。

6.1.2 养老服务 PPP 回报机制的利益相关者及付费机制

（1）利益相关者及其诉求

养老服务 PPP 模式涉及的参与主体众多，如政府、社会资本方、银行等金融机构以及管理运营方和使用者。按照利益主体划分，可以分为以政府和使用者为首的公共利益和以社会资本方为首的私人利益。由此可知，养老服务 PPP 模式中，政府部门和社会资本方是主要的利益相关方。由于双方都考虑最大化自身利益，就不可避免地会在回报上产生分歧，因此要确立合理的 PPP 模式回报机制，必须先弄清楚主要的相关利益主体。

第一，政府部门。政府作为公共部门，对公共物品的提供负有责任，是基本养老服务的重要主体。在养老服务 PPP 项目中，政府是项目的主要发起人之一。与传统的养老服务项目不同的是，政府对养老服务 PPP 项目的建设、管理、运营和维护等工作不直接负责，而是通过招标来选择合格的社会资本方。双方共同设立项目公司，合同约定双方的权利和义务，并对项目承担连带责任。这样做不仅可以减轻政府的财政负担，还能充分利用社会资本的高效率、资金足的优势来解决传统养老服务项目低效率、高投入的问题，提高养老服务项目的服务水平，从而获得一定的经济效益和社会效益。然而，养老服务 PPP 模式的推行并不意味着政府可以推卸其应负的责任。政府还是要做好相应的决策，合理分担项目面临的各种风险，适当给予优惠政策，从而更好地促进养老服务项目的顺利进行，进一步解决我国养老服务业当前所面临的各种问题。

第二，社会资本方。在已经出台的 PPP 相关政策法规中，我国将社会资本方统一定义为项目合作方。此外，国家在 PPP 文件中也有明确规定哪些社会组织或企业、机构可以作为社会资本方。在养老服务 PPP 模式中，社会资本作为主要的利益相关者之一，主要职责是项目的合同谈判、融资建设、运营管理。另外，依据财政部文件的规定，社会资本还可以作为 PPP 项目的发起主体之一,通过递交项目建议书的方式向财政部推荐潜在的 PPP 项目[1]。这一规定无疑打破了以往由政府主导的传统投资模式,为政府和社会资本拓宽了合作空间。此外,在 PPP 项目的具体实施过程中,政府和社会资本通常会成立项目公司负责项目的整体管理和运营事宜。

在养老服务 PPP 项目中,各个利益主体的利益诉求存在差异,只有将主要利益相关者(公共部门和私营部门)的利益诉求分析透彻,通过双方共同协作,才能设计出公平合理的收益分配方案或是符合双方利益诉求的合作契约,从而促进 PPP 项目的顺利进行。然而,政府和社会资本的利益追求各不相同:政府的公共属性决定了其更看重项目带来的社会效益,把社会效益放在首位;而社会资本的逐利性本质则让其更强调项目运营期经济效益的最大化,实现利润最大化是其根本目标。政社双方的利益诉求内容如表6-1所示:

表 6-1 政社双方利益诉求分析表

核心利益相关者	项目角色	利益诉求
政府部门	合作者、促进者、参与者和监督者	养老服务提供的持续性; 养老服务价格合理; 对养老服务的消费者公平对待; 满足健康安全、环保的质量标准; 对未来条件变化的适度弹性
社会资本	项目主要股东、合作者	健全的法律法规; 对私人投资者合理的回报及保护; 项目建设运营的认可与支持; 项目中良好的冲突解决机制; 合作到期后社会资本良好的退出机制安排

在养老服务 PPP 项目中,政府不仅是项目的发起人、授权人、监督人,同时也是项目参与方。政府在养老服务项目中引入 PPP 模式,不仅能借助社会资本的资金优势来减轻自身的财政负担,分担责任风险,还能引入社会资本方先进的管理理念及技术来实现资源的优化配置,促进整个项目的顺利完成,从而最大程度上满足社会需求,实现较大的社会效益和经济效益。在 PPP 项目中,社会资本方主要负责项目的整体设计、建设和运营,它为项目

---

[1]《财政部关于印发政府和社会资本合作模式操作指南(试行)的通知》(财金〔2014〕113号)。

提供了大量的资金支持,是主要参与者和操作者,其先进的技术和管理经验还提高了项目的整体运营效率,促进项目目标的实现。作为项目投资方,社会资本最为直接的利益诉求就是项目的经济回报和利润最大化以及由此而引申出一系列间接诉求,例如相对完善的法律法规支持、具有对社会资本投资的优惠、保护政策等。

(2) 付费方式

养老服务 PPP 模式是建立在融资基础上的、一种通过利用社会资本来达到政府发展养老服务的新型模式。养老服务 PPP 项目的回报机制是指 PPP 项目收入的来源方式。社会资本参与养老服务项目的建设、运营和管理过程中得到合理回报,是其参与 PPP 项目的前提条件,也是 PPP 项目成功运作的关键。养老服务 PPP 项目的回报机制通常有三种:政府付费、使用者付费和可行性缺口补助。不同付费模式下,政府承担的运营补贴支出责任不同。

第一,政府付费。即政府直接付费购买养老服务。在政府付费机制下,社会资本承担养老 PPP 项目的投资、建设、运营、维护等工作,政府则依据项目设施的可用性、设施或服务的使用量以及质量支付对价,社会资本以此回收项目成本并获得合理收益。通常又分为可用性付费、使用量付费和绩效付费。

对政府付费模式的项目,在项目运营补贴期间,政府承担全部直接付费责任。政府每年直接付费数额包括:社会资本方承担的年均建设成本(折算成各年度现值)、年度运营成本和合理利润。计算公式为:

$$当年运营补贴支出数额 = \frac{项目全部建设成本 \times (1+合理利润率) \times (1+年度折现率)^n}{财政运营补贴周期(年)} + 年度运营成本(1+合理利润率)$$

n 代表折现年数;

财政运营补贴周期指财政提供运营补贴的年数。

第二,使用者付费。即由享受养老服务的老人直接付费购买养老服务,社会资本方回收项目的建设和运营成本并获得收益。使用者付费模式下,政府不承担运营补贴支出责任,养老服务 PPP 项目的收费价格决定了社会资本方的投资回报水平。在这种付费模式下,社会资本方通常会拥有对养老服务项目费用的主动定价权;另一方面,由于项目具有一定的公益性和垄断性,政府会对价格进行适当地规制。因而政府和社会资本双方需要在合同中规定出合理的定价和调价机制。

第三,可行性缺口补助。即使用者付费不足以满足社会资本或项目公司成本回收和合理回报,而由政府以财政补贴、股本投入、优惠贷款等形式,给予社会资本或项目公司的经济补助。可行性缺口补助模式下,在项目运营补贴期间,政府承担部分直接付费责任。政府每年直接付费数额包括:社会资本方承担的年均建设成本(折算成各年度现值)、年度运营成本和合理利润,再减去每年使用者付费的数额。计算公式为:

当年运营补贴支出数额 = $\dfrac{项目全部建设成本\times(1+合理利润率)\times(1+年度折现率)^n}{财政运营补贴周期(年)}$ + 年度运营成本(1+合理利润率) − 当年使用者付费数额

n 代表折现年数;

财政运营补贴周期指财政提供运营补贴的年数。

养老服务 PPP 项目的特征是前期投资高、短期回报率低且具有公益性,最为适合的回报机制是可行性缺口补助,而实践中大多数 PPP 项目是使用者付费模式,可行性缺口补助项目和政府付费项目占比较小。

无论采取何种补贴方式,养老服务 PPP 的投资回报都必须综合考虑各种经济收益,包括通过服务定价获得的收入回报。确定养老服务 PPP 项目的合理定价,是 PPP 项目回报机制研究的重要内容。

6.1.3 养老服务 PPP 项目的合理定价及模型设计

(1)养老服务 PPP 项目的合理定价

养老服务 PPP 项目兼具公共利益与经济利益,政府一般都对项目给予一定的支持,养老服务 PPP 项目的定价既不同于公立养老服务,也不同于商业养老服务,通常涉及养老服务业、政府、老年人三个主体对象,是否科学合理的定价不仅影响着该项目能否顺利进行,还决定着政府部门的投资建设是否合理。[1] 目前我国养老服务 PPP 模式还处于探索研究阶段,定价研究的成果还不多见。一般而言,在进行定价时应遵守以下原则:

---

[1] 杨凯峰. 基于"三方合理"的养老服务 PPP 项目定价模型研究 [D]. 兰州大学, 2018.

第一，兼顾公平、透明和合理。定价需坚持公平、透明和合理的原则。定价标准和过程、结果需要对政府、养老服务、老年人保证公平、透明、合理。此外，还应考虑定价对于养老服务项目的运营效率以及社会效益的影响。

第二，达到三方利益均衡。定价涉及政府、养老服务以及老年人三方，如何合理定价是实现三方利益均衡的关键。这里三方利益均衡指的是，政府公共部门能够通过财政支出实现社会效益的最大化、养老项目能够达到自身预期的收益率水平、老年人能够承担自身养老服务的消费。

第三，定价浮动调整。在定价过程中，有必要根据社会环境的变化，如价格水平和收入水平的变化来调整价格。定价关系到养老机构、政府公共部门和老年人的利益，因而既要最大限度地提高养老服务项目的利润，又要最大限度地减少老年人的消费支出，更要最大限度地提高社会效益。因而，政府公共部门、养老服务机构和老年人的博弈由此形成。

首先，政府补贴最小化的目标。养老服务的正外部性和公益性决定了政府公共部门应免费为老年人提供养老服务，最大化社会效益。然而，这种方法在实践中是不可行的。只有牺牲部分社会效益来补偿私营部门的利益，政府和公共部门才能使项目建设和运营顺利进行。

其次，老年人实际支付价格最小化目标。定价过高超出老年人的实际消费水平就不能被接受；但如果定价太低则不能维持项目正常运营。因此，定价结果既要满足被老年人接受的要求，又要能够维持项目正常运营。

再次，养老服务项目利润最大化目标。社会资本把盈利性放在追求首位，主要通过养老服务项目收费和其他营业收入来偿还债务和回收成本，并在约定运营期内获得最大化的利益回报。

(2) 养老服务 PPP 项目定价模型[1]

①模型设计思路。

首先，优先因子设计。定价结果在需要达到多个目标时有一个主次之分。为此，设定第一个达到目标的优先因子为 P_1，第二个达到目标的优先因子为 P_2……以此类推，由此有 $P_n \geqslant P_{n+1}$，n=1，2，3……[2]。本文设定各个主体

---

[1] 杨凯峰. 基于"三方合理"的养老服务 PPP 项目定价模型研究 [D]. 兰州大学，2018.

[2] 杨芸，李彪，王帅磊. 带优先级的单类型航空弹药转运多目标规划模型 [J]. 指挥控制与仿真，2016，38（06）．

优先因子如下：老年人消费承受能力为优先因子 P_1，政府补贴额度为优先因子 P_2，养老服务机构利润为优先因子 P_3。

其次，目标函数原理。目标规划的目标函数是由各个目标的优先级和正负偏差变量组成的。当一个目标确定时，应当尽可能地无限接近目标值，具体形式为：

$$\min z = f(d^+, d^-) \tag{6-1}$$

若恰好达到目标值，目标函数为：

$$\min z = f(d^+ + d^-) \tag{6-2}$$

若达不到目标值，目标函数为：

$$\min z = f(d^+) \tag{6-3}$$

若超过目标值，目标函数为：

$$\min z = f(d^-) \tag{6-4}$$

再次，目标规划模型在养老服务 PPP 项目的应用。目标规划模型的优势在于将众多目标按照一定的次序排列，首先满足于优先级最高的目标，其次满足较低的，科学合理地以优先级进行定价。对于老年人、政府、养老机构三个主体，假设三者之间信息完全透明、公开，在养老服务 PPP 项目上，需要同时满足老年人消费承受能力水平、政府补贴额度的高低、养老服务机构的盈利大小三个目标，可进行如下设计：

老年人消费承受能力水平，优先级 P_1，其消费承受能力水平不超过目标值，选取式（6-3）进行目标规划；政府补贴额度的强度，优先级 P_2，其补贴额度的强度不超过目标值，选取式（6-3）进行目标规划；养老服务机构的盈利大小，优先级 P_3，其盈利的大小不低于目标值，选取式（6-4）进行目标规划。

②基于"三方合理"的养老服务 PPP 项目定价模型的构建。

首先，目标函数的构建。根据上文的介绍，本文构建的目标函数为：

$$\min z = P_1 d_1^+ + P_2 d_2^+ + P_3 d_3^- \tag{6-5}$$

其次，约束条件的构建。从老年人、政府部门和养老服务机构三者整体出发，定价 P 应该等于政府补贴和使用者付费之和，所以：

$$P = G_h + F_h \tag{6-6}$$

在式（6-6）中，P—养老服务 PPP 项目特许定价；G_h—政府部门的补贴额度；F_h—老年人消费承受能力。

第6章 养老服务政府和社会资本合作的利益机制

从老年人消费能力出发，消费能力不能超过当地老年人的实际消费水平，所以：

$$F_h + d_1^- - d_1^+ = F_g \tag{6-7}$$

在式（6-7）中，F_h—老年人消费承受能力；F_g—基于当地实际情况测算的老年人消费承受能力。

从政府部门补贴额度出发，应该不能超过政府实际补贴额度，所以：

$$G_h + d_2^- - d_2^+ = G_g \tag{6-8}$$

在式（6-8）中，G_h—政府部门补贴额度；G_g—经过合理补贴公式测算的政府部门补贴额度。

对于养老服务机构，其期望的定价应该不低于基于合格收益率计算出来的价格，所以：

$$P + d_3^- - d_3^+ = P_g \tag{6-9}$$

在式（6-9）中，P—特许定价；P_g—经过合理投资收益率测算的养老机构收费价格。

再次，养老服务项目定价模型建立。根据构建的目标函数和约束条件，通过合理的分析和研究，养老服务 PPP 项目定价模型如下：

$$\min z = P_1 d_1^+ + P_2 d_2^+ + P_3 d_3^- \tag{6-10}$$

$$\left. \begin{array}{l} P = G_h + F_h \\ F_h + d_1^- - d_1^+ = F_g \\ G_h + d_2^- - d_2^+ = G_g \\ P + d_3^- - d_3^+ = P_g \\ G_h、F_h、P \geq 0 \\ d_i^-、d_i^+ \geq 0, i=1, 2, 3; \end{array} \right\} \tag{6-11}$$

在式（6-10）和式（6-11）中：

P—控制变量，特许定价；

G_h—控制变量，政府部门实际补贴额度；

F_h—控制变量，老年人实际消费承受能力；

F_g—参数，基于当地实际情况测算的老年人消费承受能力；

G_g—参数，经过合理补贴公式测算的政府部门补贴额度；

P_g—参数，经过合理投资收益率测算的养老服务机构收费价格；

d_i^-——参数，i 的负偏差；

d_i^+——参数，i 的正偏差。

6.2 养老服务 PPP 回报机制的主要内容

6.2.1 风险分担机制

风险分担机制是 PPP 项目成功运营的重要保障。合理有效的风险分担能够实现更少的投入更多的产出。PPP 项目的风险分担没有一定之规，因项目而异。通常情况下，合理的风险分担机制要根据政府和社会资本方的能力和拥有的资源条件，充分发挥各自的风险控制优势，实现 PPP 项目整体收益的最大化。具体地说，应将风险分配给可以花费最小成本并能最有效控制风险的参与者，即按参与者实际控制风险的能力来分配风险，让每个参与者都从事其最擅长的工作，从而达到群体效益最优。如政府对制度性风险有控制优势，社会资本对控制市场风险更有优势，对于双方都不擅长控制的风险，则共同协商进行分担。此外，建立合理的 PPP 项目风险分担机制需要事前对 PPP 项目各种潜在风险进行仔细研究、规划、评估，做好识别风险，最好在事前能够针对潜在的风险提出有效的防控措施；再遵循"风险由能者承担"的原则，在政府与社会资本方之间合理分担风险，合作过程中双方还要及时沟通，灵活调整风险分担机制[1]。

6.2.2 分配激励机制

分配激励机制是 PPP 项目成功运营的关键性因素。养老服务的投资成本高、资金回收慢、回收周期长、投资风险大、盈利空间小的特点都直接影响社会资本参与投资养老服务的积极性，阻碍了我国养老服务的进一步发展。为此，政府需要采取一定的政策措施对社会资本进行激励和补贴，调动其参与积极性。所谓分配激励机制主要是指政府给社会资本一定的"鼓励与投入"来达成双方合理分配、实现收益共享，这些可通过签订合同条款实现。具体

---

[1] 冯雪东，郑生钦. 养老地产 PPP 项目投资风险评价研究[J]. 工程管理学报，2016，30(03).

来说,"鼓励"主要是指政府给社会资本税收优惠,从某种程度上降低社会资本参与养老服务业的门槛;"投入"则主要是指政府通过运营补贴等手段对养老服务机构进行适当的扶持。总之,政府的分配激励机制是推动社会资本投资养老服务业必不可少的"外部动力",是重要的政策性保障,没有政府的分配激励政策的支持,社会资本的合理利益诉求难以得到有效保障。因此,政府实施激励机制吸引社会资本的参与尤显必要。

6.2.3 市场盈利机制

市场盈利机制是 PPP 项目成功运营的动力。资本的逐利属性决定了社会资本投资养老服务业的根本动力就是获利。在 PPP 模式中,政府作为合作协议的担保人,理应保证社会资本在养老服务 PPP 项目中的基本收益。大体而言,政府应该及时调整、转变职能,适度放权给社会资本,保证其拥有一定的自主权,如资源开发权等,使社会资本获得合理稳定的投资回报。首先,政府在项目审核的时候要建立一个科学、规范的程序,借助市场机制来确定合作方。其次,政府有必要建立一个严谨的承诺机制,保障社会资本方的最低收益。再次,政府要进行分类指导与监管。一方面,政府可借助财政补贴等方式保证 PPP 项目服务价格的公允性,满足老人基本养老需求;另一方面,政府要引入市场化竞争机制,通过使用者付费保障社会资本合理的投资收益,满足老人个性化养老需求。

6.2.4 监督评估机制

政府与社会资本各自追求的目标存在差异,公益性和逐利性矛盾突出,需要妥善处理。在实践环节中,以政府为主体的评估环节相对滞后,而且较为简单,甚至流于形式。PPP 项目中的公共服务质量、价格等方面的监督,实际操作和执行难度较大。而引入第三方监督、评估机制,不仅有利于对 PPP 项目运营绩效进行合理评估,不断改进和完善项目运行过程中暴露出的不足,还有利于对 PPP 项目各方参与主体进行全面监管,防范道德风险及腐败问题滋生。

6.3 养老服务PPP回报机制运行中的主要问题

6.3.1 主要问题

养老服务PPP回报机制存在着收益率难以科学确定、价格调整不合理、风险难以合理分担、缺乏完善的绩效考核指标、社会资本退出困难等问题。

(1) 投资收益率难以科学确定

在PPP项目中,收益是社会资本参与的最主要的动力。因而,可以说构建PPP项目投资回报机制最为关键的就是投资收益率。投资收益率就是PPP项目在具体运营过程中资金的流入总额等于流出总额且净现值为0时的折现率,它是评价养老服务PPP项目盈利程度的主要因素,全面反映了PPP项目的整体盈利情况。在养老服务PPP项目中,政府和社会资本各自追求的利益目标的不一致,主要反映在投资回报率的确定上。我国政府规定政府付费类PPP项目的投资收益率在5%~6%之间,使用者付费类PPP项目的财务收益率在7%~8%之间。实践中,由于养老服务项目的性质不同,项目的收益方式不统一且有的养老服务项目采用多种收益方式,增加了衡量投资收益率的难度,政府和社会资本在收益率问题上往往存在分歧。

实际上,在PPP项目具体的运营过程中,代表公共利益的政府作为主导方往往会压低投资回报率,这大大影响社会资本方投资养老服务项目的积极性。在这种情况下,投资回报率就成了政社双方博弈的焦点[1]。

(2) 价格调整不合理

第一,价格调整原则模糊。养老服务PPP项目涉及的利益主体众多,而各个主体追求的目标不一样,各方都将自身利益最大化作为终极目标。比如,政府部门代表了公共利益,为公众提供更好的养老服务是其根本职责,因此,缓解自身财政压力、追求公共利益最大化是其目标;社会资本的本质属性是逐利性,因而利润最大化是社会资本的终极目标;公众作为养老服务的最终消费者,养老服务PPP项目提供服务的价格是否合理才是他们最看重的。所以,在养老服务PPP项目中,价格调整必须要找准政府、社会资本以及养老

---

[1] 杨震.政府付费类PPP项目投资回报财务模型的对比研究[J].工程经济,2017,27(02).

服务消费者这三方的价格平衡点，同时满足这三方的利益需求。只有科学合理的价格调整机制，才能保障项目总体的经营水平与投资回报收益，促进项目的顺利发展与持续运行。然而，在 PPP 项目具体的运营实践中，并没有一个合理的价格调整规则，这直接导致社会资本方因对参与 PPP 项目的预期盈利目标的不确定而削弱其参与积极性。

第二，价格调整内部机理尚未建立。依据《政府和社会资本合作模式操作指南》，对 PPP 项目进行价格调整时应该在充分考虑社会接受能力的基础上严格遵循风险和收益对等原则。然而，该文件并没有针对具体行业出台具体的操作原则和流程，只是对于价格调整进行了原则性的规定。调价机制的内部机理主要包括调价周期、调价程序以及风险管理、收益机制、触发机制等。当前，内部调价机理中各个要素关系复杂且界限模糊，总体上价格调整内部机理在我国养老服务 PPP 项目中还比较缺乏。此外，在实际的项目运行情况中，价格调整的唯一因素是经济因素，风险因素并未作为最重要的要素予以考虑。

第三，缺乏完善的保障体系。这主要表现在三个方面：首先，缺少法律法规的保障。政府和社会资本在合作中存在契约关系不强的问题，这直接导致调价缺乏完善的法律保护。其次，没有规范的行业标准。目前，政府和社会资本的合作还处于起步阶段，双方都不够重视合同或者契约；此外，政府对社会资本的专业性认可度还不高，这些都在一定程度上随意化了价格调整的过程和方法。再次，政府和社会资本双方信息不对称。为了自身利益最大化，政社双方往往会隐藏自身信息，这样直接导致政府对项目公司的监督失灵，从而使得监督部门无法准确地预估调价是否科学，更无法知晓养老服务 PPP 项目的实际运营情况和成本支出是否合理。价格调整若不合理会影响政府和社会资本方的后续合作，只有完善调价机制，才能促进养老服务 PPP 项目的顺利推进。

（3）风险难以合理分担

由于政府和社会资本的合作还处于探索阶段，因而在具体合作过程中难免会面临很多不确定性因素，如运营、法律甚至政治方面的风险，从而对社会资本的投资回报造成直接影响。公益性强的养老服务 PPP 项目往往会面临更大的政治、法律、运营风险[1]。

第一，项目发起决策及经营风险高。当前我国人口老龄化形势日益严峻，在养老供给压力加大的背景下，养老服务PPP项目应运而生。通常政府是PPP项目的发起主体，在对养老服务PPP项目的具体情况了解后，政府进行公开招投标选择社会资本方。然而，多数情况下，政府对养老服务PPP项目缺乏总体的规划和设计，这在项目运行方面可能诱发较严重的可行性风险，从而使得项目运营成本大幅度地提高，甚至造成项目无法继续推进而导致合作再谈判成本的增加。

第二，收费机制复杂，价格弹性较大。有别于基础设施项目的统一定价和调价，养老项目由于服务类型和服务等级不同，服务收费差异通常比较大，收费方式不一，如月付制、年付制或者会员制。从实际情况来看，不同的收费标准和收费方式将会影响到投资回报率、投资回收周期等指标，从而影响投资人的投资意愿，这就在无形中加大了政府与社会资本合作的难度，社会资本方也面临着较大的投资风险。

第三，收益性差，资金退出困难，移交风险大。养老服务业是一个特殊的行业，具有准经营性的特征，即它的最终目标并非完全是获利。所以，投资回报周期长、收益低等特点决定了社会资本方投资养老服务业很难在经营较短时期内收回其投资成本并获利。然而，当前法律对社会资本方的退出比较复杂、严格，一旦社会资本方在无法获得合理投资回报时因为严格的退出审核程序而无法正常退出，其付出的项目代价必然会很高。

（4）缺乏完善的绩效考核指标

绩效考评是对养老服务PPP项目管理的一种有效衡量、评价与监督手段，通过对PPP项目全面的考评与总结，不断提高PPP项目的建设、管理、运营的水平，达到合理利用资金、提高投资效益、改进管理、提高养老服务的水平和质量。此外，项目绩效评价结果也是社会资本方制定合理的服务收费标准、获得政府补贴与奖励等取得项目回报的依据。对PPP项目开展绩效考评工作，需具备一套完整、简便、重点突出的绩效考核指标。然而，我国PPP应用和监管政策文件中虽不断强化绩效考评要求，但尚未出台有关PPP项目

---

[1] 贾丽，徐振宇．在养老服务业中推广应用PPP模式的风险与收益分配分析［J］．科技和产业，2014，14（11）．

绩效评价指标设计的指导性文件，一套完善的涵盖 PPP 项目全生命周期的绩效考核指标仍未建立起来。实践中，很多 PPP 项目把建设期绩效考核等同于传统模式下的项目竣工验收，只要验收合格，就支付相应的可用性服务费。实际上，PPP 项目有别于传统模式下的政府建设项目，项目前期建设质量的好坏直接影响到项目在运营期能否有效、安全和高质量的运行。另外，由于我国在养老服务领域推行 PPP 的时间不长，PPP 项目还处于执行阶段，移交阶段的考核指标缺失。这些都在不同程度上影响社会资本的合作参与热度，也不利于 PPP 项目全生命周期的规范运作，甚至可能削弱项目的实施成效。

（5）社会资本退出困难

通常情况下，社会资本在项目运营期满后完成移交是最为理想的结果。然而，养老服务 PPP 项目合作周期长、投资金额大、不确定因素多，对于社会资本方来说，投资养老服务 PPP 项目不仅要看"钱景"，还要看退路。如果退出机制不畅，必然会顾虑较多，影响投资积极性。因此，畅通的退出渠道、完善的退出机制是社会资本参与 PPP 项目的重要保障。然而，我国当前 PPP 模式中，社会资本退出机制在法律层面上还未予以明确规范。现有的 PPP 文件仅是框架性地提出构建多元化的退出机制，通过股权转让、股权回购、资产证券化、融资租赁等方式，丰富 PPP 项目的投资退出渠道。这些文件虽然为社会资本的退出指明了方向，但规定较抽象，不够细化深入，且缺乏具体的操作指南。PPP 项目实际操作中，由于融资合同的股权变更限制较多、合同体系之间的交叉性较强等原因，社会资本很难以正常方式退出，常伴随着其他违约或风险负担方式，通过政府方回购、项目搁置方式解决或以仲裁、诉讼等高成本、非正常的方式退出。社会资本正常的退出机制缺失以及退出渠道不畅通、退出方式不灵活等问题，严重制约了社会资本的流动性，降低了社会资本方的投资意愿，也不利于 PPP 模式的推广和运用。另外，政府方在 PPP 项目实施中具有监督者和参与者的双重身份，使得社会资本与政府在利益博弈中处于弱势，也增加了社会资本方退出安排的难度。

6.3.2 原因分析

（1）从政府视角分析

政府是公共服务的主要提供者，在维护社会稳定、促进经济发展上发挥着重要作用。养老服务是一项关乎国计民生的大事业，关系到经济的发展与社会的稳定，需要政府的大力支持，尤其在中国人口老龄化越来越严重的现阶段，养老服务成为政府工作的重点之一。政府公共部门在养老服务事业中代表的是社会公众利益。养老服务 PPP 模式中，政府是合作的参与方，虽然项目公司直接负责建设运营，但是政府基于养老服务的公共性，必须按照合同约定履行义务，为 PPP 模式发展提供政策支持，甚至发挥托底作用[1]。

政府政策支持是社会资本投资养老服务项目的重要政策保障，是推动社会资本参与养老服务发展的重要外部动力。养老服务业作为我国公共服务的重要领域，社会效益大于经济效益的特点决定了它的发展必须得到政府在财政税收、土地使用等方面的大力支持。然而，当前我国政府部门这方面的准备工作还有较大提升空间。

首先，养老服务的长远规划不够。对于急速到来的老龄社会与养老服务需求，政府需要准确把握当前养老服务业的发展形势，及时完善相关法律法规，给予政策和财力支持。尽管我国近年来不断加强对养老服务业的相关法规、政策出台的频率和力度，也出台了一些对于社会资本参与养老服务等公共领域的优惠政策，但是这些优惠政策大多是一些倡导性的规定和意见，不仅法律效力非常弱，更没有相应的落实保障制度。因此，政府的许多支持优惠政策都没有得到很好的落实和实施，其对社会资本兴办养老服务项目的激励作用也未能得到实现。此外，尽管养老服务的财政支出不断增多，但是由于支出压力大，养老服务项目的专项资金投入仍显不足。

其次，政府对社会资本的扶持力度不够，对社会力量缺乏有效调动，导致社会力量参与养老服务业的积极性不高。养老服务是一种应由政府提供的准公共物品，公益性是其本质特性，加之政府政策配套不完善、缺乏激励机制，使得社会资本主动参与养老服务 PPP 项目的积极性低。

（2）从社会资本视角分析

第一，资本属性使然。资本具有逐利性，一项投资如果没有合理的利润，资本通常不会进入。鉴于社会资本的逐利性本质，其投资养老服务 PPP 项目必然关注投资回报。然养老服务是具有公益属性的服务，决定了社会资本不

---

[1] 蔡晓琰，周国光. PPP 项目政府和社会资本合作的投资回报机制研究[J]. 财经科学，2016(12)：101-109.

可能牟取暴利,这种养老服务的公益性与社会资本逐利性矛盾的存在,是社会资本投资养老服务 PPP 项目的重要阻碍。与其他行业投资相较而言,投资养老服务业所需的土地、服务成本以及养老配套设施等建设成本较高,盈利空间却非常小。这样一来,社会资本在逐利目标的推动下必然会忽视老年群体的需求,批量生产低质量的养老产品和服务。另一方面,社会资本比较注重投资的时效性,投资那些存在较大风险的项目时,社会资本一般都希望能够尽快收回成本。与其他投资相比,养老服务 PPP 项目的投资回收期特别长、风险也比较大,因而社会资本投资养老服务 PPP 项目的积极性普遍不高,更多是基于"试水"的目的,不会将其作为主要发展目标。

第二,养老服务投资回报低。"投资回报低"是当前我国 PPP 模式应用于养老服务业的突出问题。养老服务业一般都具有投资成本高、资金回收慢、回收周期长、投资风险大、盈利空间小的特点。养老服务业巨大的资金缺口、较高的建设成本及不确定风险、较低的收益回报都直接导致了社会资本参与投资养老服务 PPP 项目的积极性低。在这种背景下,社会资本"围观者众,参与者少",从而阻碍我国养老服务业的进一步发展。因此,养老服务投资回报低是导致社会资本参与养老服务 PPP 项目投资的积极性低的主要原因。

政府与社会资本方之间存在的利益诉求差异,其实就表现为回报机制的诉求差异。这种养老服务公益性与社会资本逐利性的冲突是社会资本参与养老服务 PPP 项目面临的重要障碍。如何吸引社会资本积极参与养老服务的供给,既满足社会多元化、多层次的养老服务需求、又保障社会资本能得到合理回报是当前必须解决的问题。

6.4 养老服务 PPP 回报机制的构建与设计

6.4.1 回报机制的设计目标与优化原则

(1) 优化设计养老服务 PPP 模式回报机制的总体目标

在 PPP 模式中,利益共享、风险共担是优化设计养老服务 PPP 模式回报机制的总体目标。科学、合理的社会资本回报机制的设计不仅要保证政府部门的公共利益和以使用者为代表的公众利益,还要保障社会资本获得合理的投资收益。

社会资本参与养老服务PPP项目的主要目的是逐利，只有获取其满意的回报，社会资本才会愿意参与养老服务的建设，提供优质、高效、多元化的养老服务。因此，回报机制的优化设计一定要保证社会资本的合理回报，保障其参与养老服务的积极性[1]。

政府采取PPP模式建设运营养老服务项目的主要目的是充分利用民间资本提高养老服务项目的运营效率，化解养老服务供需矛盾，从而获得项目所带来的社会经济效益，同时减轻政府财政负担，引进私营部门科学先进的管理理念和技术，提高管理效率。因此回报机制的设计又必须以公众的利益最大化为目标。

总之，回报机制的优化设计既要平衡社会资本的私人利益，保障其参与养老服务的积极性，又要保障政府部门的公共利益。两者不可或缺，任何一方的缺失都会导致养老服务PPP项目的失效。

（2）社会资本回报机制优化的原则

第一，经济效益与社会效益相统一原则。养老服务业具有准经营性特征，公益性比较强，收益性差。社会资本具有逐利性本质，以盈利为根本目标，利润最大化是其本质体现。然而，尽管政府在养老服务供给中扮演着托底者、担保人的角色，但这并不意味着社会资本不必担负社会责任，社会责任是每个人、团体或者组织都必须肩负的责任，任何人都不能逃避。因此，社会资本参与养老服务PPP项目不仅要注重营利性更要兼顾公益性，平衡二者之间的关系是社会资本回报机制设计的重要原则之一。

第二，风险分担原则。风险分担、利益共享是优化设计养老服务PPP模式回报机制的总体目标，这就要求在设计养老服务PPP项目回报机制时，政府和社会资本双方要合理分担各种风险，从而最小化风险。所谓合理分担就是说政府和社会资本双方达成风险分担的最优目标，即合理分配彼此要承担的责任，实现共赢，也表现为双方均对自己承担的风险比较满意。资金投入量大、项目成本回收周期长以及风险复杂多样等是养老服务PPP项目的显著特征。[2]因此，政府和社会资本在进行风险分配时，应该坚持由控制力较强

---

[1] 邓勇.公立医院与社会资本PPP运营中的投资回报机制研究[J].中国医院，2017，21(05).

[2] 郑生钦，冯雪冬.风险分担视角下社区养老服务PPP项目投资决策[J].土木工程与管理学报，2016，33(03).

的一方承担主要风险和最小化风险管理成本的原则[1]。此外,"成本—收益—风险"对等原则和"承担的风险要有上限"等原则也应该被考虑在内。

第三,坚持契约精神。所谓契约精神,即指合作双方严格遵守口头或者书面合同约定的事项。市场经济的基础就是契约精神,只有彼此都遵守契约,交易的双方才能更好地合作。另一方面,法治是契约精神产生的重要前提,只有合作双方都遵守法律规定,契约精神才能够实现。养老服务 PPP 项目属于新事物,不确定因素多,且投入金额大、回收周期长、涉及利益主体多,更需要坚持契约精神,严格按照契约的约定维持双方合作关系,规范双方行为,保障双方合理诉求。

6.4.2 合理回报率的确定

一般而言,公共产品和服务类的 PPP 项目均以社会效益为主要追求目标,侧重于维护公共利益。长此以往,必然会对社会资本方造成一定的负面影响,具体表现在一旦其感受到自身面临不公平的待遇或者觉得自身的投入与收获不能成正比,其投资积极性就会大大降低,甚至会产生消极、懈怠等不良情绪,提前撤资,从而影响项目的顺利开展。因此,在进行利益分配时尤其要注重保障社会资本的合理利益,从而充分调动其投资积极性[2]。这就要求做好以下两点。

(1) 兼顾公平和效率

首先,保障公平。政府和社会资本方在签订特许合同时有各自的利益诉求。社会资本方作为项目投资方、市场上的理性经济人,在成本回收基础上的利润最大化是其本质追求。然而,养老服务项目的公益性、准经营性特征决定了此类项目建设周期长(10~30 年)、资金投入多、回收周期长、收益性差。作为理性经济人,社会资本方自然会有这样那样的担忧和顾虑;而政府代表了公众的利益,这决定了其更加注重社会效益和自身形象的提升,对社会资本方有着极大的不信任,如担心其利用与政府的合作关系滥用私权、谋求私利,从而降低社会效益,影响政府良好形象的树立。因此,政府不仅要保障以广大使用者为代表的公共和社会权益,更要采取让利于社会资本的有

---

[1] 金琳. PPP 项目的关键是风险管理[J]. 上海国资, 2017 (03).
[2] 吴亚平. 科学设定 PPP 项目投资回报率[J]. 中国投资, 2016 (06).

效措施来调动社会资本方投资积极性、加强其投资信心,保障其合理收益,实现政社双方公平合作。

其次,提高效率。效率是衡量投资方能力的重要指标,只有在效率达到要求的基础上引入PPP模式,才能实现效率的最高利用度。国外许多国家把效率作为首要的衡量指标。因此,我国政府在养老服务项目中引入PPP模式时也要把效率作为选择社会资本最主要的衡量指标,从而保障双方利益最大化。此外,为应对效率低的问题,政府还可以采用调整价格的策略,从而提升社会资本方的生产效率。

(2) 提升利益相关方的满意度

在养老服务PPP项目中,保证公平、提高效率是重点。利益相关者的满意度可以作为一个衡量两者之间关系是否平衡的标准,因为只有各方都满意才能保持项目的可持续发展。在这个过程中,可以通过调整价格来达到平衡,这要求政府对价格关系做出随机的反应。价格调整实质上是调整双方利益的分配。正是由于养老服务项目周期长,很难预测所有的风险状况,一旦风险超过预期,一方的利益就无法得到保障,效率与公平之间的平衡也就难以维持。因此,政府灵活的价格调整可以在一定程度上保护受损方的利益,重新平衡各方利益。

6.4.3 合理价格的确定

定价是PPP项目顺利进行的关键,是平衡政社双方利益和协调彼此冲突的重中之重。在养老服务PPP项目中,定价也是一个关键问题,关系到养老服务项目的可持续发展。养老服务项目中合理的定价不仅可以同时兼顾老年人的支付意愿、社会效益最大化以及社会资本的合理利益,还能充分促进我国养老服务业的健康、可持续发展。如何定价才算合理,才能兼顾三方利益、保障养老服务产业PPP项目的顺利进行,仍需要多方面的共同努力。

(1) 政府要强化对养老服务PPP项目的定价规制

定价在项目运营期间一般由政府和社会资本方共同成立的项目公司控制。作为理性人,项目公司主要把自身利益最大化作为首要目标,往往会产生一些"异化行为",如长期忽视养老服务项目的公益性和正外部性本质而提供低质量的养老产品或服务。因此,政府作为公共利益的代表,为了实现资源合理配置的目标，有必要适当干预项目公司对养老服务PPP项目的定价。首先，政府必须要按照相应的法律法规来合法、科学地介入和干预项目公司的定价问题。需要注意的是，在养老服务PPP项目中，发挥着托底、保障作用的政府部门可能会因维护公共利益而占据主导地位，进而产生滥用职权的现象，这对社会资本有失公平，影响其投资积极性。因此，政府在干预定价时一定要公平公正，防止滥用权利；其次，采取一系列可调控的措施很有必要。PPP项目定价时应该将设置可调控措施考虑在内，从而保证价格具有动态可调控性，保障PPP项目的持续发展；最后，项目的风险识别也是十分必要的，它可以合理分配风险，保证项目风险的可调控性。因此，政府在干预定价时应该对风险有一个合理的判断，并根据风险可能出现情况提前设置可调控性条款。

（2）健全养老服务PPP项目相关法律法规

PPP模式在我国还处在探索阶段，还未建立完善的法律法规制度，这导致很多PPP项目无法可依。例如，我国对运营期没有严格的法律规定。项目的发展和盈利能力会受到PPP项目中的任何因素如环境或区域因素的影响。在外部环境中，无论这个项目本身的优势多么显著都会面临失败等不确定性风险。因此，应建立一个严格的明确的法律制度，在满足延期条件的基础上适当延长运营期；那些因为自身和外部环境因素已经满足了所需的获利要求的项目往往会因运营期不满而继续他们的利益追求，拖延项目的交付。因此，建立健全养老服务PPP项目相关法律制度对于完善养老服务PPP项目定价有重要影响。这主要体现在，在计算合理成本以及收益时严格按照法律要求不仅可以有效地控制价格上限，还能充分保障消费者的合法权益。此外，当项目获得适当收益时，又能进一步降低服务的收费标准，确保更多的社会效益。因此，建立和完善养老服务PPP项目的相关法律法规对PPP项目的合理定价、保障公私双方利益最大化十分重要。

（3）建立科学、透明的价格听证机制是合理定价的前提

在养老服务PPP项目中，科学、透明的价格听证机制可以使更多的利益主体参与到定价决策过程中，由此保障定价的公平性和合理性。在召开听证会之前，政府要组建一支由多方代表组成的、有水平、有责任心的参与者队伍，向其提供详细的项目资料，并认真听取各方代表对于项目定价方面的意见和建议。其次，通过听证会，加强政府部门、使用者以及养老服务机构之

间的合作与沟通，信息不对称的情况有所改善，从而能够更加清楚利益主体各方的利益诉求差异并加以妥善处理，使得项目定价更加合理，能够实现三方利益均衡的目标。

6.4.4 养老服务PPP模式回报机制的构建

PPP回报机制是一个各环节相互影响的系统，包括付费方式、内部机理运行、绩效评价系统以及制度保障体系等，其构建的目标是调节政府和社会资本之间的利益关系，以保障PPP项目的长期运营和健康发展。根据养老服务项目的特点，探索构建"基于合理回报"的回报机制，包含公正的绩效评价机制、风险分担与利益补偿机制、科学的投资回报率确定机制和完善的资本退出机制[1]。

(1) 完善的绩效评价机制

涉及利益主体多、建设周期长、投资投入量大、成本回收慢等是养老服务PPP项目的主要问题所在。一套科学、完整的绩效评价机制是优化养老服务PPP项目回报机制的重要保障，不仅可以保障各利益主体的利益，还能为合理定价提供科学依据，从而促进养老服务PPP项目的顺利进行。构建完整的绩效评价机制需要多方面的努力，主要包括以下几点：

第一，对于社会资本方来说，在养老服务PPP项目实施的过程中应该保证流程的标准化、产品的质量化，从而为产品价格的调整提供参考。第二，对于政府而言，明确地界定养老服务PPP项目的绩效评价标准并通过制定有效的制度来规范这些项目，以达到宏观调控的目的十分重要。第三，政府要不定期地对养老服务PPP项目进行检查，社会资本方应定期向政府报告项目的近期情况，以便政府能够及时地掌握和控制项目的具体进展。第四，结合政府和投资者对项目的自我评价，建立评价体系，聘请专业的评价机构，根据其专业技能和实际情况，提高评价水平。第五，重视广大使用者或公众的反应，切实提升用户体验。以顾客满意度来衡量养老服务PPP项目的整体绩效，这主要是通过建立一个客观公正的评价体系，方便用户评价养老服务质量。第六，加强公众监督。向公众展示详细具体的评价情况，保障养老服务

---

[1] 袁政. 非经营性、准经营性项目如何吸引社会资本参与PPP[J]. 中国工程咨询, 2015(08).

PPP 项目评价的透明化。

（2）合理的风险分担机制

养老服务 PPP 项目具有涉及利益主体多、建设周期长、投资投入量大、成本回收慢等特点，其准经营性和公益性本质决定了此类项目必然会受到经济、政治、社会等诸多不确定性因素的影响。所谓不确定性，就是很难进行准确、全面的预估和判断。在养老服务 PPP 项目中，政府和社会资本方有各自的利益诉求，也有各自的责任和义务。在应对各种不确定性风险时，只有一方负责或者出力就会导致风险扩大化，增加风险管理成本。因此，养老服务 PPP 项目应该遵循风险共担、利益共享原则，将风险分配给能够以最小成本、最有效管理它的一方承担，从而达到总体风险成本最小化、整体利益最大化目标，保障 PPP 项目的顺利进行。具体来说，合理分担风险需要多方面的措施，主要包括以下几点：

第一，精确识别风险。预防风险的重要前提是要精确识别风险。要在借鉴其他国家养老服务 PPP 项目的基础上，充分结合我国实际情况总结经验与教训，力求做到事前预防、精准识别、合理分类不同风险。此外，还要学会观察和发现潜在风险，比如经济、政治和管理方面的风险等。总之，只有做到精准识别风险，才能更好地预防风险、降低风险成本，不断改善养老服务 PPP 项目的服务质量。

第二，合理分配风险。在 PPP 项目中，政策类风险和商业类风险是最常见的两种风险。在政府和社会资本间进行风险分配时，应该先对这两种风险加以区分，使公私双方彼此明确各自要承担的风险与责任。比如，政府一般承担的是政策风险，需要说明的是，如果真的发生政策风险，不能只由地方政府承担风险，而应将责任细化并明确到各级政府。在养老服务 PPP 项目中，政府和社会资本有着不同的利益诉求，在应对各种不确定性风险时，也有不同的分工。政策性风险如突发文件、法律等对项目造成的影响，主要由政府来承担；商业性风险如原材料价格的涨幅、同类企业的竞争等往往由社会资本方承担。然而，无论风险怎样分配都要在充分了解双方各自优势的基础上，遵循公平、公正的原则，这样才能最大程度地降低养老服务 PPP 项目所面临的风险，确保项目风险的分配达到最优、最合理。

（3）合理的项目保底量与超额收益分配机制

第一，保底量机制设计。在 PPP 项目中，追求利润最大化的社会资本方往往会向政府索要保底量承诺，从而最大程度上保障项目公司的预期收益。[1]需要明确的是，保底量承诺不同于保底收益，二者不是同种性质。保底收益是不考虑风险的收益，它是PPP项目中要求杜绝的一种行为；保底量承诺不仅是对使用量（非保底成本）的承诺，更是回报机制中对市场需求的一种承诺。在设置保底量时需要注意以下几点：首先，要有一定的设置依据。在养老服务PPP项目中，可将项目保底量的可行性报告或者产出要求作为设置保底量的标准；其次，在充分总结各种风险因素的基础上，政府的保底量承诺不是一成不变的，在政策和资金优惠方面可以适当给予社会资本方一定的让利。

第二，超额收益分配机制设计。超额收益与预期收益不同，前者是利润除去预期收益之后剩下的收益。政府在充分了解和掌握养老服务PPP项目实际运行情况的基础上，可以对社会资本方的良好表现进行奖励，如在合同期满后再将项目交给社会资本运营。事实上，在养老服务PPP项目中，只要社会资本方得到一定的超额收益回报就可以从根本上解决社会资本"异化"的问题。因此，从防范社会资本过于暴利视角来看，设计超额收益分配机制也很有必要。

（4）科学的投资回报调整机制

养老服务PPP项目具有投资周期长的特点，这决定了项目公司的合理回报是一个动态变化的过程。在养老服务PPP项目长达几十年的运营过程中，合理的回报需要在项目整体运营情况的基础上做出适当的调整。[2]因此，设立一个合理的投资回报机制还需要采取多方面的措施：

第一，过程监控。在养老服务PPP项目实施过程中，政府和社会资本方理应遵循双方签订的合同规定。监控并记录项目实施的全过程，定期计算项目绩效以确定是否符合要求，并将结果及时反馈。社会资本方也要全力配合政府部门的工作，建立健全项目财务制度，从而保障自身的合理利润。

第二，动态调整。养老服务PPP项目具有投资周期长、资金回收慢的特性。因而，在具体的操作过程中为维护社会资本方的合理回报，需要在充分了解养老服务PPP项目在合同期的具体变化基础上做出相应调整。价格调整、

---

〔1〕 王惠英. PPP工程建设模式下收入分配机制研究［J］. 金融经济，2017（02）.

〔2〕 张志. 基于资本成本的PPP项目价格规制研究［J］. 价格理论与实践，2016（11）.

期限调整以及交易结构调整是目前最常见的调整方式。

（5）完善多元化的社会资本退出机制

在政府与社会资本合作中，对于以营利为目的的社会资本方来说，畅通的退出渠道、完善的退出机制是其获利后安全退出的保障。只有退出机制比较完善才会充分调动其参与 PPP 项目的积极性，才能保障其正常获利。养老服务具有公益性强、资金回收慢等特点，故在养老服务 PPP 项目中，社会资本往往会要求建立一个多元化的、正常的退出机制，以便在合同期满或者特殊情况下实现安全、有序的退出。这主要包括：

第一，股权回购。股权回购主要指特定主体对社会资本的股权进行回购，特定主体通常是 PPP 项目公司、其他社会资本和政府方。股权回购可以分为约定回购和非正常情形下回购两种方式。约定回购主要指在项目签约时，各投资主体书面商定，由某一主体在约定的期限履行回购义务，实现社会资本的退出。当由 PPP 项目公司进行回购时，就会出现公司资本的减少问题，违反了公司资本维持的原则，因此还必须对触发这种回购方式的情形以及回购的额度进行规范。非正常情形下回购主要指履约过程中出现不可抗力或违约情形，致使合作难以为继，如特定主体回购社会资本股权、临时接管 PPP 项目。

第二，公开上市。当 PPP 项目公司满足上市条件时，可通过公开发行股票的方式，实现市场定价和社会资本退出。二级市场的高流动性为股权的变动提供了便利，而相关的信息披露制度也增加了透明度，有利于监管的有效实施。

第三，资产证券化。基于养老服务 PPP 项目能够产生稳定的现金流收入，资产证券化是实现社会资本提前退出的一种较好方式。具体来说，由原始权益人将 PPP 项目收益权等基础资产出售给 SPV，SPV 的管理人通过在资本市场发行证券，将募集的资金支付给项目公司，完成基础资产的真实出售和风险隔离，从而实现社会资本的提前退出。目前资产证券化还处于探索阶段，需要不断完善相关政策体系和操作规范，拓展交易平台，做大市场规模，增强证券化产品对金融资本的吸引力。

第四，到期移交。这种退出方式是指项目合同期满后，社会资本将养老服务 PPP 项目转交给政府部门。尽管当前我国还没有 PPP 项目进入移交期，但是针对 BOT 项目的养老服务 PPP 项目就可以按照合同规定的移交形式、内容和标准对项目进行移交，移交成功后公私双方合作正式结束。

总之，社会资本进入养老业需要有良好的进入机制，同时更需要有完善的退出机制，这样才能保障社会资本的最终利益，才能增加社会资本参与养老服务PPP项目的信心[1]。此外，激励社会资本投资养老服务并获得利益回报，最根本的还在于优化社会治理，为养老服务PPP模式提供良好的治理环境。

---

[1] 胡改蓉. PPP模式中公私利益的冲突与协调[J]. 法学，2015（11）：30-40.

第7章 养老服务政府和社会资本合作的治理优化

养老服务政府和社会资本合作（PPP）模式的本质是社会治理变革，由于相关治理配套政策和制度尚未成熟，PPP模式在实施的过程中还存在不少问题和阻碍，需按照供给侧改革要求，进一步加强治理环境建设，按照建机制、分步骤、有重点推进的总体思路，从健全法律规范、明晰责权关系、强化契约行为、完善操作细则等方面不断努力，着力构建相容的激励、监管等机制，使这一养老服务供给的创新模式取得实实在在的成效。

推进养老服务PPP模式不仅是缓解政府财政压力的重要工具，还有助于提高公共服务的供给效率与质量。老龄事业和产业应该与经济社会发展相适应，应坚持当前与长远相结合，政府引导与社会参与相结合，公益、准公益与营利模式相结合。本部分是政策环境分析，从社会治理变革高度把握PPP模式本质，按照供给侧改革的要求，提出治理环境建设的重点政策和推进思路，加快提升对养老服务PPP模式的认识，以善治理念推动其发展，为问题的解决提供制度保证。

7.1 健全法律法规

当前我国养老服务PPP模式面临立法层级较低、适用条款不清晰、不同法规政策交叉等情况，上位法的缺失与不完善将造成PPP现实运行的监管无序。健全养老服务PPP法律法规才能有效降低政策的不确定性，缓和现有法规效力低下且相互冲突的矛盾，维护养老服务PPP项目利益相关者的合法权益。首先，PPP立法核心在于维护公共利益，在立法过程中，需要保持客观中立态度，优先考虑公共利益维护，保证合作参与者即政府和社会资本的诉求与权益。加快中央层面 PPP 立法工作开展，统一约束规则，可借鉴国际上成立专门 PPP 法律的国家经验，总结探索我国养老服务 PPP 发展过程中的实践情况，制定统一、权威的养老服务 PPP 专项法律，为项目参与者提供法律保障，在意识和行为上产生约束效果。其次，立法中应明确体现项目主体责任与权限，对特许经营权、风险承担方式等关键环节重点进行把握，从法律层面明确政府和社会资本权责关系，运用法律手段加强监管、一旦项目合作方违约，可做到有法可依。另外，法律层面的监管是双向的，政府监督社会资本是为了保证项目的公共性不受侵害，社会资本也应通过合理渠道监督政府，防止权力滥用。

7.1.1 法制保障

完善法律法规是项目顺利进行的保障。合作中，双方权责必须要有明确规定，共同承担的风险与获取的收益都应具有法律效力。完善的法律法规有效约束了政府和社会资本双方的权责关系，可保证该项目最大限度的发挥优势，及时修正弥补不足。完善 PPP 模式法律体系，为社会资本与政府合作提供一个健全的法律体系环境，有利于 PPP 模式在各个领域都能最大限度发挥其效用。

我国目前规范 PPP 模式运行的法律法规多是由国务院各个部门及地区制定，法律层级较低，约束性较差，各部门对于 PPP 模式的相关法规缺乏紧密联系，未形成完整法律体系。国务院各部门关于 PPP 模式的政策法规多是以工作通知与指导意见的形式颁布，如《财政部、民政部、人力资源社会保障部关于运用政府和社会资本合作模式支持养老服务业发展的实施意见》《国务院关于鼓励和引导民间投资健康发展的若干意见》等，这些政策法规约束效力较差，且均没有对 PPP 模式概念进行完整界定。较多社会资本因养老领域 PPP 模式立法不健全，存在较大法律风险，而不得不放弃项目合作。PPP 模式养老项目涉及很多参与方，各参与方之间权责划分复杂，需制定明确、具体的法律法规，从立法层面界定各参与方权利与义务。国务院、民政部、财政部均为鼓励社会资本参与养老服务项目建设制定政策法规，这为国家出台更高一级法律奠定了基础。国务院各部门制定的工作通知与指导意见为养老项目 PPP 模式搭建了主要法律框架，在部门规范的基础上，应着重研究 PPP

立法,将法治理念注入养老项目 PPP 模式中,对养老项目 PPP 模式的风险分担、伙伴关系、契约制定、权责关系、监管机制等方面进行有效规范,为养老服务 PPP 项目的实施提供法律依据。[1] 在制定养老服务 PPP 模式相关法律时,应具体考虑与其他法律的适应性,确保养老服务 PPP 模式相关法律不与其他现有法律相抵触,在不违背现有法律法规的基础上,按照法定程序制定相关法律。同时,国家还应出台法律操作指南,指导具体项目建设,真正做到有法可依。

完善养老服务 PPP 项目的法律法规。第一,应进一步明确养老服务 PPP 发展模式内涵、参与主体及具体合作框架,将项目参与各方权责关系以书面形式界定出来。第二,对养老服务 PPP 项目应用领域、项目评价、风险分担、利益分配等基本法律问题进行合理有效规范。在此基础上,相关主管部门可制定详尽的项目实施细则,进一步明确政府授权、融资渠道、市场准入、退出机制以及信息公开等方面制度内容。第三,应注意 PPP 法律以及行业规范的一致性,促进养老服务 PPP 项目的规范化发展。强化信用约束机制建设,以法律条文方式明确双方利益与风险分担机制,明确信用法律责任。

养老服务 PPP 项目管理同样需要具有法律依据。养老服务 PPP 项目运作是长期的系统工程,从立项申请到项目落实、运营、移交都是全新探索,且投入资金大、持续时间长、涉及的责任主体及利益主体多,因此,应尽快完善项目管理立法工作,做好法律与政策衔接,推动养老服务 PPP 项目的发展。一是特许经营立法。养老服务 PPP 项目跟工程招标等基础设施项目相比具有一定特殊性,需要制定具体的特许经营法律文件,指导养老服务 PPP 项目运作。二是权责立法。明确划分责任担当、利益分享补偿方面的法律依据,使养老服务 PPP 项目运作过程中的固定资产和流动性资产所有权、利益分配、融资及经济补偿得到相应法律保护。三是监管立法。养老服务 PPP 项目运作虽实现了政府与社会资本合作,但政府追求社会价值,而社会资本追求经济效益,现行政策与行政监管难以实现二者共赢、满足双方共同利益需求,需通过明确的法律条文规范、监管双方履行契约。

---

[1] 明珠. 我国 PPP 立法存在的问题及对策 [J]. 法制与社会, 2016 (33).

7.1.2 监管体系

由于政府和社会资本自身都存在相应的利益诉求，两者在养老服务提供过程中不可避免会出现机会主义倾向，因此需要建立相应的监督机制。合作治理强调的是多元主体参与，这决定政府和社会资本就养老服务领域合作治理的监督也是多向互动的，政府应积极强化其对其他主体监督，从而确保公共利益真正得以实现。政府在一定条件下会与社会资本形成利益共同体，寻租和腐败行为便由此产生。切实有效的监督机制是养老服务真正让社会公众受益的保障，养老服务PPP项目受到一定监督，其提供的养老产品和养老服务的质量可能得到相应保证。

公共选择理论认为，政府作为公共产品的主导方需受各方监督，政府无法监督其自身，必须建立监管法律体系或第三方监管机构，以制度形式对政府进行监督，防止因垄断产生寻租行为。完善的监管机制是PPP模式良好运营的重要保障，养老服务PPP项目关系老年人切身利益，因此需要完善的监管机制来对项目建设、运营等方面进行监督约束。具体包括内部监督和外部监督两方面：一方面，强化内部监督。政府作为监管者，对养老服务PPP项目财务状况定期进行监管，明确资金的流向和用处。在公共养老服务的合作治理的过程中，养老服务PPP项目承担一定的社会公益义务，定期将自身相关财务资料进行公示，接受政府相关部门审查。高度重视社会公众举报，对社会公众有效举报积极迅速介入调查，将调查信息及时向社会公众公开，维护自身公信力。另一方面，强化外部监督。首先，要强化社会公众与媒体监督作用。老年人作为直接消费者需有效发挥监督作用，社会公众与媒体也需发挥自身社会监督功能。在提供公共服务的实践过程中，社会公众有权监督购买行为、督促公共养老服务生产者改进服务质量，积极利用新媒体等新兴媒体手段，充分发挥大众媒体的监督作用。

养老服务PPP项目，既包括护理型软性服务，也包括基础设施建设类的硬性设施采购与建设。单靠指标考核运营成效来加以监督，收效还有局限性，还离不开政府强力监督。社会资本的逐利性是把双刃剑，其动因是驱动社会资本参与养老服务PPP的重要因素，有助于推动社会资本积极提供养老服务，从而努力达到老年群体的服务期望，实现养老服务PPP模式实施的初衷。此外，加强监管还有利于防范项目风险，尽管养老服务 PPP 项目是公私合作经营，但如果项目经营失败而宣告破产或以其他方式导致合作失败，政府将成为最终担保人和责任承担者，为了避免出现上述局面，政府对于养老服务 PPP 项目不能掉以轻心。同时，老年群体选择养老服务 PPP 项目，通常是因为政府合作所具有的公信力。政府参与的养老服务 PPP 项目相较于一般民营项目，能更好地吸引老年群体的参与，从而创造更多的经营机会，这也提醒政府重视项目监管，细化一系列详细的监管指标，确保项目的可持续运营。

养老服务 PPP 项目需要建立完整的监管体系，包括政府监管与社会监管。政府作为项目的内部监管者，从建立科学标准市场准入制度作为事前监督开始，对项目予以支持，政府在科学调研论证前提下制定养老服务 PPP 项目的社会资本准入制度，事关整体项目的扎实程度。严格准入机制能够事前审核社会资本方的实力和诚信水平，挑选出适合的社会资本。养老服务 PPP 项目由政府主导意味着项目要满足公众需求，在项目运作过程中政府应建立起对 PPP 供给效率中关于养老服务能力的考核，正确对待政绩与权力，关注重点在养老服务供给的内容、质量与效益，更不能忽视公众满意程度。时刻关注项目的运作效果，考评社会资本方的运营能力对于项目效率影响，防范社会资本方不当行为破坏项目的顺利运作。

政府在项目中既是参与者又是监督者，容易利用职权之便为己谋利，存在政府监管角色不明确、监管合理性有待商榷的问题，因此建立独立的监管机构必不可少。首先，中央设立独立监管机构，负责养老服务 PPP 项目监管的规则制定和具体监管执行，地方政府也可以设立独立监管机构，负责地方监管政策的具体执行。其次，监管机构的专业化建设。由于养老服务 PPP 项目涉及众多专业领域的审计知识和实践，必须培养养老服务 PPP 项目审计人员的专业水准，使之胜任具体监督工作。独立监管机构应该在项目各阶段充分参与，确保全流程监督项目中政府和社会资本的行为方式。政府监管并非政府亲力亲为，在对社会资本的监管方面，若政府对此管理效率不高，可借鉴国外成功经验，建立第三方监管机构来专门监管养老服务 PPP 项目，从而更客观反映项目运行成效，改善养老服务的质量与效率。

社会监督是养老服务 PPP 监督的重要力量。满足老年群体的公共服务需求，是 PPP 项目发起的根源，政府、社会资本与公众间应该保持提供服务、利益共享的和谐关系。为了防止养老服务 PPP 项目公司追求自身利益最大化，以不对称的信息优势做出自利行为，导致公共利益受损。[1]社会公众在PPP项目中的全流程参与是保障项目成功运行的重要因素。公众参与PPP项目首先需转变对于公民角色的认知转变，在互联网时代，公众获取信息的机会和速度大大增加，不再是政府执政的被动接受者，而是积极自由地参与养老事务的主人翁。公众素质影响着参与效率。第一，发挥舆情监督作用。利用电视、网络等使公众正确认知PPP在项目过程中的作用，使其自愿参与到PPP项目各环节中。第二，重视PPP项目开放性。政府部门借助大众媒体、教育讲座等形式，提高公众参与养老服务PPP项目的专业素养，让公众了解PPP运作的基本知识和模式特点，提高参与能力，公众良好的参与素质是公众参与机制真正发挥功效的前提保证。第三，政府建立社会参与的机制。在明确养老服务PPP项目中公众参与主体、参与领域以及参与方式的前提下，设计信息传递和反馈渠道，让公民真正有机会参与到PPP项目中，项目运作透明化能有效控制项目中机会主义行为，尤其是寻租腐败行为的发生。在参与形式上，使公众亲身参与到养老服务PPP项目的决策中来，降低监督成本，同时提高公众参与的热情。项目具体运作过程中，采用公众体验的方式，实现对项目质量、效率及定价等方面的监督。全面监督体系和渠道的建立，有助于减少养老服务PPP项目中政府和社会资本的不当行为。

7.2 强化契约行为

7.2.1 重视契约内容设计

养老服务PPP项目是建立在契约合同设计基础上的合作，契约是规范政府与社会资本行为的前提与底线，对保障养老服务PPP项目的顺利运行至关重要。签订契约越完善，合作信任度与关系就越亲密，长期合作习惯也将有效制约机会主义行为的发生。

根据不完全契约理论，人们在一个复杂而不可预测的世界中，几乎不可能对未来可能发生的所有情况或事件做出相应预测，所以合作双方需要制定

---

[1] 王守清, 刘婷. PPP项目监管：国内外经验和政策建议[J]. 地方财政研究, 2014(09).

合理契约，将不可抗风险降到最低。[1]为更好地确保养老服务PPP项目的完整运营，有效降低项目风险，政府与社会资本方应签订合同或特许经营协议划定双方的权责关系，包括权责义务划分、风险分担原则、建设周期、出资比例划分、收益分配原则以及特许经营期限等方面的内容，从而更好地应对项目建设运营过程中出现的不同状况，保障养老服务PPP项目的良好运营。因此，合理的养老服务PPP项目合同是项目高效运营的重要制度保障。由于养老服务PPP项目合同期限较长，在合同履行期间势必会出现较多问题，因此建立完善的合约治理机制是十分必要的。

在养老服务PPP项目合同治理中，政府与社会资本应对特许经营权责分配进行详细谈判，最终达成协议，从而签订合同。通过制定柔性合同机制，明确双方在项目不同建设周期中承担的权责关系，政府与社会资本方应严格履行合同，保证养老服务PPP项目能够顺利建设与运营。从合同明确性、合同严格性、合同柔性这三个维度对政府与社会资本在养老服务PPP项目中的权责关系进行合理有效地约束。合同明确性要求明确政府与社会资本方的权责义务；合同柔性指可以根据具体情况的变化，适当调整合同中的权责关系，以保护社会资本的合理利益；合同严格性要求政府与社会资本按照合同规定，严格履行责任义务，若存在违反规定的情形，将触发相应的惩罚条款。

再谈判则指合同在履行过程中，由于突发情况或合同契约制定的不完备性等因素造成政府与社会资本进行深入谈判的过程。政府和社会资本应该提前设置再谈判机制，以防双方在特许经营期内，由于市场条件、法律条件以及其他不可抗力的变化，导致签订的项目合同无法正常履行，通过合同所规定的一切合理程序进行相应再谈判，从而有力保障政府与社会资本之间权益。养老服务PPP项目不同于其他基础设施项目，具有很强的公益性，这就要求政府与社会资本在签订合同时要设立合理的弹性条款，在不违反公共合理利益的情况下，保障社会资本的合理收益，弹性条款设置应尽量明确，避免因描述不清而引起双方不必要的争端。

契约设计应该体现出以下原则：首先，设计参与者合作责任的约束条款，明确责任。失职即要受到惩罚，以此防范合作中出现的主观违约行为。一般政府与社会资本在合作过程中的主观行为很难直接量化，但可对其产生的实

---

[1] 耿博慧. 基于关系契约的PPP特许经营项目治理研究[D]. 沈阳建筑大学，2015.

际后果，例如收益、公众的满意度等进行衡量，识别出合作行为的特性，建立相关事前预防机制、事中监督机制及事后惩罚机制，从而约束合作参与者在项目运作过程中的行为。[1] 其次，设计风险分担条款。机会主义行为是一方因自身利益或优势不顾对方的行为，这种行为易造成项目风险分担失衡问题，引发项目的最终失败，风险分担是养老服务PPP模式的核心要素，因此有必要在契约设计中强调其重要性，约束政府和社会资本双方的行为，承担好双方各自责任，并达成相互间的配合。项目风险合理分担不是一种风险的平均分担，而是在具体项目中进行风险识别，总结风险发生类型，根据具体风险交由最具有应对能力的一方承担，风险分担与收益回报相匹配及风险分担上限性原则对项目中的各种风险进行分配，面对无法独立承担有效应对的风险，可共同协商应对处理。养老服务PPP项目转移的是风险，而不是责任，政府承担的风险需协商约定，并严格执行。社会资本方需承担的项目运作风险，也应在契约中严格规定。最后，设计动态调整条款。养老服务PPP项目动态调整机制是契约设计中不容忽视的原则，与法律法规的宏观性和稳定性相比，养老服务PPP项目的契约，具有指向性和灵活性，项目建设周期长，在不同阶段遇到的问题不会在协议中完全体现出来，需双方合作协议具备商讨余地，项目运行过程中遇到的问题可根据环境的具体变化做出调整。在设计契约时，考虑环境和时间因素，建立契约调整动态机制，对于政府和社会资本合作行为进行机动灵活的管理与规范。以契约关系为核心的PPP协议，可将持续合作关系简化为契约条款的格式化内容，以弥补合作机制不完善的局限性。当存在不当合作行为难以控制时，可通过设计合理的奖惩机制进行调整。同时，契约可通过额外奖励，激励合作双方保持正确的思想和行为，若出现疏于管理的情况，通过一定的惩罚措施约束错误的行为，这些奖惩条款都将成为政社合作中良好行为的推动力与助力剂。

7.2.2 培养契约服务意识

政府发起养老服务PPP项目的目的是满足公共利益需求，传统的官本位思想使得政府习惯于将自身凌驾于市场和社会之上，这种思维随着时代的发

---

[1] 王俊豪，金暄暄. PPP模式下政府和民营企业的契约关系及其治理——以中国城市基础设施PPP为例 [J]. 经济与管理研究，2016（03）.

展和社会的进步无法被公众接受。21世纪以来，增强政府服务意识已经成为新政策导向，要求建立服务型政府的呼声越来越高涨，公众社会服务理念成为主流，政府应逐步破除之前的管制思维，建立以公民为中心的思维，秉承为人民谋福利的宗旨，在与社会资本平等地位上开展一系列合作。

政府作为社会事务管理者，在养老服务PPP项目中承担着多种角色，在合作过程中政府应审慎扮演好多种角色，不能因为权力大而采取不当的消极合作行为。在项目发起阶段，努力完善规范项目审批程序，简化步骤，防止政府权力滥用、发生机会主义行为，损害项目利益。在项目规则制定过程中，应与社会资本间相互沟通协商，信息处理与分享达到互通有无，在建立相对平等的关系下，尽量符合项目发展的客观要求，满足双方意愿与诉求。在项目运作过程中，政府承担好项目统筹规划角色，维护项目实践上的需求，将项目的合作效率不断进行提高。政府作为项目的监管者，积极承担监管运作项目效果的责任，切实建立起沟通协商机制，尽力关注项目的运作数据，从而建立绩效考核机制，量化项目具体运作流程，防范机会主义行为的产生。政府是PPP项目的主导者与最终负责人，对于最终失败的项目承担兜底责任，明确这一责任，有利于政府在合作过程中减少破坏项目合作的行为。

在养老服务PPP项目中，增强契约意识与社会信用体系息息相关。市场经济的高效运行也离不开完善的社会信用，政府需提升自身信用能力，肩负起整个社会信用体系建设的责任。信任和合作是相互促进的，养老服务PPP运行强调合作下的契约精神，要求契约双方遵守自由、平等原则建立起合作关系。若政府忽视契约精神与信用建设，那么在养老服务PPP项目中将很难有效建立长远合作关系，势必反向伤害政府社会信用度，形成恶性循环。严谨的契约意识能够缩小政府与社会资本在地位和信息上的不平等，促使双方在平等地位上开展合作，防止政府朝令夕改、滥用权力的行为，政府以身作则和规范行为在一定程度上还能够给社会资本做出正确表率作用，展现合作诚意，从而间接减少社会资本唯利是图、消极运作项目的行为。提高政府的契约意识可以积极有效防范机会主义行为，是保障养老服务PPP项目顺利运作的关键所在。契约精神与信任度的培养与信任建立是一个长期过程，除制度建设外还需在培养全社会的契约精神氛围上，加大社会的宣传教育，努力提升社会对契约精神的推崇。

7.3 制定政策支持

在社会资本准入阶段，政府可以通过优惠政策等有效激励手段提高其参与养老服务 PPP 项目建设的积极性，例如在税收和土地方面给予一定支持，适当放宽税收优惠政策的范围，降低土地使用权的价格等。在日常监督管理阶段，成立专门 PPP 管理部门，加强风险管理，建立合理利益共享与风险分担机制。政府可承担较多的系统性风险，包括政策风险、法律风险以及最低需求风险。社会资本方将主要把控项目的投资、建设、运营，承担其中的过程性风险；不可抗力因素带来的风险则由政府和社会资本双方共同承担。

政策的公平性与持续性是推动养老服务 PPP 项目规范化发展的重要保证。当前，在养老服务 PPP 项目运行中，政府需规范、调整扶持政策。一是地方政府调整相应扶持政策，针对各类养老服务 PPP 项目补助、税收等问题制定实施细则[1]。二是慎重对待养老服务 PPP 项目不同合作方式进行立项与审批。三是积极调整补助方式，将按床位补助调整为按床位、人次相结合的动态调整补助方式，不仅能提高床位的利用率，而且更适合居家社区养老。另外，政府还应加强项目监管力度，对养老服务 PPP 项目捆绑销售高风险理财产品等行为进行强制性干预。

7.3.1 资金支持

量"需"施"供"，优化结构。养老服务 PPP 资金供给来源有政府公共财政投入、社会资本资金投入以及通过融资方式获得的资金。目前，对于养老 PPP 项目准入所采用的物有所值评价与财政能力评价，是对 PPP 项目的筛选评估。为了达到养老服务 PPP 项目的效用最大化，应从源头上遏制低效或无效投资，努力实现财力资源的精细化供给。

首先，量"需"施"供"，杜绝浪费。对养老服务接受方的合理需求做出精准判断，需求指向、需求规模决定供给资源的投向与投资规模。忽视公众需求的供给，不仅会造成供需不匹配、资源严重浪费的后果，还会刺激公

---

[1] 闫东艺. 地方政府财政负担对基础设施 PPP 项目"落地难"的影响效应与政策研究[D]. 浙江财经大学，2018.

众不满情绪，激化社会矛盾，与供给初衷相违背。其次，合理优化投入结构，提高效用。养老服务PPP项目本身特点及回报率，影响社会资本投资选择。其实，投资回报率低的项目并不意味着无价值，从社会发展全面协调性视角来看，这些投资回报率低的项目同样是社会发展不可或缺的一部分。因此，要精细化项目类别，合理优化投资结构，针对不同的项目特点设计适当的合作模式，激励社会资本参与养老服务PPP项目，实现养老服务效用的最大化。

养老服务PPP项目仍然处于起步探索阶段，最大发展阻碍是缺乏资金来源，这就需要政府在引入社会资本的同时，给予项目一定资金方面的支持。具体说来，可以从财税支持和资金补贴两方面着手。

一方面，政府制定相应财政和税收扶持政策。随着我国社会发展，老龄人口在总人口中所占的比重日益加大，因此养老服务PPP项目需要更多的资金投入以满足公众对日益增长的养老服务需求。作为政府，要增加项目资金投入量，根据经济的增长逐渐增加资金的投入量。同时政府要对项目的投入结构进行细致调整，通过财政转移支付或者税收等相应优惠形式，让原来投入到企事业单位的福利资金，部分转化成养老服务PPP项目的资金来源。加大社会资金扶持力度，对一些养老服务PPP项目给予税收优惠政策。如免除养老服务PPP项目部分服务增值税，对养老服务PPP项目在资产重组过程中涉及的不动产、土地使用权转让，不征收增值税与所得税等。另一方面，政府要进行直接资金补助。养老服务PPP项目作为一项公共服务，前期需要大量的投入资金，这种资金投入是长期且非一次性的。养老服务PPP项目由于其一定的公益性，利润率低、回收周期长，社会资本对于该领域的投资少。因此，在项目起步阶段，政府直接的资金补助对其生存和发展具有重要作用。

7.3.2 优惠政策

在养老服务PPP项目发展初期，社会资本往往存在意愿不强、信心不足等问题。在合作过程中，政府扮演主导角色，需要提供一定的优惠扶持政策，这在税收和土地两方面就有所体现。养老服务是一项公共产品，目的是提高我国老年人的生活福利水平，为提高国民幸福感做出贡献，以提高社会资本积极性。因此相应的优惠扶持政策必不可少。同时，政府要建立完善的监督与评价机制，明确一系列的监管指标，成立专门的监管部门，对项目建设、运营等进行全方位的评价,督促私人部门提高工作质量、服务水平,及时反馈消费者的服务评价,以便对不足之处及时进行调整与改进。同时可以成立第三方监管组织,以此提高对社会资本监管的效率,从而更加客观地改善养老服务的质量。

完善的养老服务PPP项目顶层制度设计是PPP模式应用于养老服务业的前提与保障,政府支持养老服务PPP项目的可持续发展,需要构建完善的政策体系。具体包括准入资格、组织机构、资金筹集及人员的管理和培训等,引导各类社会资本积极参与养老服务PPP项目建设,同时指导PPP项目的实践运作。政策体系还要照顾到各方主体利益诉求,PPP项目涉及多方主体合作,主体之间关系较为复杂,为保证PPP项目良好运行,须完善PPP模式参与养老领域的政策,包括对各主体间权责关系等基本问题做出规定,为各主体在养老服务PPP项目实施过程中都能得到政策支持与保障。

支持养老服务PPP项目的发展过程,应不断完善土地利用与审批政策。制约养老服务PPP项目建立与发展的一个关键因素是场所用地需求,较多项目受限制于场所问题而选择位置偏远的郊区,造成了一些养老服务PPP项目不受老年人的青睐,使其运营成本相对较高。因此应当在养老服务PPP项目用地上给予一定的优惠政策支持。国务院办公厅印发《关于进一步激发社会领域投资活力的意见》(国办发〔2017〕21号)提出,应扎实有效放宽行业准入。[1]制定社会资本力量进入医疗、养老、教育、文化、体育等领域的具体方案与跨部门全流程综合审批指引,推进一站受理、窗口服务、并联审批。该意见同时在土地政策方面给予了较大的扶持支持,提出医疗、教育、文化、养老、体育等领域新供土地符合划拨用地目录的,依法按照划拨方式供应。对于可使用划拨用地的项目,在用地者自愿前提下,鼓励以出让、租赁方式供应土地,支持市、县政府以国有建设用地使用权作价出资或者入股的方式提供土地,与社会资本共同投资建设合作。对于应当有偿使用的,依法可招标或通过协议方式供应,土地出让价款可在规定期限内按合同约定分期缴纳。鼓励支持并实行先租后让、租让结合或者长期租赁的土地供应方式。

---

〔1〕张家颖,陈林杰,樊群,梁慷,戴小清.关于PPP项目政策路径和存在问题的探究〔J〕.山东工业技术,2018(21).

7.4 完善参与体系

养老服务 PPP 项目的发展离不开社会资本的积极参与，社会资本作为养老服务供给的重要主体发挥着重要的作用。如何更高效地发挥社会资本在养老服务供给中的作用，需要政府的持续支持与引导，也需要整合各种社会资源和社会力量，完善各类社会参与体系，使各种社会力量积极投身于我国养老服务的供给中，促进养老服务 PPP 项目的健康发展。

7.4.1 加强行业协会的作用

养老服务 PPP 项目的发展需要加强养老服务行业协会的作用。养老服务行业协会的建立是为了实现行业自律、积极引导规范行业发展，对于养老服务发展具有积极促进作用。同时，对于政府而言，可分担政府的部分职能以减少政府负担，提高了政府各项管理能力。我国养老服务 PPP 在发展中存在一些问题，由于硬件与软件上不足使其面临资金短缺、服务水平落后、管理不规范、设备设施差等相应问题，严重制约了我国养老服务 PPP 的发展。因此，迫切建立养老服务行业 PPP 的行业协会，使其成为养老服务 PPP 项目与政府、社会资本和老年人之间沟通、交流的桥梁与纽带，不仅可作为养老服务 PPP 的利益沟通者，也可以作为政府帮手对项目加以适当管理与监督，帮助存在困难的养老服务 PPP 项目在内部管理、资金筹集、人员培训等方面解决问题，使其更好地促进养老服务 PPP 项目发展。

发挥养老服务行业协会的作用，还必须强化其多方面功能。第一，管理功能。养老服务行业协会具有行业管理的功能，对养老服务 PPP 项目进行相应管理与监督，制定相应的行业准则，从而规范养老服务行业的市场行为，整合产业资源，协调发展。同时为保证养老服务 PPP 行业的行业利益，防止出现蓄意压低价格以抢占市场等情况，要积极鼓励各类养老服务 PPP 项目步调一致，进行统一调整。对于蓄意扰乱养老市场的行为，应由养老服务协会会同有关部门进行严厉查处。第二，服务功能。养老服务行业协会作为民间组织，应当积极发挥协会的服务宗旨，反映养老服务 PPP 行业间的利益关切，维护养老服务 PPP 项目的合法权益，为老年人与养老服务 PPP 项目提供有关法律依据与法律保障。同时，养老服务 PPP 协会也应成为一个养老服务信息平台，为项目提供信息服务，如为老年人养老需求提供信息、进行各种先进经验交流等。另外，协会还可为养老服务 PPP 项目提供培训养老人才的管理培训服务。因此，应加大对养老服务 PPP 行业协会重视，使其进一步完善发展，更好地为养老服务 PPP 项目发展服务。

7.4.2 整合社会力量参与

充分发挥非政府组织即社会力量的推动与支持作用。民政部等十部委发布的《关于鼓励民间资本参与养老服务业发展的实施意见》（民发〔2015〕33 号）规定："可将政府投资举办的养老机构特别是新建机构，在明晰产权基础上，通过公开招投标，以承包、联营、合资、合作等方式，交由社会力量进行运营，实现运行机制市场化。有条件的地方，更可稳妥开展把专门面向社会提供经营性服务的公办养老机构转制成为企业或社会组织的试点工作。"[1] 国务院办公厅颁布的《关于进一步激发社会领域投资活力的意见》（国办发〔2017〕21 号），要求各省级政府制定整合改造闲置资源发展养老服务工作办法，推动公办养老机构改革试点，鼓励采取公建民营等方式，将产权归政府所有的养老服务设施委托企业或社会组织运营。[2]

目前，我国社会力量在参与养老服务 PPP 发展方面发挥的作用仍然有限，提供帮助的手段与内容较为单一，仅限于义工、捐助等方式。事实上，社会力量可充分利用其公益性天然优势，一方面，以慈善名义募捐善款，积极联络其他企业以及社会组织对养老服务 PPP 项目进行适当帮助，给予其在资金、环境、设备等方面的帮助。另一方面社会力量可充分发挥自身的人力优势，通过组织义工队伍为享受养老服务 PPP 项目的老人提供相应的志愿服务，从而形成有效地帮扶机制，定期开展义工服务，从而缓解目前项目存在的人员短缺、护工不足等问题。总之，社会力量参与养老服务 PPP 项目的作用还有很大发挥余地，需进一步发掘和利用。

挖掘各类社会志愿服务资源。政府与民政部门应积极寻求社会力量的扶持帮助，在人力资源等方面为养老服务 PPP 项目提供帮助。一方面，积极发

---

〔1〕 杨中华. 社会资本参与 PPP 的路径探析［J］. 工程经济，2018，28（10）.
〔2〕 杨祎珂. 养老服务行业 PPP 模式应用研究［J］. 科技创业月刊，2018，31（05）.

第 7 章　养老服务政府和社会资本合作的治理优化

挥引导作用，在全社会开展相应宣传和教育，形成乐于奉献、乐于助人的良好社会风气，组织更多爱心人士参与志愿服务，加入义工队伍，在一定程度上可以缓解养老服务 PPP 项目的人力紧缺困境；同时政府可对爱心人士给予一定的物质或精神激励，有效调动其参与积极性。另一方面，养老服务 PPP 项目需要从自身角度出发，加强制度化建设水平，努力提高专业化水平，从而增强其自身吸引力；同时，应充分调动社会力量，如在校大学生以及企事业单位白领的参与热情，定期加强合作交流，通过组织和开展各类实践活动使其积极加入志愿服务队伍。积极鼓励公民、法人或其他社会组织向养老服务 PPP 项目捐物捐资或提供其他无偿服务。

7.5 加强养老服务人才队伍建设

7.5.1 建立人才保障体系

人力资源是养老服务 PPP 项目的重要倚仗与组成部分，尤其是医疗康复以及心理辅导等专业性强的部分，因此从业人员须具备较高专业素质。一方面可借鉴香港以及其他欧洲国家的典型经验，设立专业化培训院校。由于我国在这方面发展相对滞后，因此养老服务 PPP 项目应积极推动政府来共同促进打造、培养专业化队伍，从而促进从业人员队伍职业化。同时，不失时机定期地完善从业人员的各项福利，尤其是建立针对专职护理人员的各种福利待遇，从而最终建立稳定的专业从业人员队伍。同时应当建立一系列完善的服务标准与流程，从而实现标准化的管理与服务。

加强养老服务 PPP 人才培养。养老服务 PPP 包括多个运营阶段，因此，对人才供给提出了相对精细化的要求。首先，通才供给是养老服务 PPP 人才培养精细化的前提。养老服务 PPP 人力供给需要对 PPP 的流程全然知晓，这样才能从全局视角合理高效把握养老服务 PPP 发展所需的人才能力，从全局聚焦局部，正确认知个人专业方向以及与其他流程需求相比的特殊性，强化专业知识获取与运用，以便与其他流程做好相应衔接。其次，专才供给是养老服务 PPP 人才精细化的关键要素。养老服务 PPP 专才所应具备的素质可以分为：与专业相关的丰富理论知识、基于实践的操作技术以及保障 PPP 项目得以顺利开展的能力及服务公众的意识。此外，除了在选拔人才时积极注重相关素质的筛选，更要注重后期培训与引导，努力提升专业人员的岗位胜任力，从而实现人才配备精细化。

加强养老服务 PPP 人才培养包括两个维度，一是 PPP 项目建设运营需要的管理人才，二是养老项目与养老服务发展需要的服务人才。

养老服务 PPP 项目管理人才的优劣关乎 PPP 项目的成败，因此，建立 PPP 项目管理人才体系，培养与挖掘高水平的项目管理者至关重要。由于养老服务 PPP 项目是在政府主导下，社会资本、监管机构、金融机构以及评估机构等多方合作的项目，工程量较大，建设周期较长，且与人民日常生活息息相关，因此对项目管理者的管理能力水平要求较高。当前，我国较多养老服务 PPP 项目并没有形成完整的项目管理人才体系，项目管理者一部分为政府机构工作人员，一部分为社会资本管理者，但这两种管理者，无论是从知识结构还是从实践经历而言，都缺乏宏观的管理理念，政府工作人员对社会资本方了解不深，缺乏相应的管理经验。而社会资本管理者缺乏相应的公共管理经验。因此，应着重培养具备社会资本管理与公共管理多方面经验的优秀管理人才，建立优质高效的管理人才队伍，将优秀人才队伍凝聚成不断学习与积极创新的学习型队伍，提升项目现有管理者的管理技能，保障养老服务 PPP 项目得以良好运营。

养老服务 PPP 发展需要的服务人才是养老服务体系建设的重要环节与组成部分，随着社会经济的不断发展以及物质水平的极大提高，人们对于高层次养老服务的需求不断增加，老年人对养老服务的需求正朝着品质化、专业化以及个性化方向发展。但现阶段，我国养老机构服务人员学历层次相对较低，大部分服务人员学历仍然停留于初中、高中、职高水平，大专及以上学历人员极少，并且养老机构服务人员服务意识、服务技能与专业素质相对较低，无法高效满足老年人日益增长的服务需求，再加上高素质与高技能型服务人才短缺，养老服务 PPP 项目无法及时提供高效优质的一系列养老服务，导致养老服务 PPP 服务效率大打折扣。因此，政府应努力完善养老服务型人才培养管理支持政策，加大对于养老机构服务型人才的培养力度，构建以职业教育为重点的服务人才培养体系，建立服务型人才培训院校与再教育平台，注重培养人才技能专业化、高素质服务型人才，从而全面提高养老机构服务人才的供给数量与质量，转化人才优势，从而不断完善提高养老服务 PPP 项目水平。

7.5.2 提高服务水平

养老服务 PPP 项目的运营与服务质量，取决于管理水平高低，将直接影响其未来的生存发展状态。项目管理水平的提升，都要管理理念的突破。养老服务 PPP 项目只有努力提高管理水平和服务意识，才能够获取老年人的信任，使更多的老年人有信心选择养老服务 PPP 项目作为自己最优的养老选择，也就更能够获取政府多方的支持，从而更好地发挥自身优势。

在养老服务 PPP 项目发展初期，加强同行间的沟通交流是提高服务项目水平的有效渠道。通过建立管理论坛，总结各方管理的有益典型经验，有效解决面临的主要问题与困境，不仅可在较短的时间内培养一批高素质的管理队伍，还有助于制定并实施符合自身实际的管理办法和规则，从而有效保障项目落地和提高项目管理运营水平，切实保障服务对象的权利和义务，满足老人群体的服务期望。切实改善服务水平，是提升养老服务 PPP 项目社会影响力的有效途径。

7.6 创新发展形式

7.6.1 优化养老服务 PPP 发展模式

PPP 是包含多种合作方式的管理模式。养老服务 PPP 项目具体运作模式的选择应根据该项目的自身资源条件，积极借鉴已有养老服务 PPP 项目案例和其他领域成功案例的典型经验的基础上相机抉择。在养老服务 PPP 框架模式下，政府和社会资本合作的方式包括 BOO、BOT、ROT、TOT 和委托运营等模式，此外，还可以结合项目具体情况，创新多种发展模式。如政府以土地及现金等方式出资，引入房地产承包商和医疗机构等作为投资股东，积极参与整体谋划，与社会资本合作创办养老服务产业园。

第一，在借鉴已有养老服务 PPP 项目以及其他公共服务领域 PPP 项目成熟经验的基础上，因地制宜地选择 PPP 运作模式。PPP 模式应用于养老服务领域，就是要借助于社会资本拥有的资金优势和管理优势，提高社会养老服务的供给水平和服务质量。实践中，由于各个地区的经济发展水平、养老服务供求状况、政府和社会资本的具体情况差异等，决定了不同地区不同项目采用的养老服务 PPP 模式也不相同。当前实践中有适用于新建项目的 BOT 模式、有由 BOT 模式演变而来的 BOO 模式；有适用于存量项目的 O&M 及 TOT 模式；有适用于改建、扩建存量项目的 ROT 模式；还有 BOT+O&M 模式。这些模式实践中已有运作较好的案例，如采用 BOT+O&M 模式的江西省赣州市章贡区社区居家养老服务项目、BOT 模式的江苏省无锡扬子颐养中心项目、BOO 模式的上海市金山区颐和苑老年服务中心项目、ROT 模式的北京市朝阳区恭和年老公寓项目及深圳市福田区园岭八角楼托养中心项目、O&M 模式的上海市徐汇区斜土街道江南新村邻里汇项目等都是一些典型案例。这些养老服务 PPP 项目成功的运作模式与经验为其他 PPP 项目提供了可复制、可推广的实施范例与学习范本，其成功做法与经验能有效促进 PPP 项目的顺利实施与健康运行。因此，对于养老服务 PPP 项目的未来发展，应积极坚持因地制宜的原则，合理高效地推广 BOT+OM、BOT、BOO、ROT 等模式在我国养老服务领域的应用。

第二，积极采取委托运营（O&M）和管理合同（MC）方式，将养老服务项目的经营与管理外包给社会资本或项目公司。在此模式下，政府保留资产所有权，从而使得社会资本承担相对较小的风险，有利于调动社会资本方的参与积极性。通过依托社会资本方的专业化运营，提高养老服务供给质量与效率，从而破解我国部分养老服务资源消耗迅速低效的困境。

第三，大力探索多家小规模养老驿站联合发展模式。探索多家小规模养老驿站联合式发展，可为小型养老服务项目应用 PPP 模式创造一定的条件。老年人日间照料中心、老年餐厅、老年社区医疗护理机构等小型养老服务项目若采取联合发展模式，这些项目一旦发展壮大，将形成大规模连锁店效应。既增强了小规模养老机构的盈利与抗风险能力，也使得小型养老服务项目应用 PPP 模式成为可能。一旦条件成熟，可以通过养老服务 PPP 模式盘活现有养老资源，支持机关、企事业单位将所属度假村、招待所、培训中心、疗养院等转型提供公共养老服务。

7.6.2 适应社会资本多元投资偏好

运用 PPP 模式投资于多层次的养老服务项目，满足社会资本多元投资偏好。包括满足养老基本需求的基础养老服务项目、提高式养老服务项目以及高端养老服务项目。[1]基础养老服务主要面向经济困难的老年人,以政府购买服务、政府补贴等方式筹集运营经费,此类养老服务适合以公办民营、公建民营、民办公助的方式开展运营。提高式养老服务和高端养老服务具有盈利机会,可用公私合营的方式运营。

(1) 建设养老综合产业园

养老服务PPP模式适宜建立以养老为主的综合产业园。综合产业园可包含公益性项目、准经营性项目以及经营性项目,采用养老服务PPP模式,可使准经营性项目与经营性项目相结合,从而反哺公益性项目。养老服务园还可以根据不同消费群体进行评级,分级收费,政府可利用产业园的利润贴补对困难老年群体进行补助开支。政府还可以积极鼓励并推动在养老服务PPP项目建设、运营、管理等方面具有专业资质的社会资本方,通过产业兼并重组等方式,发展跨区域、跨行业的综合性养老服务集团,从而有利推动养老服务向品牌化、连锁化以及规模化方向发展。

(2) 推进医养融合

医养融合是指医疗资源与养老资源两者相结合,以实现社会资源利用率最大化。医养融合具有四种形式,即鼓励原有医疗卫生机构开展养老服务、原有的养老服务PPP项目增设医疗服务资质、医疗机构与养老服务项目协议合作以及医养融合进社区、进家庭(为社区和家庭老人提供上门服务)。发展医养融合式的养老服务PPP模式,对于高龄老年人的养老具有特别积极明显的作用,有助于补充家庭养老资源,克服家庭养老不能提供医疗护理的缺陷。

从实践来看,费用较高是"医养融合"型养老服务PPP项目发展的瓶颈。与普通养老院相比,"医养融合"型养老服务PPP项目因提供更高层次的医疗服务而导致收费较高。以北京市首家提供"医养融合"服务的恭和苑养老院为例,医养融合型养老服务PPP项目收费一般是当地居民平均收入的2~3倍或者更高,一定程度上已经超出大部分老年人的承受能力。因此,为使老年人享受更好的养老服务,政府应通过养老服务PPP模式发挥的最大效用,积极力促提供医养融合服务的养老服务PPP项目,适度降低医养融合服务价格,通过提供差别化医疗服务进行差异化收费,进而推动养老服务PPP项目采取多种措施降低服务成本与收费水平。一旦形成规模效应,项目成本

---

[1] 赵小艳. 老龄化背景下养老服务的多元供给主体研究[D]. 西北大学,2008.

将显著降低,从而一定程度上降低服务收费。总而言之,"医养融合"型养老服务PPP项目通过医养融合的服务,提高家庭养老能力,进而减少家庭成员的养老压力。

(3) 创办支持居家养老的服务机构

社区居家养老是由社区统筹与支持,让社会化机构提供相应的养老服务,老年人居住在自己家中的一种养老模式。设立此类养老服务机构的资金规模相对较小,对于社会资本方而言,准入门槛相对较低,但辐射面广,可以为相当数量的老年人提供切实的福利与便利,因此可以成为运用养老服务PPP模式的主要方向之一。居家养老服务企业与机构,可上门为居家老年人提供助餐、助洁、助急、助医、助浴和上门照护等定制服务,提供个性化、规范化服务。政府积极支持社区建立健全居家养老服务网点,引入社会组织和家政、物业等企业,兴办或运营老年供餐、社区日间照料、老年活动中心等形式多样的养老服务项目,同时,还可以引入智慧养老模式。

(4) 促进养老机构品牌化

积极鼓励社会力量通过养老服务PPP模式,构建连锁化、规模化的养老机构,鼓励养老项目间跨区联合、资源共享,发展异地互动养老模式,推动形成一系列具有较强竞争力的养老服务PPP项目。积极培育扶持发展养老服务PPP模式龙头社会资本方,培育一批带动力强的龙头企业以及知名度高的养老服务业品牌,形成一批覆盖领域广、产业链长、经济社会效益显著的品牌企业。

(5) "互联网+"推进智慧养老

将大数据信息技术应用于养老服务PPP项目供给领域是时代所趋。数字时代公众对养老服务的需求呈现内容丰富、层次提升、差异化与个性化凸显等特点。这些变化对原有养老服务PPP供给的模式、工作方式以及政府的社会治理模式提出了更大的挑战。大数据不仅仅促进了政府与公众间的相互理解,更体现了数字时代社会治理的核心原则。精细化信息资源供给,可以最大限度地满足公众需求,为政府与公众间的有效沟通搭建桥梁。首先,公众获取信息,精准识别是做好养老服务PPP供给的第一步。通过对不同群体、地区、年龄层等公众的需求信息进行合理收集、筛选、汇总、统计及分析,可以最大限度掌握需求的差异化与多样性,从而提供具有针对性的公共养老服务,以实现供需匹配,通过数据呈现其相关性,并对养老服务需求发展规律及未来趋势做出相应预测，为供给方的政策制定及供给行为指明方向。同时，在获取数据的过程中，积极与公众加强沟通，能够唤醒公众的主体参与服务意识，有利于提升公众参与养老服务PPP合作治理的积极性与主动性。其次，向政府部门提供养老服务信息，支持政府科学决策。大量需求信息的获取与处理，可为政府的科学决策提供必要前提。通过大数据信息技术，政府可对需求做出精准判断，从而大大提高决策的针对性与有效性。政府还可通过对信息的掌握程度，对养老服务PPP项目的实施绩效进行有效评判，从而做出继续实行、中止整顿或终止退出等相应判断，杜绝养老服务资源的无效供给，最大程度地提高养老服务的供给效率。

互联网思维运用于养老服务PPP项目，两者相互结合共同推进智慧养老的发展进程，也开拓养老服务PPP发展空间。社区养老模式作为家庭养老和机构养老的结合点，同时兼具两方优势，以社区养老模式为背景基础，积极构建互联网思维与养老服务PPP相结合的模式，共同推进中国智慧养老的理论框架。通过借鉴APP式菜单订购模式，可在线上自主选择服务，如老人照护、医疗保健、康复理疗、社区餐饮、聊天陪伴、紧急呼救等服务，通过电脑或是手机客户端下订单，社区养老服务人员接单后上门提供相应的服务。这种模式的成功运行需多方资源间的相互支持与配合，可依托养老服务PPP模式的优势来创建社区养老驿站，政府部门作为引导主体，通过建立社区老人信息资源数据库，结合地理位置、交通状况等因素，合理选择设立社区养老驿站。以政府部门牵头引导，辅之优惠政策，从而吸引社会资本的投入，根据老年服务需求与服务进行精准调度与匹配，共同促进养老服务PPP项目的落地，开拓养老服务PPP发展空间。

附录

养老服务政府和社会资本合作（PPP）的政策依据

1. 财政部关于进一步加强政府和社会资本合作（PPP）示范项目规范管理的通知

财金〔2018〕54号

各省、自治区、直辖市、计划单列市财政厅（局），新疆生产建设兵团财政局：

PPP示范项目在引导规范运作、带动区域发展、推动行业破冰、推广经验模式等方面发挥了积极作用。但从近期核查情况看，部分示范项目存在进展缓慢、执行走样等问题。为进一步强化示范项目规范管理，更好发挥引领带动作用，现就有关事项通知如下：

一、对核查存在问题的173个示范项目分类进行处置

（一）将不再继续采用PPP模式实施的包头市立体交通综合枢纽及综合旅游公路等30个项目，调出示范项目名单，并清退出全国PPP综合信息平台项目库（以下简称项目库）。

（二）将尚未完成社会资本方采购或项目实施发生重大变化的北京市丰台区河西第三水厂等54个项目，调出示范项目名单，保留在项目库，继续采用PPP模式实施。

（三）对于运作模式不规范、采购程序不严谨、签约主体存在瑕疵的89个项目，请有关省级财政部门会同有关方面抓紧督促整改，于6月底前完成。

逾期仍不符合相关要求的，调出示范项目名单或清退出项目库。

地方各级财政部门要会同有关部门妥善做好退库项目后续处置工作：对于尚未启动采购程序的项目，调整完善后拟再次采用PPP模式实施的，应当充分做好前期论证，按规定办理入库手续；无法继续采用PPP模式实施的，应当终止实施或采取其他合规方式继续推进。对于已进入采购程序或已落地实施的项目，应当针对核查发现的问题进行整改，做到合法合规；终止实施的，应当依据法律法规和合同约定，通过友好协商或法律救济途径妥善解决，切实维护各方合法权益。

二、引以为戒，加强项目规范管理

（一）夯实项目前期工作。按国家有关规定认真履行规划立项、土地管理、国有资产审批等前期工作程序，规范开展物有所值评价和财政承受能力论证。不得突破10%红线新上项目，不得出现"先上车、后补票"、专家意见缺失或造假、测算依据不统一、数据口径不一致、仅测算单个项目支出责任等现象。

（二）切实履行采购程序。加强对项目实施方案和采购文件的审查，对于采用单一来源采购方式的项目，必须符合政府采购法及其实施条例相关规定。不得设置明显不合理的准入门槛或所有制歧视条款，不得未经采购程序直接指定第三方代持社会资本方股份。

（三）严格审查签约主体。坚持政企分开原则，加强PPP项目合同签约主体合规性审查，国有企业或地方政府融资平台公司不得代表政府方签署PPP项目合同，地方政府融资平台公司不得作为社会资本方。

（四）杜绝违法违规现象。坚守合同谈判底线，加强合同内容审查，落实项目风险分配方案，合同中不得约定由政府方或其指定主体回购社会资本投资本金，不得弱化或免除社会资本的投资建设运营责任，不得向社会资本承诺最低投资回报或提供收益差额补足，不得约定将项目运营责任返包给政府方出资代表承担或另行指定社会资本方以外的第三方承担。

（五）强化项目履约监管。夯实社会资本融资义务，密切跟踪项目公司设立和融资到位情况。不得以债务性资金充当项目资本金，政府不得为社会资本或项目公司融资提供任何形式的担保。落实中长期财政规划和年度预算安排，加强项目绩效考核，落实按效付费机制，强化激励约束效果，确保公共服务安全、稳定、高效供给。

三、切实强化信息公开，接受社会监督

（一）提升信息公开质量。通过PPP综合信息平台及时、准确、完整、充分披露示范项目关键信息，及时上传项目实施方案、物有所值评价报告、财政承受能力论证报告、采购文件等重要附件及相关批复文件，保障项目信息前后连贯、口径一致、账实相符。

（二）加强运行情况监测。及时更新PPP项目开发目录、财政支出责任、项目采购、项目公司设立、融资到位、建设进度、绩效产出、预算执行等信息，实时监测项目运行情况、合同履行情况和项目公司财务状况，强化风险预警与早期防控。

（三）强化咨询服务监督。全面披露参与示范项目论证、采购、谈判等全过程咨询服务的专家和咨询机构信息，主动接受社会监督。建立健全咨询服务绩效考核和投诉问责机制，将未妥善履行咨询服务职责或提供违法违规咨询意见的专家或咨询机构，及时清退出PPP专家库或咨询机构库。

四、建立健全长效管理机制

（一）落实示范项目管理责任。各省级财政部门为辖内示范项目管理的第一责任人，负责健全本地区示范项目的专人负责、对口联系和跟踪指导机制，监督指导辖内市县做好示范项目规范实施、信息公开等工作，对示范项目实施过程中出现的重点、难点问题，及时向财政部报告。示范项目所属本级财政部门应会同行业主管部门加强项目前期论证、采购、执行、移交等全生命周期管理，监督项目各参与方切实履行合同义务，确保项目规范运作、顺利实施。财政部PPP中心负责全国PPP示范项目执行情况的统一指导和汇总统计。

（二）强化示范项目动态管理。地方各级财政部门要会同有关部门加强示范项目动态管理，确保项目执行不走样。对于项目名称、实施机构等非核心条件发生变更的，应及时向财政部PPP中心备案；对于项目合作内容、总投资、运作方式、合作期限等核心边界条件与入选示范项目时相比发生重大变化的，应及时向财政部PPP中心申请调出示范项目名单，并对项目实施方案、物有所值评价报告、财政承受能力论证报告、采购文件、项目合同等进行相应调整、变更。因项目规划调整、资金落实不到位等原因，不再继续采用

PPP 模式实施的，应及时向财政部 PPP 中心申请调出示范项目名单并退出项目库。

（三）开展示范项目定期评估。财政部 PPP 中心应定期组织第三方专业机构、专家等，开展示范项目执行情况评估。评估过程中发现示范项目存在运作不规范、实施情况发生重大变化或信息披露不到位等问题的，应及时调出示范项目名单或清退出项目库。其中已获得中央财政 PPP 项目以奖代补资金的，由省级财政部门负责追回并及时上缴中央财政。经评估效果良好的示范项目，由财政部 PPP 中心联合省级财政部门加强经验总结与案例推广。

附件：略

财 政 部

2018 年 4 月 24 日

2. 文化和旅游部 财政部关于在旅游领域推广政府和社会资本合作模式的指导意见

文旅旅发〔2018〕3 号

各省、自治区、直辖市旅游发展委员会（旅游局），财政厅（局）：

政府和社会资本合作模式是完善公共服务供给机制的重要方向，是国家治理体系和治理能力现代化的重要内容。为更好鼓励运用政府和社会资本合作（PPP）模式改善旅游公共服务供给，现提出如下意见：

一、总体要求

全面贯彻党的十九大和十九届三中全会精神，以习近平新时代中国特色社会主义思想为指导，坚持稳中求进工作总基调，坚持新发展理念，按照高质量发展的要求，统筹推进"五位一体"总体布局和协调推进"四个全面"战略布局，坚持以旅游供给侧结构性改革为主线，紧扣人民日益增长的旅游美好生活需要和不平衡不充分的旅游业发展之间的矛盾，以全域旅游为导向，以优质旅游为目标，逐步加强旅游基础设施建设，持续提升旅游公共服务供给水平，着力发挥旅游业在精准扶贫中的重要作用，大力推动旅游业质量变革、效率变革、动力变革。

二、基本原则

——明确内涵，厘清外延。深化对 PPP 模式的理解认识，防止简单化和片面化倾向，把公共服务供给作为界定 PPP 模式的核心，厘清政府责任与市场机制的边界。

——夯实基础，全民受益。针对旅游业的不同类型，坚持公共服务属性，优化配置资源，保障旅游基础设施和公共服务供给，促进社会资本竞争和创新，确保公共利益最大化。

——加强引导，规范发展。将公共服务产品质量和群众满意度作为政府付费的重要依据。加大政策扶持力度，强化绩效评价和项目监管，确保项目顺利实施、规范运作，防止地方政府违法违规或变相举借债务，防范财政金融风险。

——运营为本，重诺履约。鼓励各类市场主体通过公开竞争性方式参与项目合作，明确各参与主体的责任、权利关系和风险分担机制，强化项目运营，树立契约理念，诚实守信，严格履约。

三、重点领域

通过在旅游领域推广政府和社会资本合作模式，推动项目实施机构对政府承担的资源保护、环境整治、生态建设、文化传承、咨询服务、公共设施建设等旅游公共服务事项与相邻相近相关的酒店、景区、商铺、停车场、物业、广告、加油加气站等经营性资源进行统筹规划、融合发展、综合提升，不断优化旅游公益性服务和公共产品供给，促进旅游资源保护和合理利用，完善旅游资源资产价值评估，更好地满足人民群众对旅游公共服务的需要，大力推动旅游业提质增效和转型升级。

重点包括但不限于以下领域：

（一）旅游景区。在依法合规的前提下，以国有自然、文化资源资产的科学保护和合理利用为导向，重点加强景区道路、环卫设施、游憩设施、标识系统等基础设施和安全设施建设，加强景区及周边环境的综合整治。优先支持开放型景区开展旅游 PPP 项目建设。

（二）全域旅游。以创建全域旅游示范区为导向，对一定区域内的厕所、咨询服务体系、旅游引导标识系统、旅游资源保护等与酒店、景区等经营性旅游资源进行整合开发建设。

（三）乡村旅游。以促进乡村优秀传统文化的保护与传承为导向，在现代农业庄园、田园综合体、农业观光园、农村产业融合示范园、精品民宿等经营性开发中对垃圾收集站、旅游标识标牌等进行统一规划与建设。

（四）自驾车旅居车营地。依托交通集散地、景区景点等建设自驾车旅居车营地，加强水、电、气、排污、垃圾处理等基础设施和自驾游服务中心、环卫设施等配套建设。

（五）旅游厕所。通过以商建厕、以商管厕、以商养厕等方式，鼓励社会资本方对一定区域内的厕所进行统一开发建设和运管管理。

（六）旅游城镇。以加强城市、乡镇、街区等特色旅游资源的保护为导向，鼓励社会资本方将特色旅游资源的科学保护、合理利用及相关配套经营性服务设施的建设运营等进行统筹规划、有机衔接。

（七）交通旅游。支持地方政府将交通项目和旅游资源的利用融合建设、一体发展，鼓励社会资本方参与旅游风景道、邮轮港口、游船码头、公共游艇码头、旅游集散中心、通景公路及相关配套服务设施的建设。

（八）智慧旅游。鼓励和支持政府和社会资本方采取 PPP 模式开展智慧旅游城市、智慧旅游景区、智慧旅游公共服务平台、旅游数据中心、旅游基础数据库等建设。

（九）健康旅游等新业态。鼓励政府和社会资本方将旅游资源的经营性开发项目与养老、体育、健康、研学等领域公共服务供给相衔接。

优先支持符合本意见要求的全国优选旅游项目、旅游扶贫贷款项目等存量项目转化为旅游 PPP 项目。

四、严格执行财政 PPP 工作制度

（一）严格筛选项目。各级旅游、财政部门要加强合作，依托全国 PPP 综合信息平台，科学论证筛选，优先选择有经营性现金流、适宜市场化运作、强化运营管理的旅游公共设施及公共服务项目，做好项目储备，明确年度及中长期项目开发计划，确保工作有序推进。

（二）确保公平竞争。各级旅游、财政部门要加强协作，指导项目实施机构依法通过公开、公平、竞争性方式，择优选择具备项目所需建设运营能力和履约能力的社会资本开展合作，保障各类市场主体平等参与旅游 PPP 项目合作，消除本地保护主义和各类隐形门槛。鼓励金融机构早期介入项目前期

准备，提高项目融资可获得性。

（三）合理分担风险。各级旅游、财政部门要加强协作，指导项目实施机构按照风险分担、利益共享的原则，充分识别、合理分配和有效应对PPP项目风险。保障政府知情权，政府可以参股项目公司；保障项目公司的经营独立性和风险隔离功能，政府不得干预企业日常经营决策，不得违规兜底项目建设运营风险。

（四）保障合理回报。各级旅游、财政部门要加强协作，指导项目实施机构根据项目特点构建合理的项目回报机制，财政部门依据项目合同约定将财政支出责任纳入地方政府年度预算和中期财政规划，按项目绩效考核结果向社会资本支付对价，保障社会资本获得合理收益。

（五）严格债务管理。各地财政部门要认真组织开展项目物有所值评价和财政承受能力论证，加强本辖区内PPP项目财政支出责任统计和超限预警，严格政府债务管理，对政府参股及付费项目，加强建设、运营成本控制，严禁政府或政府指定机构回购社会资本投资本金或兜底本金；政府不得向社会资本承诺固定或最低收益回报；政府部门不得为项目债务提供任何形式担保；严禁存在其他违法违规举债担保行为。

（六）强化信息公开。各级旅游、财政部门要认真落实《政府和社会资本合作（PPP）综合信息平台信息公开管理暂行办法》（财金[2017]1号）有关要求，做好PPP项目全生命周期信息公开工作，及时、完整、准确地录入旅游PPP项目信息，及时披露项目识别论证、政府采购及预算安排等关键信息，增强社会资本和金融机构信心，保障公众知情权，接受社会监督。

（七）加强绩效考核。各级旅游、财政部门要加强协作，共同推动建立旅游PPP项目绩效考核机制，跟踪掌握项目实施和资金使用情况，推动形成项目监管与资金安排相衔接的激励制约机制。

五、加大政策保障

（一）强化工作协同合作。两部门共同推动地方人民政府积极探索建立跨部门旅游PPP工作领导协调机制，加强政府统一领导，明确部门职责分工，强化培训引导，形成工作合力，推动项目顺利实施。

（二）建立优先推荐函制度。对于地方人民政府重点推荐的旅游PPP项目，省级旅游部门在充分征求省级财政部门意见的基础上，向国家旅游局报送推荐旅游 PPP 项目目录，每个省（区、市）不超过 2 个；由文化和旅游部、财政部组织专家论证后，择优选取并共同向社会推荐。

（三）优化资金投入方式。各级财政部门、旅游部门要探索创新旅游公共服务领域资金投入机制，进一步改进和加强资金使用管理，发挥财政资金引导撬动作用，推动金融和社会资本更多投向旅游领域，提高投资有效性和公共资金使用效益。积极鼓励民营资本参与 PPP 项目建设，不得设置限制条款或任意提高门槛。

（四）发挥典型带动作用。各地财政部门、旅游部门要共同做好旅游 PPP 项目申报的指导工作，加强对实施效果好、社会评价高的旅游 PPP 项目的经验总结和案例推广。

（五）拓宽金融支持渠道。充分发挥中国政企合作支持基金和中国旅游产业基金的股权投资引导作用，鼓励各地设立 PPP 项目担保基金，带动更多金融机构加大对旅游 PPP 项目的投融资支持。鼓励金融机构在符合当前监管政策的前提下创新 PPP 金融服务，可纳入开发性、政策性金融支持范畴，优化信贷流程，鼓励能够产生可预期现金流的旅游 PPP 项目通过发行债券和资产证券化等市场化方式进行融资。鼓励保险资金按照市场化原则，创新运用多种方式参与项目，创新开发适合旅游 PPP 项目的保险产品。

（六）建立动态评估调整机制。积极推进旅游公共服务领域价格改革，引导各地综合考虑建设运营成本、财政承受能力、居民意愿等因素，合理确定旅游服务价格水平和补偿机制，推动建立价格动态调整和上下游联动机制，增强社会资本收益预期，提高社会资本参与积极性。逐步建立完善科学的旅游资源论证评估和 PPP 项目绩效评价体系，动态掌握项目整体运营管理情况。

（七）合理安排旅游用地。落实好《国土资源部、住房和城乡建设部、国家旅游局关于支持旅游业发展用地政策的意见》（国土资规〔2015〕10 号）及相关涉旅用地政策，有条件的地区可优先支持旅游 PPP 项目开发建设。

对于文件执行之中遇到的问题，请各地及时向文化和旅游部、财政部报告。

文化和旅游部　财政部
2018 年 4 月 19 日

3. 关于规范政府和社会资本合作（PPP）综合信息平台项目库管理的通知

财办金〔2017〕92号

各省、自治区、直辖市、计划单列市财政厅（局），新疆生产建设兵团财务局：

为深入贯彻落实全国金融工作会议精神，进一步规范政府和社会资本合作（PPP）项目运作，防止PPP异化为新的融资平台，坚决遏制隐性债务风险增量，现将规范全国PPP综合信息平台项目库（以下简称"项目库"）管理有关事项通知如下：

一、总体要求

（一）统一认识。各级财政部门要深刻认识当前规范项目库管理的重要意义，及时纠正PPP泛化滥用现象，进一步推进PPP规范发展，着力推动PPP回归公共服务创新供给机制的本源，促进实现公共服务提质增效目标，夯实PPP可持续发展的基础。

（二）分类施策。各级财政部门应按项目所处阶段将项目库分为项目储备清单和项目管理库，将处于识别阶段的项目，纳入项目储备清单，重点进行项目孵化和推介；将处于准备、采购、执行、移交阶段的项目，纳入项目管理库，按照PPP相关法律法规和制度要求，实施全生命周期管理，确保规范运作。

（三）严格管理。各级财政部门应严格项目管理库入库标准和管理要求，建立健全专人负责、持续跟踪、动态调整的常态化管理机制，及时将条件不符合、操作不规范、信息不完善的项目清理出库，不断提高项目管理库信息质量和管理水平。

二、严格新项目入库标准

各级财政部门应认真落实相关法律法规及政策要求，对新申请纳入项目管理库的项目进行严格把关，优先支持存量项目，审慎开展政府付费类项目，确保入库项目质量。存在下列情形之一的项目，不得入库：

（一）不适宜采用PPP模式实施。包括不属于公共服务领域，政府不负有提供义务的，如商业地产开发、招商引资项目等；因涉及国家安全或重大公共利益等，不适宜由社会资本承担的；仅涉及工程建设，无运营内容的；其他不适宜采用 PPP 模式实施的情形。

（二）前期准备工作不到位。包括新建、改扩建项目未按规定履行相关立项审批手续的；涉及国有资产权益转移的存量项目未按规定履行相关国有资产审批、评估手续的；未通过物有所值评价和财政承受能力论证的。

（三）未建立按效付费机制。包括通过政府付费或可行性缺口补助方式获得回报，但未建立与项目产出绩效相挂钩的付费机制的；政府付费或可行性缺口补助在项目合作期内未连续、平滑支付，导致某一时期内财政支出压力激增的；项目建设成本不参与绩效考核，或实际与绩效考核结果挂钩部分占比不足 30%，固化政府支出责任的。

三、集中清理已入库项目

各级财政部门应组织开展项目管理库入库项目集中清理工作，全面核实项目信息及实施方案、物有所值评价报告、财政承受能力论证报告、采购文件、PPP 项目合同等重要文件资料。属于上述第（一）、（二）项不得入库情形或存在下列情形之一的项目，应予以清退：

（一）未按规定开展"两个论证"。包括已进入采购阶段但未开展物有所值评价或财政承受能力论证的（2015 年 4 月 7 日前进入采购阶段但未开展财政承受能力论证以及 2015 年 12 月 18 日前进入采购阶段但未开展物有所值评价的项目除外）；虽已开展物有所值评价和财政承受能力论证，但评价方法和程序不符合规定的。

（二）不宜继续采用 PPP 模式实施。包括入库之日起一年内无任何实质性进展的；尚未进入采购阶段但所属本级政府当前及以后年度财政承受能力已超过 10% 上限的；项目发起人或实施机构已书面确认不再采用 PPP 模式实施的。

（三）不符合规范运作要求。包括未按规定转型的融资平台公司作为社会资本方的；采用建设-移交（BT）方式实施的；采购文件中设置歧视性条款、影响社会资本平等参与的；未按合同约定落实项目债权融资的；违反相关法律和政策规定，未按时足额缴纳项目资本金、以债务性资金充当资本金或由第三方代持社会资本方股份的。

（四）构成违法违规举债担保。包括由政府或政府指定机构回购社会资本投资本金或兜底本金损失的；政府向社会资本承诺固定收益回报的；政府及其部门为项目债务提供任何形式担保的；存在其他违法违规举债担保行为的。

（五）未按规定进行信息公开。包括违反国家有关法律法规，所公开信息与党的路线方针政策不一致或涉及国家秘密、商业秘密、个人隐私和知识产权，可能危及国家安全、公共安全、经济安全和社会稳定或损害公民、法人或其他组织合法权益的；未准确完整填写项目信息，入库之日起一年内未更新任何信息，或未及时充分披露项目实施方案、物有所值评价、财政承受能力论证、政府采购等关键信息的。

四、组织实施

（一）落实责任主体。各省级财政部门要切实履行项目库管理主体责任，统一部署辖内市、区、县财政部门开展集中清理工作。财政部政府和社会资本合作中心（以下称"财政部PPP中心"）负责开展财政部PPP示范项目的核查清理工作，并对各地项目管理库清理工作进行业务指导。

（二）健全工作机制。各省级财政部门应成立集中清理专项工作组，制定工作方案，明确任务分工、工作要求和时间进度，落实专人负责，并可邀请专家参与。地方各级财政部门应当会同有关方面加强政策宣传和舆论引导，重要情况及时向财政部报告。

（三）明确完成时限。各省级财政部门应于2018年3月31日前完成本地区项目管理库集中清理工作，并将清理工作完成情况报财政部金融司备案。

（四）确保整改到位。对于逾期未完成清理工作的地区，由财政部PPP中心指导并督促其于30日内完成整改。逾期未完成整改或整改不到位的，将暂停该地区新项目入库直至整改完成。

财政部办公厅
2017年11月10日

4. 财政部 民政部 人力资源社会保障部关于运用政府和社会资本合作模式支持养老服务业发展的实施意见

财金〔2017〕86号

各省、自治区、直辖市、计划单列市财政厅（局）、民政厅（局）、人力资源社会保障厅（局），新疆生产建设兵团财务局、民政局、人力资源社会保障局：

为贯彻《国务院关于印发"十三五"国家老龄事业发展和养老体系建设规划的通知》（国发〔2017〕13号）、《国务院办公厅转发财政部发展改革委人民银行关于在公共服务领域推广政府和社会资本合作模式指导意见的通知》（国办发〔2015〕42号）精神，落实着力推进幸福产业服务消费提质扩容工作部署，鼓励运用政府和社会资本合作（PPP）模式推进养老服务业供给侧结构性改革，加快养老服务业培育与发展，形成多层次、多渠道、多样化的养老服务市场，推动老龄事业发展，现提出以下意见：

一、总体要求

（一）指导思想

全面贯彻党中央、国务院关于老龄事业、养老服务业发展的决策部署，践行新发展理念，着力推动政府和社会资本合作促进养老服务领域供给侧结构性改革，优化养老服务领域资金资源投入使用方式，发挥社会力量的主体作用，激发社会活力，提高养老服务供给效率和能力，促进多层次、多渠道、多样化的养老服务更加方便可及，努力使养老服务业成为扩大内需、增加就业、保障和改善民生、推动经济转型升级的重要力量。

（二）基本原则

政府引导，市场驱动。坚持养老服务领域供给侧结构性改革方向，深入推广政府和社会资本合作科学理念，优化养老服务领域政府资金资源投入使用方向和方式，发挥引导带动作用，注重发挥市场在资源配置中的决定性作用，营造公平竞争的市场环境，鼓励各类市场主体参与养老服务PPP项目，充分调动社会资本特别是民间资本的积极性，逐步使社会力量成为养老服务领域的主体。

厘清边界，支持基础。针对养老服务的不同类型，坚持公共服务属性，合理界定政府和社会资本合作提供的养老服务边界，优先支持保障型基本养老和改善型中端养老服务发展，促进资源合理优化配置，加大投入力度，探索形成符合当前国情的养老服务供给模式，保障面向老年人的基础性养老服务供给。

强化监督，提质增效。完善运营监督机制，强化绩效评价和项目监管，推动养老服务行业标准化建设，严格执行财政PPP工作制度规范体系，促进养老服务业规范发展。坚持问题导向，强化薄弱环节，通过机制创新增加养老服务供给，提升养老服务水平，增进老年人福祉。

（三）工作目标

政府和社会资本合作提供养老服务的供给能力大幅提高、质量明显改善、结构更加合理，市场活力和社会创造力得到充分激发，多层次、多样化的养老服务市场初步形成。政府职能转变、"放管服"改革成效显著，群众满意度显著提高，养老服务业成为推动经济社会发展的新动能。

二、优先支持的重点养老服务领域

重点引导和鼓励社会资本通过PPP模式，立足保障型基本养老服务和改善型中端养老服务，参与以下养老服务供给：

（四）养老机构

鼓励政府将现有公办养老机构交由社会资本方运营管理。支持机关、企事业单位将所属的度假村、培训中心、招待所、疗养院等，通过PPP模式转型为养老机构，吸引社会资本运营管理。鼓励商业地产库存高、出租难的地方，通过PPP模式将闲置厂房、商业设施及其他可利用的社会资源改造成养老机构。

（五）社区养老体系建设

鼓励政府和社会资本在城乡社区内建设运营居家养老服务网点、社区综合服务设施，兴办或运营老年供餐、社区日间照料、老年精神文化生活等形式多样的养老服务。支持政府将所辖区域内的社区养老服务打包，通过PPP

模式交由社会资本方投资、建设或运营，实现区域内的社区养老服务项目统一标准、统一运营。

(六) 医养健融合发展

鼓励养老机构与医疗卫生机构、健康服务机构开展合作，支持打造"以健康管理为基础、以养老服务为核心、以医疗服务为支撑"的全生命周期养老服务链，兴建一批养老为主题，附加康养、体育健身、医疗、教育、文化娱乐、互联网等现代服务业的"养老+"综合新业态。

三、规范推进项目实施

(七) 统筹论证养老服务项目可行性

各级财政、民政、社会保障部门要加强合作，依托全国PPP综合信息平台，综合项目实施周期、收费定价机制、投资收益水平、风险分配基本框架、所需政府投入等因素，论证筛选出适宜采用PPP模式运作的养老服务项目，做好项目储备，确保工作有序推进。

(八) 依法择优选择社会资本方

合理设置参与条件，消除本地保护主义和隐形门槛。除本级政府所属尚未转型的融资平台公司、控股国有企业外，建立现代企业制度的境内外法人，均可作为养老服务项目的社会资本方。鼓励在养老服务项目建设、运营、管理等方面具有专业资质的社会资本方，通过兼并重组、输出服务技术和品牌等形式，发展跨区域、跨行业的综合性养老服务集团，推动养老服务向品牌化、连锁化、专业化和规模化方向发展。

(九) 多渠道构建项目回报机制

根据项目特点，建立政府付费、使用者付费和开发性资源补偿相结合的项目回报机制，鼓励政府统筹运用授权经营、资本金注入、土地入股、运营补贴、投资补助等方式，支持养老项目建设。允许社会资本配套建设符合规定的医院、康养中心、疗养院及附属设施等经营性项目，提高项目综合盈利能力。鼓励社会资本通过"互联网+"等创新运营模式，降低项目成本，提高项目运营效率和投资回报水平。

(十)发挥示范引领带动作用

鼓励各级财政、民政、社会保障部门优先选择一批有示范带动作用、需求长期稳定的养老服务项目开展试点,探索创新合作机制。推出一批养老服务业PPP示范项目,打造项目样板和标杆,有效发挥示范项目对全国养老服务项目的引领带动作用。加强案例总结和经验推广,探索养老服务业运用PPP模式的成熟路径。

四、积极提供政策保障

(十一)加强组织领导

各级财政、民政、社会保障部门要切实提高思想认识,积极推动建立跨部门的工作协调机制,明确各自职责分工,抓好工作部署,落实工作责任,推动项目实施,及时研究解决合作项目建设运行中的重大问题。

(十二)落实现有优惠政策

合理界定养老服务项目类型,PPP项目依法登记为公益性或经营性养老机构,按规定享受现行投资、补贴、税收、土地等优惠政策,保障养老服务设施用地供应。严格执行养老服务领域行政事业性收费减免政策。

(十三)优化财政资金投入方式

鼓励各级财政部门加大养老服务业财政资金投入,优化资金使用方式,推动财政资金支持重点从生产要素环节向终端服务环节转移,从补建设向补运营转变,支持养老领域PPP项目实施。对社会急需、项目发展前景好的养老服务项目,要通过中央基建投资等现有资金渠道予以积极扶持。鼓励各地建立养老服务业引导性基金,吸引民间资本参与,支持符合养老服务业发展方向的PPP项目。

(十四)创新金融服务方式

鼓励金融机构通过债权、股权、设立养老服务产业基金等多种方式,支持养老领域PPP项目。积极支持社保资金、保险资金等用于收益稳定、回收期长的养老服务PPP项目。充分发挥中国PPP基金的引导带动作用,积极支持养老服务PPP项目。鼓励保险公司探索开发长期护理险、养老机构责任险等保险产品。

（十五）营造良好发展环境

各级财政、民政、社会保障部门要因地制宜细化落实各项扶持政策，切实为社会资本进入养老领域，创造公平有序的市场环境和保障有力的政策支持体系。进一步加大对养老投入力度，加快养老资金整合，优化社会资本参与环境，提高社会资本进入养老领域的积极性。

财政部　民政部　人力资源社会保障部
2017年8月14日

5. 关于规范开展政府和社会资本合作项目资产证券化有关事宜的通知

财金〔2017〕55号

各省、自治区、直辖市、计划单列市财政厅（局），新疆生产建设兵团财务局，中国人民银行上海总部、各分行、营业管理部、各省会（首府）城市中心支行，中国证监会各派出机构，中国银行间市场交易商协会，上海证券交易所、深圳证券交易所，中国证券业协会，中国证券投资基金业协会：

为贯彻落实《国务院办公厅转发财政部 发展改革委 人民银行关于在公共服务领域推广政府和社会资本合作模式指导意见的通知》（国办发〔2015〕42号），规范推进政府和社会资本合作（以下简称PPP）项目资产证券化工作，现就有关事宜通知如下：

一、分类稳妥地推动PPP项目资产证券化

（一）鼓励项目公司开展资产证券化优化融资安排。在项目运营阶段，项目公司作为发起人（原始权益人），可以按照使用者付费、政府付费、可行性缺口补助等不同类型，以能够给项目带来现金流的收益权、合同债权作为基础资产，发行资产证券化产品。项目公司应统筹融资需求、项目收益等因素，合理确定资产证券化产品发行规模和期限，着力降低综合融资成本。积极探索项目公司在项目建设期依托PPP合同约定的未来收益权，发行资产证券化产品，进一步拓宽项目融资渠道。

（二）探索项目公司股东开展资产证券化盘活存量资产。除 PPP 合同对项目公司股东的股权转让质押等权利有限制性约定外，在项目建成运营 2 年后，项目公司的股东可以以能够带来现金流的股权作为基础资产，发行资产证券化产品，盘活存量股权资产，提高资产流动性。其中，控股股东发行规模不得超过股权带来现金流现值的 50%，其他股东发行规模不得超过股权带来现金流现值的 70%。

（三）支持项目公司其他相关主体开展资产证券化。在项目运营阶段，为项目公司提供融资支持的各类债权人，以及为项目公司提供建设支持的承包商等企业作为发起人（原始权益人），可以合同债权、收益权等作为基础资产，按监管规定发行资产证券化产品，盘活存量资产，多渠道筹集资金，支持 PPP 项目建设实施。

二、严格筛选开展资产证券化的 PPP 项目

（四）开展资产证券化的 PPP 项目应当运作规范、权属清晰。项目实施方案科学、合同体系完备、运作模式成熟、风险分配合理，并通过物有所值评价和财政承受能力论证。项目公司预期产生的现金流，能够覆盖项目的融资利息和股东的投资收益。拟作为基础资产的项目收益权、股权和合同债权等权属独立清晰，没有为其他融资提供质押或担保。

（五）发起人（原始权益人）应当分别符合相关要求。项目公司作为发起人（原始权益人）的，应当已落实融资方案，前期融资实际到账。项目公司、项目公司的股东作为发起人（原始权益人）申请通过发行主管部门绿色通道受理的，项目还应当成功运营 2 年以上，发起人（原始权益人）信用稳健，最近三年未发生重大违约或虚假信息披露，无不良信用记录。

三、完善 PPP 项目资产证券化工作程序

（六）依据合同约定自主开展资产证券化。政府方和社会资本方应在 PPP 合同中，通过适当的方式约定相关各方的资产证券化权利和义务，发起人（原始权益人）可按照合同约定自主决定开展资产证券化，向发行主管部门提交发行申请。PPP 项目相关各方应按合同约定，配合接受尽职调查，提供相关材料，协助开展资产证券化产品的方案设计和信用评级等工作。

（七）择优筛选 PPP 项目开展资产证券化。优先支持水务、环境保护、

交通运输等市场化程度较高、公共服务需求稳定、现金流可预测性较强的行业开展资产证券化。优先支持政府偿付能力较好、信用水平较高，并严格履行PPP项目财政管理要求的地区开展资产证券化。重点支持符合雄安新区和京津冀协同发展、"一带一路"、长江经济带等国家战略的PPP项目开展资产证券化。鼓励作为项目公司控股股东的行业龙头企业开展资产证券化，盘活存量项目资产，提高公共服务供给能力。

（八）择优推荐PPP项目资产证券化。省级财政部门可会同行业主管部门择优推荐资产证券化项目。PPP项目资产证券化发起人（原始权益人）可在向发行主管部门提交申请前，自主向省级财政部门和行业主管部门提出推荐申请。申请材料包括但不限于PPP项目实施方案、PPP合同、物有所值评价报告和财政承受能力论证报告、项目运营年报，以及项目资产证券化方案说明书、交易结构图、法律意见书等。省级财政部门可会同行业主管部门，按照有关监管规定和本通知要求，出具推荐意见并抄报财政部。

（九）进一步优化PPP项目资产证券化审核程序。发行主管部门应根据资产证券化业务规定，对申报的PPP项目进行审核和监管。对于各省级财政部门推荐的项目和中国政企合作支持基金投资的项目，中国银行间市场交易商协会、证券交易所、中国证券投资基金业协会等单位要研究建立受理、审核及备案的绿色通道，专人专岗负责，提高注册、备案、审核、发行和挂牌的工作效率。要根据PPP项目证券化开展情况，进一步完善资产证券化制度体系，指导有关单位研究完善自律规则及负面清单。

四、着力加强PPP项目资产证券化监督管理

（十）切实做好风险隔离安排。PPP项目资产证券化的发起人（原始权益人），要严格按照资产证券化规则与相关方案、合同约定，合理设计资产证券化产品的发行交易结构，通过特殊目的载体（SPV）和必要的增信措施，坚持真实出售、破产隔离原则，在基础资产与发起人（原始权益人）资产之间做好风险隔离。发起人（原始权益人）要配合中介机构履行基础资产移交、现金流归集、信息披露、提供增信措施等相关义务，不得通过资产证券化改变控股股东对PPP项目公司的实际控制权和项目运营责任，实现变相"退出"，影响公共服务供给的持续性和稳定性。资产证券化产品如出现偿付困难，发起人（原始权益人）应按照资产证券化合同约定与投资人妥善解决，发起人（原始权益人）不承担约定以外的连带偿付责任。

（十一）合理分担资产证券化的成本收益。PPP 项目公司资产证券化的发行成本应当由项目公司按照合同约定承担，不得将发行成本转嫁给政府和社会资本方。鼓励 PPP 项目公司及其股东通过加强日常运营维护管理或者提供合理支持，为基础资产产生预期现金流提供必要的保障，PPP 项目公司及其股东可综合采取担保、持有次级等多种方式进行增信，避免单一增信方式增加对项目公司或股东的负担。PPP 项目公司通过发行资产证券化产品优化负债结构的，节省综合融资成本带来的超额收益，应按照合同约定进行分配。

（十二）切实防范刚性兑付风险。PPP 项目所在地财政部门要会同行业主管部门加强项目全生命周期的合同履约管理，以 PPP 合同约定的支付责任为限，严格按照项目绩效评价结果进行支付（含使用者付费项目），保障社会资本方获得合理回报。资产证券化产品的偿付责任，由特殊目的载体（SPV）以其持有的基础资产和增信安排承担，不得将资产证券化产品的偿付责任转嫁给政府或公众，并影响公共服务的持续稳定供给。

（十三）充分披露资产证券化相关信息。金融机构、中介服务机构等应做好尽职调查，确保 PPP 项目资产证券化业务符合相关政策要求。PPP 项目资产证券化的发起人（原始权益人）、管理人及其他信息披露义务人应当严格按照资产证券化业务相关规定，在 PPP 综合信息平台以及市场认可的信息披露网站，披露项目实施信息、资产证券化年度管理报告、收益分配报告等信息，确保项目实施和资产证券化业务公开透明、有序实施，接受社会和市场监督。

（十四）大力营造良好发展环境。建立多元化、可持续的资金保障机制，推动不动产投资信托基金（REITs）发展，鼓励各类市场资金投资 PPP 项目资产证券化产品。加大 PPP 项目资产证券化政策宣传培训力度，提高各方资产证券化业务操作能力。财政部、中国人民银行、中国证监会建立完善 PPP 项目资产证券化协同管理机制，加强沟通合作，实现 PPP 项目实施和风险监测信息共享。省级财政部门和中国人民银行、中国证监会当地派出机构要高度重视，认真组织实施，切实做好 PPP 项目资产证券化相关工作，推动 PPP 项目资产证券化持续健康发展。

财政部　中国人民银行　中国证监会
2017 年 6 月 7 日

6. 关于深入推进农业领域政府和社会资本合作的实施意见

财金〔2017〕50号

各省、自治区、直辖市、计划单列市财政厅（局）、农业（农牧、农机、畜牧、兽医、农垦、渔业）厅（局、委、办），新疆生产建设兵团财务局、农业局：

为贯彻落实《中共中央国务院关于深入推进农业供给侧结构性改革加快培育农业农村发展新动能的若干意见》《国务院办公厅关于创新农村基础设施投融资体制机制的指导意见》（国办发〔2017〕17号）、《国务院办公厅转发财政部 发展改革委人民银行关于在公共服务领域推广政府和社会资本合作模式指导意见的通知》（国办发〔2015〕42号）精神，深化农业供给侧结构性改革，引导社会资本积极参与农业领域政府和社会资本合作（PPP）项目投资、建设、运营，改善农业农村公共服务供给，现提出意见如下：

一、总体要求

（一）指导思想

全面贯彻落实党中央、国务院关于农业、农村、农民问题的决策部署，牢固树立和贯彻落实新发展理念，适应把握引领经济发展新常态，以加大农业领域PPP模式推广应用为主线，优化农业资金投入方式，加快农业产业结构调整，改善农业公共服务供给，切实推动农业供给侧结构性改革。

（二）基本原则

——政府引导，规范运作。坚持农业供给侧结构性改革方向，深化对PPP模式的理解认识，加快观念转变，厘清政府与市场的边界，加大对农业农村公共服务领域推广运用PPP模式的政策扶持力度，强化绩效评价和项目监管，严格执行财政PPP工作制度规范体系，确保顺利实施、规范运作，防止变相举借政府债务，防范财政金融风险。

——明确权责，合作共赢。注重发挥市场在资源配置中的决定性作用，鼓励各类市场主体通过公开竞争性方式参与农业PPP项目合作，破除社会资本进入农业公共服务领域的隐性壁垒，营造规范有序的市场环境。在平等协商基础上订立合同，平衡政府、社会资本、农民、农村集体经济组织、农民合作组织等各方利益，明确各参与主体的责任、权利关系和风险分担机制，推动实现改善公共服务供给，拓展企业发展空间，增加人民福祉的共赢局面。

——因地制宜，试点先行。各地根据国家"三农"工作统一部署，结合地区实际和工作重点，分阶段、分类型、分步骤推进农业领域 PPP 工作。鼓励选择重点领域、重点项目先行试点探索，及时总结经验，完善相关政策，形成可复制、可推广的合作模式。

（三）工作目标

探索农业领域推广 PPP 模式的实施路径、成熟模式和长效机制，创新农业公共产品和公共服务市场化供给机制，推动政府职能转变，提高农业投资有效性和公共资源使用效益，提升农业公共服务供给质量和效率。

二、聚焦重点领域

重点引导和鼓励社会资本参与以下领域农业公共产品和服务供给：

（一）农业绿色发展。支持畜禽粪污资源化利用、农作物秸秆综合利用、废旧农膜回收、病死畜禽无害化处理，支持规模化大型沼气工程。

（二）高标准农田建设。支持集中连片、旱涝保收、稳产高产、生态友好的高标准农田建设，支持开展土地平整、土壤改良与培肥、灌溉与排水、田间道路、农田防护与生态环境保持、农田输配电等工程建设，支持耕地治理修复。

（三）现代农业产业园。支持以规模化种养基地为基础，通过"生产+加工+科技"，聚集现代生产要素、创新体制机制的现代农业产业园。

（四）田园综合体。支持有条件的乡村建设以农民合作社为主要载体、让农民充分参与和受益，集循环农业、创意农业、农事体验于一体的田园综合体。

（五）农产品物流与交易平台。支持农产品交易中心（市场）、生产资料交易平台、仓储基地建设，支持区域农产品公用品牌创建。

（六）"互联网+"现代农业。支持信息进村入户工程、智慧农业工程、农村电子商务平台、智能物流设施等建设运营。

三、规范项目实施

（一）严格筛选项目。各级财政部门、农业部门要加强合作，依托全国 PPP 综合信息平台推进农业 PPP 项目库建设，明确入库标准，优先选择有经营性现金流、适宜市场化运作的农业公共设施及公共服务项目，做好项目储备，明确年度及中长期项目开发计划，确保农业 PPP 有序推进。

（二）合理分担风险。各地农业部门、财政部门要指导项目实施机构按照风险分担、利益共享的原则，充分识别、合理分配 PPP 项目风险。为保障政府知情权，政府可以参股项目公司，但应保障项目公司的经营独立性和风险隔离功能，不得干预企业日常经营决策，不得兜底项目建设运营风险。

（三）保障合理回报。各地农业部门、财政部门要指导项目实施机构根据项目特点构建合理的项目回报机制，依据项目合同约定将财政支出责任纳入年度预算和中期财政规划，按项目绩效考核结果向社会资本支付对价，保障社会资本获得稳定合理收益。鼓励农民专业合作社等新型农业经营主体参与 PPP 项目，并通过订单带动、利润返还、股份合作等模式进一步完善与农户的利益联结机制，建立长期稳定的合作关系，让更多农民分享农业 PPP 发展红利。

（四）确保公平竞争。各地农业部门、财政部门要指导项目实施机构依法通过公开、公平、竞争性方式，择优选择具备项目所需经营能力和履约能力的社会资本开展合作，保障各类市场主体平等参与农业 PPP 项目合作，消除本地保护主义和各类隐形门槛。鼓励金融机构早期介入项目前期准备，提高项目融资可获得性。

（五）严格债务管理。各地财政部门、农业部门要认真组织开展项目物有所值评价和财政承受能力论证，加强本辖区内 PPP 项目财政支出责任统计和超限预警，严格政府债务管理，严禁通过政府回购安排、承诺固定回报等方式进行变相举债，严禁项目公司债务向政府转移。

（六）强化信息公开。各地财政部门、农业部门要认真落实《政府和社会资本合作（PPP）综合信息平台信息公开管理暂行办法》（财金〔2017〕1号）有关要求，做好 PPP 项目全生命周期信息公开工作，及时、完整、准确地录入农业 PPP 项目信息，及时披露识别论证、政府采购及预算安排等关键信息，增强社会资本和金融机构信心，保障公众知情权，接受社会监督。

（七）严格绩效监管。各地财政部门、农业部门要构建农业 PPP 项目的绩效考核监管体系和监督问责机制，跟踪掌握项目实施和资金使用情况，推动形成项目监管与资金安排相衔接的激励制约机制。

四、加大政策保障

（一）强化组织领导责任。地方人民政府要积极探索建立跨部门 PPP 工作领导协调机制,加强政府统一领导,明确部门职责分工,确保形成工作合力,推动项目顺利实施。

(二)优化资金投入方式。各级财政部门、农业部门要探索创新农业公共服务领域资金投入机制,进一步改进和加强资金使用管理,发挥财政资金引导撬动作用,积极推动金融和社会资本更多投向农业农村,提高投资有效性和公共资金使用效益。

(三)发挥示范引领作用。财政部与农业部联合组织开展国家农业PPP示范区创建工作。各省(区、市)财政部门会同农业部门择优选择1个农业产业特点突出、PPP模式推广条件成熟的县级地区作为农业PPP示范区向财政部、农业部推荐。财政部、农业部将从中择优确定"国家农业PPP示范区"。国家农业PPP示范区所属PPP项目,将在PPP示范项目申报筛选和PPP以奖代补资金中获得优先支持。各地财政部门、农业部门要共同做好农业PPP示范区的申报工作,加强对示范区的经验总结和案例推广,推动形成一批可复制、可推广的成功模式。

(四)拓宽金融支持渠道。充分发挥中国PPP基金和各地PPP基金的引导作用,带动更多金融机构、保险资金加大对农业PPP项目的融资支持。加强与国家农业信贷担保体系的合作,鼓励各地设立农业PPP项目担保基金,为PPP项目融资提供增信支持。创新开发适合农业PPP项目的保险产品。开展农业PPP项目资产证券化试点,探索各类投资主体的合规退出渠道。

(五)完善定价调价机制。积极推进农业农村公共服务领域价格改革,探索建立污水垃圾处理农户缴费制度,综合考虑建设运营成本、财政承受能力、农村居民意愿,合理确定农业公共服务价格水平和补偿机制。建立健全价格动态调整和上下游联动机制,增强社会资本收益预期,提高社会资本参与积极性。

(六)加强项目用地保障。各地农业部门、财政部门要积极协调相关土地部门,在保障耕地占补平衡的基础上,在当地土地使用中长期规划中全面考虑农业PPP项目建设需求,并给予优先倾斜,为项目用地提供有效保障。

财政部　农业部
2017年5月31日

7. 财政部关于印发《政府和社会资本合作项目财政管理暂行办法》的通知

财金〔2016〕92号

各省、自治区、直辖市、计划单列市财政厅（局），财政部驻各省、自治区、直辖市、计划单列市财政监察专员办事处，新疆生产建设兵团财务局：

根据《预算法》《政府采购法》及其实施条例、《企业国有资产法》《国务院办公厅转发财政部 发展改革委人民银行关于在公共服务领域推广政府和社会资本合作模式指导意见的通知》（国办发〔2015〕42号），为加强政府和社会资本合作项目财政管理，规范财政部门履职行为，保障合作各方合法权益，现印发《政府和社会资本合作项目财政管理暂行办法》。请遵照执行。

财政部
2016年9月24日

附件：

政府和社会资本合作项目财政管理暂行办法

第一章 总 则

第一条 为加强政府和社会资本合作（简称PPP）项目财政管理，明确财政部门在PPP项目全生命周期内的工作要求，规范财政部门履职行为，保障合作各方合法权益，根据《预算法》《政府采购法》《企业国有资产法》等法律法规，制定本办法。

第二条 本办法适用于中华人民共和国境内能源、交通运输、市政公用、农业、林业、水利、环境保护、保障性安居工程、教育、科技、文化、体育、医疗卫生、养老、旅游等公共服务领域开展的各类PPP项目。

第三条 各级财政部门应当会同相关部门，统筹安排财政资金、国有资产等各类公共资产和资源与社会资本开展平等互惠的PPP项目合作，切实履行项目识别论证、政府采购、预算收支与绩效管理、资产负债管理、信息披露与监督检查等职责，保证项目全生命周期规范实施、高效运营。

第二章 项目识别论证

第四条 各级财政部门应当加强与行业主管部门的协同配合，共同做好项目前期的识别论证工作。

政府发起 PPP 项目的，应当由行业主管部门提出项目建议，由县级以上人民政府授权的项目实施机构编制项目实施方案，提请同级财政部门开展物有所值评价和财政承受能力论证。

社会资本发起 PPP 项目的，应当由社会资本向行业主管部门提交项目建议书，经行业主管部门审核同意后，由社会资本编制项目实施方案，由县级以上人民政府授权的项目实施机构提请同级财政部门开展物有所值评价和财政承受能力论证。

第五条 新建、改扩建项目的项目实施方案应当依据项目建议书、项目可行性研究报告等前期论证文件编制；存量项目实施方案的编制依据还应包括存量公共资产建设、运营维护的历史资料以及第三方出具的资产评估报告等。

项目实施方案应当包括项目基本情况、风险分配框架、运作方式、交易结构、合同体系、监管架构等内容。

第六条 项目实施机构可依法通过政府采购方式委托专家或第三方专业机构，编制项目物有所值评价报告。受托专家或第三方专业机构应独立、客观、科学地进行项目评价、论证，并对报告内容负责。

第七条 各级财政部门应当会同同级行业主管部门根据项目实施方案共同对物有所值评价报告进行审核。物有所值评价审核未通过的，项目实施机构可对实施方案进行调整后重新提请本级财政部门和行业主管部门审核。

第八条 经审核通过物有所值评价的项目，由同级财政部门依据项目实施方案和物有所值评价报告组织编制财政承受能力论证报告，统筹本级全部已实施和拟实施 PPP 项目的各年度支出责任，并综合考虑行业均衡性和 PPP 项目开发计划后，出具财政承受能力论证报告审核意见。

第九条 各级财政部门应当建立本地区 PPP 项目开发目录，将经审核通过物有所值评价和财政承受能力论证的项目纳入 PPP 项目开发目录管理。

第三章 项目政府采购管理

第十条 对于纳入 PPP 项目开发目录的项目，项目实施机构应根据物有所值评价和财政承受能力论证审核结果完善项目实施方案，报本级人民政府审核。本级人民政府审核同意后，由项目实施机构按照政府采购管理相关规定，依法组织开展社会资本方采购工作。

项目实施机构可以依法委托采购代理机构办理采购。

第十一条 项目实施机构应当优先采用公开招标、竞争性谈判、竞争性磋商等竞争性方式采购社会资本方，鼓励社会资本积极参与、充分竞争。根据项目需求必须采用单一来源采购方式的，应当严格符合法定条件和程序。

第十二条 项目实施机构应当根据项目特点和建设运营需求，综合考虑专业资质、技术能力、管理经验和财务实力等因素合理设置社会资本的资格条件，保证国有企业、民营企业、外资企业平等参与。

第十三条 项目实施机构应当综合考虑社会资本竞争者的技术方案、商务报价、融资能力等因素合理设置采购评审标准，确保项目的长期稳定运营和质量效益提升。

第十四条 参加采购评审的社会资本所提出的技术方案内容最终被全部或部分采纳，但经采购未中选的，财政部门应会同行业主管部门对其前期投入成本予以合理补偿。

第十五条 各级财政部门应当加强对 PPP 项目采购活动的支持服务和监督管理，依托政府采购平台和 PPP 综合信息平台，及时充分向社会公开 PPP 项目采购信息，包括资格预审文件及结果、采购文件、响应文件提交情况及评审结果等，确保采购过程和结果公开、透明。

第十六条 采购结果公示结束后、PPP 项目合同正式签订前，项目实施机构应将 PPP 项目合同提交行业主管部门、财政部门、法制部门等相关职能部门审核后，报本级人民政府批准。

第十七条 PPP 项目合同审核时，应当对照项目实施方案、物有所值评价报告、财政承受能力论证报告及采购文件，检查合同内容是否发生实质性变更，并重点审核合同是否满足以下要求：

（一）合同应当根据实施方案中的风险分配方案，在政府与社会资本双方之间合理分配项目风险，并确保应由社会资本方承担的风险实现了有效转移；

（二）合同应当约定项目具体产出标准和绩效考核指标，明确项目付费与绩效评价结果挂钩；

（三）合同应当综合考虑项目全生命周期内的成本核算范围和成本变动因素，设定项目基准成本；

（四）合同应当根据项目基准成本和项目资本金财务内部收益率，参照工程竣工决算合理测算确定项目的补贴或收费定价基准。项目收入基准以外的运营风险由项目公司承担；

（五）合同应当合理约定项目补贴或收费定价的调整周期、条件和程序，作为项目合作期限内行业主管部门和财政部门执行补贴或收费定价调整的依据。

第四章　项目财政预算管理

第十八条　行业主管部门应当根据预算管理要求，将 PPP 项目合同中约定的政府跨年度财政支出责任纳入中期财政规划，经财政部门审核汇总后，报本级人民政府审核，保障政府在项目全生命周期内的履约能力。

第十九条　本级人民政府同意纳入中期财政规划的 PPP 项目，由行业主管部门按照预算编制程序和要求，将合同中符合预算管理要求的下一年度财政资金收支纳入预算管理，报请财政部门审核后纳入预算草案，经本级政府同意后报本级人民代表大会审议。

第二十条　行业主管部门应按照预算编制要求，编报 PPP 项目收支预算：

（一）收支测算。每年 7 月底之前，行业主管部门应按照当年 PPP 项目合同约定，结合本年度预算执行情况、支出绩效评价结果等，测算下一年度应纳入预算的 PPP 项目收支数额。

（二）支出编制。行业主管部门应将需要从预算中安排的 PPP 项目支出责任，按照相关政府收支分类科目、预算支出标准和要求，列入支出预算。

（三）收入编制。行业主管部门应将政府在 PPP 项目中获得的收入列入预算。

（四）报送要求。行业主管部门应将包括所有 PPP 项目全部收支在内的预算，按照统一的时间要求报同级财政部门。

第二十一条　财政部门应对行业主管部门报送的 PPP 项目财政收支预算申请进行认真审核，充分考虑绩效评价、价格调整等因素，合理确定预算金额。

第二十二条 PPP项目中的政府收入，包括政府在PPP项目全生命周期过程中依据法律和合同约定取得的资产权益转让、特许经营权转让、股息、超额收益分成、社会资本违约赔偿和保险索赔等收入，以及上级财政拨付的PPP专项奖补资金收入等。

第二十三条 PPP项目中的政府支出，包括政府在PPP项目全生命周期过程中依据法律和合同约定需要从财政资金中安排的股权投资、运营补贴、配套投入、风险承担，以及上级财政对下级财政安排的PPP专项奖补资金支出。

第二十四条 行业主管部门应当会同各级财政部门做好项目全生命周期成本监测工作。每年一季度前，项目公司（或社会资本方）应向行业主管部门和财政部门报送上一年度经第三方审计的财务报告及项目建设运营成本说明材料。项目成本信息要通过PPP综合信息平台对外公示，接受社会监督。

第二十五条 各级财政部门应当会同行业主管部门开展PPP项目绩效运行监控，对绩效目标运行情况进行跟踪管理和定期检查，确保阶段性目标与资金支付相匹配，开展中期绩效评估，最终促进实现项目绩效目标。监控中发现绩效运行与原定绩效目标偏离时，应及时采取措施予以纠正。

第二十六条 社会资本方违反PPP项目合同约定，导致项目运行状况恶化，危及国家安全和重大公共利益，或严重影响公共产品和服务持续稳定供给的，本级人民政府有权指定项目实施机构或其他机构临时接管项目，直至项目恢复正常经营或提前终止。临时接管项目所产生的一切费用，根据合作协议约定，由违约方单独承担或由各责任方分担。

第二十七条 各级财政部门应当会同行业主管部门在PPP项目全生命周期内，按照事先约定的绩效目标，对项目产出、实际效果、成本收益、可持续性等方面进行绩效评价，也可委托第三方专业机构提出评价意见。

第二十八条 各级财政部门应依据绩效评价结果合理安排财政预算资金。

对于绩效评价达标的项目，财政部门应当按照合同约定，向项目公司或社会资本方及时足额安排相关支出。

对于绩效评价不达标的项目，财政部门应当按照合同约定扣减相应费用或补贴支出。

第五章 项目资产负债管理

第二十九条 各级财政部门应会同相关部门加强PPP项目涉及的国有资产管理,督促项目实施机构建立PPP项目资产管理台账。政府在PPP项目中通过存量国有资产或股权作价入股、现金出资入股或直接投资等方式形成的资产,应作为国有资产在政府综合财务报告中进行反映和管理。

第三十条 存量PPP项目中涉及存量国有资产、股权转让的,应由项目实施机构会同行业主管部门和财政部门按照国有资产管理相关办法,依法进行资产评估,防止国有资产流失。

第三十一条 PPP项目中涉及特许经营权授予或转让的,应由项目实施机构根据特许经营权未来带来的收入状况,参照市场同类标准,通过竞争性程序确定特许经营权的价值,以合理价值折价入股、授予或转让。

第三十二条 项目实施机构与社会资本方应当根据法律法规和PPP项目合同约定确定项目公司资产权属。对于归属项目公司的资产及权益的所有权和收益权,经行业主管部门和财政部门同意,可以依法设置抵押、质押等担保权益,或进行结构化融资,但应及时在财政部PPP综合信息平台上公示。项目建设完成进入稳定运营期后,社会资本方可以通过结构性融资实现部分或全部退出,但影响公共安全及公共服务持续稳定提供的除外。

第三十三条 各级财政部门应当会同行业主管部门做好项目资产移交工作。

项目合作期满移交的,政府和社会资本双方应按合同约定共同做好移交工作,确保移交过渡期内公共服务的持续稳定供给。项目合同期满前,项目实施机构或政府指定的其他机构应组建项目移交工作组,对移交资产进行性能测试、资产评估和登记入账,项目资产不符合合同约定移交标准的,社会资本应采取补救措施或赔偿损失。

项目因故提前终止的,除履行上述移交工作外,如因政府原因或不可抗力原因导致提前终止的,应当依据合同约定给予社会资本相应补偿,并妥善处置项目公司存续债务,保障债权人合法权益;如因社会资本原因导致提前终止的,应当依据合同约定要求社会资本承担相应赔偿责任。

第三十四条 各级财政部门应当会同行业主管部门加强对PPP项目债务的监控。PPP项目执行过程中形成的负债,属于项目公司的债务,由项目公司独立承担偿付义务。项目期满移交时，项目公司的债务不得移交给政府。

第六章 监督管理

第三十五条 各级财政部门应当会同行业主管部门加强对 PPP 项目的监督管理，切实保障项目运行质量，严禁以 PPP 项目名义举借政府债务。

财政部门应当会同相关部门加强项目合规性审核，确保项目属于公共服务领域，并按法律法规和相关规定履行相关前期论证审查程序。项目实施不得采用建设-移交方式。

政府与社会资本合资设立项目公司的，应按照《公司法》等法律规定以及 PPP 项目合同约定规范运作，不得在股东协议中约定由政府股东或政府指定的其他机构对社会资本方股东的股权进行回购安排。

财政部门应根据财政承受能力论证结果和 PPP 项目合同约定，严格管控和执行项目支付责任，不得将当期政府购买服务支出代替 PPP 项目中长期的支付责任，规避 PPP 项目相关评价论证程序。

第三十六条 各级财政部门应依托 PPP 综合信息平台，建立 PPP 项目库，做好 PPP 项目全生命周期信息公开工作，保障公众知情权，接受社会监督。

项目准备、采购和建设阶段信息公开内容包括 PPP 项目的基础信息和项目采购信息，采购文件，采购成交结果，不涉及国家秘密、商业秘密的项目合同文本，开工及竣工投运日期，政府移交日期等。项目运营阶段信息公开内容包括 PPP 项目的成本监测和绩效评价结果等。

财政部门信息公开内容包括本级 PPP 项目目录、本级人大批准的政府对 PPP 项目的财政预算、执行及决算情况等。

第三十七条 财政部驻各地财政监察专员办事处应对 PPP 项目财政管理情况加强全程监督管理，重点关注 PPP 项目物有所值评价和财政承受能力论证、政府采购、预算管理、国有资产管理、债务管理、绩效评价等环节，切实防范财政风险。

第三十八条 对违反本办法规定实施 PPP 项目的，依据《预算法》《政府采购法》及其实施条例、《财政违法行为处罚处分条例》等法律法规追究有关人员责任；涉嫌犯罪的，依法移交司法机关处理。

第七章 附 则

第三十九条 本办法由财政部负责解释。

第四十条 本办法自印发之日起施行。

8. 关于在公共服务领域深入推进政府和社会资本合作工作的通知

财金〔2016〕90号

各省、自治区、直辖市、计划单列市财政厅（局），新疆生产建设兵团财务局：

为进一步贯彻落实党中央、国务院工作部署，统筹推进公共服务领域深化政府和社会资本合作（PPP）改革工作，提升我国公共服务供给质量和效率，巩固和增强经济持续增长动力，现将有关事项通知如下：

一、大力践行公共服务领域供给侧结构性改革。各级财政部门要联合有关部门，继续坚持推广PPP模式"促改革、惠民生、稳增长"的定位，切实践行供给侧结构性改革的最新要求，进一步推动公共服务从政府供给向合作供给、从单一投入向多元投入、从短期平衡向中长期平衡转变。要以改革实现公共服务供给结构调整，扩大有效供给，提高公共服务的供给质量和效率。要以改革激发社会资本活力和创造力，形成经济增长的内生动力，推动经济社会持续健康发展。

二、进一步加大PPP模式推广应用力度。在中央财政给予支持的公共服务领域，可根据行业特点和成熟度，探索开展两个"强制"试点。在垃圾处理、污水处理等公共服务领域，项目一般有现金流，市场化程度较高，PPP模式运用较为广泛，操作相对成熟，各地新建项目要"强制"应用PPP模式，中央财政将逐步减少并取消专项建设资金补助。在其他中央财政给予支持的公共服务领域，对于有现金流、具备运营条件的项目，要"强制"实施PPP模式识别论证，鼓励尝试运用PPP模式，注重项目运营，提高公共服务质量。

三、积极引导各类社会资本参与。各级财政部门要联合有关部门营造公平竞争环境，鼓励国有控股企业、民营企业、混合所有制企业、外商投资企业等各类型企业，按同等标准、同等待遇参与PPP项目。要会同有关行业部门合理设定采购标准和条件,确保采购过程公平、公正、公开,不得以不合理的采购条件(包括设置过高或无关的资格条件,过高的保证金等)对潜在合作方实行差别待遇或歧视性待遇,着力激发和促进民间投资。对民营资本设置差别条款和歧视性条款的PPP项目,各级财政部门将不再安排资金和政策支持。

四、扎实做好项目前期论证。在充分论证项目可行性的基础上,各级财政部门要及时会同行业主管部门开展物有所值评价和财政承受能力论证。各级财政部门要聚焦公共服务领域,根据《国务院办公厅转发财政部发展改革委人民银行关于在公共服务领域推广政府和社会资本合作模式指导意见的通知》(国办发〔2015〕42号)规定,确保公共资金、资产和资源优先用于提升公共服务的质量和水平,按照政府采购法相关规定择优确定社会资本合作伙伴,切实防止无效投资和重复建设。要严格区分公共服务项目和产业发展项目,在能源、交通运输、市政工程、农业、林业、水利、环境保护、保障性安居工程、医疗卫生、养老、教育、科技、文化、体育、旅游等公共服务领域深化PPP改革工作,依托PPP综合信息平台,建立本地区PPP项目开发目录。

五、着力规范推进项目实施。各级财政部门要会同有关部门统筹论证项目合作周期、收费定价机制、投资收益水平、风险分配框架和政府补贴等因素,科学设计PPP项目实施方案,确保充分体现"风险分担、收益共享、激励相容"的内涵特征,防止政府以固定回报承诺、回购安排、明股实债等方式承担过度支出责任,避免将当期政府购买服务支出代替PPP项目中长期的支出责任,规避PPP相关评价论证程序,加剧地方政府财政债务风险隐患。要加强项目全生命周期的合同履约管理,确保政府和社会资本双方权利义务对等,政府支出责任与公共服务绩效挂钩。

六、充分发挥示范项目引领作用。各级财政部门要联合有关部门,按照"又快又实""能进能出"的原则,大力推动PPP示范项目规范实施。要积极为项目实施创造条件,加强示范项目定向辅导,指导项目单位科学编制实施方案,合理选择运作方式,择优选择社会资本,详细签订项目合同,加强项目实施监管,确保示范项目实施质量,充分发挥示范项目的引领性和带动性。要积极做好示范项目督导工作,推动项目加快实施,在一定期限内仍不具备签约条件的,将不再作为示范项目实施。

七、因地制宜完善管理制度机制。各级财政部门要根据财政部PPP相关制度政策，结合各地实际情况，进一步建立健全本地区推广实施PPP模式的制度政策体系，细化对地市及县域地区的政策指导。要结合内部职能调整，进一步整合和加强专门力量，健全机构建设，并研究建立部门间的PPP协同管理机制，进一步梳理PPP相关工作的流程环节，明确管理职责，强调按制度管理、按程序办事。

八、切实有效履行财政管理职能。各级财政部门要会同行业主管部门合理确定公共服务成本，统筹安排公共资金、资产和资源，平衡好公众负担和社会资本回报诉求，构建PPP项目合理回报机制。对于政府性基金预算，可在符合政策方向和相关规定的前提下，统筹用于支持PPP项目。对于使用者付费项目，涉及特许经营权的要依法定程序评估价值，合理折价入股或授予转让，切实防止国有资产流失。对于使用者付费完全覆盖成本和收益的项目，要依据合同将超额收益的政府方分成部分及时足额监缴入国库，并按照事先约定的价格调整机制，确保实现价格动态调整，切实减轻公众负担。

九、简政放权释放市场主体潜力。各级财政部门要联合有关部门，加强项目前期立项程序与PPP模式操作流程的优化与衔接，进一步减少行政审批环节。对于涉及工程建设、设备采购或服务外包的PPP项目，已经依据政府采购法选定社会资本合作方的，合作方依法能够自行建设、生产或者提供服务的，按照《招标投标法实施条例》第九条规定，合作方可以不再进行招标。

十、进一步加大财政扶持力度。各级财政部门要落实好国家支持公共服务领域PPP项目的财政税收优惠政策，加强政策解读和宣传，积极与中国政企合作投资基金做好项目对接，基金将优先支持符合条件的各级财政部门示范项目。鼓励各级财政部门因地制宜、主动作为，探索财政资金撬动社会资金和金融资本参与PPP项目的有效方式，通过前期费用补助、以奖代补等手段，为项目规范实施营造良好的政策环境。

十一、充分发挥PPP综合信息平台作用。各级财政部门要通过PPP综合信息平台加快项目库、专家库建设，增强监管能力和服务水平。要督促项目实施单位，依托PPP综合信息平台，及时向社会公开项目实施方案、合同、实施情况等信息。要加强信息共享，促进项目对接，确保项目实施公开透明、有序推进，保证项目实施质量。

各级财政部门要高度重视，切实发挥好统筹协调作用，主动与有关部门沟通合作，合力做好公共服务领域深化 PPP 改革工作，更好地汇聚社会力量增加公共服务供给。

财政部
2016 年 10 月 1 日

9. 关于印发《PPP 物有所值评价指引（试行）》的通知

财金〔2015〕167 号

各省、自治区、直辖市、计划单列市财政厅（局），新疆生产建设兵团财务局：

  为推动政府和社会资本合作（Public-Private Partnership，以下简称 PPP）项目物有所值评价工作规范有序开展，我们立足国内实际，借鉴国际经验，制订了《PPP 物有所值评价指引（试行）》。由于实践中缺乏充足的数据积累，难以形成成熟的计量模型，物有所值定量评价处于探索阶段，各地应当依据客观需要，因地制宜地开展物有所值评价工作。施行过程中的问题和建议，请及时反馈我部。

财政部
2015 年 12 月 18 日

附件：

PPP 物有所值评价指引
（试行）

第一章 总 则

  第一条 为促进 PPP 物有所值评价工作规范有序开展，根据《中华人民共和国预算法》《国务院办公厅转发财政部发展改革委人民银行关于在公共服务领域推广政府和社会资本合作模式指导意见的通知》（国办发〔2015〕42号）等有关规定，制定本指引。

第二条　本指引所称物有所值（Value for Money，VfM）评价是判断是否采用PPP模式代替政府传统投资运营方式提供公共服务项目的一种评价方法。

第三条　物有所值评价应遵循真实、客观、公开的原则。

第四条　中华人民共和国境内拟采用PPP模式实施的项目，应在项目识别或准备阶段开展物有所值评价。

第五条　物有所值评价包括定性评价和定量评价。现阶段以定性评价为主，鼓励开展定量评价。定量评价可作为项目全生命周期内风险分配、成本测算和数据收集的重要手段，以及项目决策和绩效评价的参考依据。

第六条　应统筹定性评价和定量评价结论，做出物有所值评价结论。物有所值评价结论分为"通过"和"未通过"。"通过"的项目，可进行财政承受能力论证；"未通过"的项目，可在调整实施方案后重新评价，仍未通过的不宜采用PPP模式。

第七条　财政部门（或PPP中心）应会同行业主管部门共同做好物有所值评价工作，并积极利用第三方专业机构和专家力量。

第二章　评价准备

第八条　物有所值评价资料主要包括：（初步）实施方案、项目产出说明、风险识别和分配情况、存量公共资产的历史资料、新建或改扩建项目的（预）可行性研究报告、设计文件等。

第九条　开展物有所值评价时，项目本级财政部门（或PPP中心）应会同行业主管部门，明确是否开展定量评价，并明确定性评价程序、指标及其权重、评分标准等基本要求。

第十条　开展物有所值定量评价时，项目本级财政部门（或PPP中心）应会同行业主管部门，明确定量评价内容、测算指标和方法，以及定量评价结论是否作为采用PPP模式的决策依据。

第三章　定性评价

第十一条　定性评价指标包括全生命周期整合程度、风险识别与分配、绩效导向与鼓励创新、潜在竞争程度、政府机构能力、可融资性等六项基本评价指标。

第十二条 全生命周期整合程度指标主要考核在项目全生命周期内，项目设计、投融资、建造、运营和维护等环节能否实现长期、充分整合。

第十三条 风险识别与分配指标主要考核在项目全生命周期内，各风险因素是否得到充分识别并在政府和社会资本之间进行合理分配。

第十四条 绩效导向与鼓励创新指标主要考核是否建立以基础设施及公共服务供给数量、质量和效率为导向的绩效标准和监管机制，是否落实节能环保、支持本国产业等政府采购政策，能否鼓励社会资本创新。

第十五条 潜在竞争程度指标主要考核项目内容对社会资本参与竞争的吸引力。

第十六条 政府机构能力指标主要考核政府转变职能、优化服务、依法履约、行政监管和项目执行管理等能力。

第十七条 可融资性指标主要考核项目的市场融资能力。

第十八条 项目本级财政部门（或PPP中心）会同行业主管部门，可根据具体情况设置补充评价指标。

第十九条 补充评价指标主要是六项基本评价指标未涵盖的其他影响因素，包括项目规模大小、预期使用寿命长短、主要固定资产种类、全生命周期成本测算准确性、运营收入增长潜力、行业示范性等。

第二十条 在各项评价指标中，六项基本评价指标权重为80%，其中任一指标权重一般不超过20%；补充评价指标权重为20%，其中任一指标权重一般不超过10%。

第二十一条 每项指标评分分为五个等级，即有利、较有利、一般、较不利、不利，对应分值分别为100~81、80~61、60~41、40~21、20~0分。项目本级财政部门（或PPP中心）会同行业主管部门，按照评分等级对每项指标制定清晰准确的评分标准。

第二十二条 定性评价专家组包括财政、资产评估、会计、金融等经济方面专家，以及行业、工程技术、项目管理和法律方面专家等。

第二十三条 项目本级财政部门（或PPP中心）会同行业主管部门组织召开专家组会议。定性评价所需资料应于专家组会议召开前送达专家，确保专家掌握必要信息。

第二十四条 专家组会议基本程序如下：

（一）专家在充分讨论后按评价指标逐项打分，专家打分表见附件；

（二）按照指标权重计算加权平均分，得到评分结果，形成专家组意见。

第二十五条　项目本级财政部门（或PPP中心）会同行业主管部门根据专家组意见，做出定性评价结论。原则上，评分结果在60分（含）以上的，通过定性评价；否则，未通过定性评价。

第四章　定量评价

第二十六条　定量评价是在假定采用PPP模式与政府传统投资方式产出绩效相同的前提下，通过对PPP项目全生命周期内政府方净成本的现值（PPP值）与公共部门比较值（PSC值）进行比较，判断PPP模式能否降低项目全生命周期成本。

第二十七条　PPP值可等同于PPP项目全生命周期内股权投资、运营补贴、风险承担和配套投入等各项财政支出责任的现值，参照《政府和社会资本合作项目财政承受能力论证指引》（财金〔2015〕21号）及有关规定测算。

第二十八条　PSC值是以下三项成本的全生命周期现值之和：

（一）参照项目的建设和运营维护净成本；

（二）竞争性中立调整值；

（三）项目全部风险成本。

第二十九条　参照项目可根据具体情况确定为：

（一）假设政府采用现实可行的、最有效的传统投资方式实施的、与PPP项目产出相同的虚拟项目；

（二）最近五年内，相同或相似地区采用政府传统投资方式实施的、与PPP项目产出相同或非常相似的项目。

建设净成本主要包括参照项目设计、建造、升级、改造、大修等方面投入的现金以及固定资产、土地使用权等实物和无形资产的价值，并扣除参照项目全生命周期内产生的转让、租赁或处置资产所获的收益。

运营维护净成本主要包括参照项目全生命周期内运营维护所需的原材料、设备、人工等成本，以及管理费用、销售费用和运营期财务费用等，并扣除假设参照项目与PPP项目付费机制相同情况下能够获得的使用者付费收入等。

第三十条 竞争性中立调整值主要是采用政府传统投资方式比采用PPP模式实施项目少支出的费用，通常包括少支出的土地费用、行政审批费用、有关税费等。

第三十一条 项目全部风险成本包括可转移给社会资本的风险承担成本和政府自留风险的承担成本，参照《政府和社会资本合作项目财政承受能力论证指引》（财金〔2015〕21号）第二十一条及有关规定测算。

政府自留风险承担成本等同于PPP值中的全生命周期风险承担支出责任，两者在PSC值与PPP值比较时可对等扣除。

第三十二条 用于测算PSC值的折现率应与用于测算PPP值的折现率相同，参照《政府和社会资本合作项目财政承受能力论证指引》（财金〔2015〕21号）第十七条及有关规定测算。

第三十三条 PPP值小于或等于PSC值的，认定为通过定量评价；PPP值大于PSC值的，认定为未通过定量评价。

第五章 评价报告和信息披露

第三十四条 项目本级财政部门（或PPP中心）会同行业主管部门，在物有所值评价结论形成后，完成物有所值评价报告编制工作，报省级财政部门备案，并将报告电子版上传PPP综合信息平台。

第三十五条 物有所值评价报告内容包括：

（一）项目基础信息。主要包括项目概况、项目产出说明和绩效标准、PPP运作方式、风险分配框架和付费机制等。

（二）评价方法。主要包括定性评价程序、指标及权重、评分标准、评分结果、专家组意见以及定量评价的PSC值、PPP值的测算依据、测算过程和结果等。

（三）评价结论，分为"通过"和"未通过"。

（四）附件。通常包括（初步）实施方案、项目产出说明、可行性研究报告、设计文件、存量公共资产的历史资料、PPP项目合同、绩效监测报告和中期评估报告等。

第三十六条 项目本级财政部门（或PPP中心）应在物有所值评价报告编制完成之日起5个工作日内，将报告的主要信息通过PPP综合信息平台等渠道向社会公开披露，但涉及国家秘密和商业秘密的信息除外。

第三十七条 在 PPP 项目合作期内和期满后,项目本级财政部门(或 PPP 中心)应会同行业主管部门,将物有所值评价报告作为项目绩效评价的重要组成部分,对照进行统计和分析。

第三十八条 各级财政部门(或 PPP 中心)应加强物有所值评价数据库的建设,做好定性和定量评价数据的收集、统计、分析和报送等工作。

第三十九条 各级财政部门(或 PPP 中心)应会同行业主管部门,加强对物有所值评价第三方专业机构和专家的监督管理,通过 PPP 综合信息平台进行信用记录、跟踪、报告和信息公布。省级财政部门应加强对全省(市、区)物有所值评价工作的监督管理。

第六章 附 则

第四十条 本指引自印发之日起施行,有效期 2 年。

附:1. 物有所值评价工作流程图(略)

2. 物有所值定性评价专家打分表(略)

10. 国务院办公厅转发财政部、发展改革委、人民银行关于在公共服务领域推广政府和社会资本合作模式指导意见的通知

国办发〔2015〕42 号

各省、自治区、直辖市人民政府,国务院各部委、各直属机构:

财政部、发展改革委、人民银行《关于在公共服务领域推广政府和社会资本合作模式的指导意见》已经国务院同意,现转发给你们,请认真贯彻执行。

在公共服务领域推广政府和社会资本合作模式,是转变政府职能、激发市场活力、打造经济新增长点的重要改革举措。围绕增加公共产品和公共服务供给,在能源、交通运输、水利、环境保护、农业、林业、科技、保障性安居工程、医疗、卫生、养老、教育、文化等公共服务领域,广泛采用政府和社会资本合作模式,对统筹做好稳增长、促改革、调结构、惠民生、防风险工作具有战略意义。

各地区、各部门要按照简政放权、放管结合、优化服务的要求,简化行

政审批程序，推进立法工作，进一步完善制度，规范流程，加强监管，多措并举，在财税、价格、土地、金融等方面加大支持力度，保证社会资本和公众共同受益，通过资本市场和开发性、政策性金融等多元融资渠道，吸引社会资本参与公共产品和公共服务项目的投资、运营管理，提高公共产品和公共服务供给能力与效率。

各地区、各部门要高度重视，精心组织实施，加强协调配合，形成工作合力，切实履行职责，共同抓好落实。

国务院办公厅
2015 年 5 月 19 日

附件：

关于在公共服务领域推广政府和社会资本合作模式的指导意见

财政部　发展改革委　人民银行

为打造大众创业、万众创新和增加公共产品、公共服务"双引擎"，让广大人民群众享受到优质高效的公共服务，在改善民生中培育经济增长新动力，现就改革创新公共服务供给机制，大力推广政府和社会资本合作（Public-Private Partnership，PPP）模式，提出以下意见：

一、充分认识推广政府和社会资本合作模式的重大意义

政府和社会资本合作模式是公共服务供给机制的重大创新，即政府采取竞争性方式择优选择具有投资、运营管理能力的社会资本，双方按照平等协商原则订立合同，明确责权利关系，由社会资本提供公共服务，政府依据公共服务绩效评价结果向社会资本支付相应对价，保证社会资本获得合理收益。政府和社会资本合作模式有利于充分发挥市场机制作用，提升公共服务的供给质量和效率，实现公共利益最大化。

（一）有利于加快转变政府职能，实现政企分开、政事分开。作为社会资本的境内外企业、社会组织和中介机构承担公共服务涉及的设计、建设、投资、融资、运营和维护等责任，政府作为监督者和合作者，减少对微观事务

的直接参与，加强发展战略制定、社会管理、市场监管、绩效考核等职责，有助于解决政府职能错位、越位和缺位的问题，深化投融资体制改革，推进国家治理体系和治理能力现代化。

（二）有利于打破行业准入限制，激发经济活力和创造力。政府和社会资本合作模式可以有效打破社会资本进入公共服务领域的各种不合理限制，鼓励国有控股企业、民营企业、混合所有制企业等各类型企业积极参与提供公共服务，给予中小企业更多参与机会，大幅拓展社会资本特别是民营资本的发展空间，激发市场主体活力和发展潜力，有利于盘活社会存量资本，形成多元化、可持续的公共服务资金投入渠道，打造新的经济增长点，增强经济增长动力。

（三）有利于完善财政投入和管理方式，提高财政资金使用效益。在政府和社会资本合作模式下，政府以运营补贴等作为社会资本提供公共服务的对价，以绩效评价结果作为对价支付依据，并纳入预算管理、财政中期规划和政府财务报告，能够在当代人和后代人之间公平地分担公共资金投入，符合代际公平原则，有效弥补当期财政投入不足，有利于减轻当期财政支出压力，平滑年度间财政支出波动，防范和化解政府性债务风险。

二、总体要求

（四）指导思想。贯彻落实党的十八大和十八届二中、三中、四中全会精神，按照党中央、国务院决策部署，借鉴国际成熟经验，立足国内实际情况，改革创新公共服务供给机制和投入方式，发挥市场在资源配置中的决定性作用，更好发挥政府作用，引导和鼓励社会资本积极参与公共服务供给，为广大人民群众提供优质高效的公共服务。

（五）基本原则。

依法合规。将政府和社会资本合作纳入法制化轨道，建立健全制度体系，保护参与各方的合法权益，明确全生命周期管理要求，确保项目规范实施。

重诺履约。政府和社会资本法律地位平等、权利义务对等，必须树立契约理念，坚持平等协商、互利互惠、诚实守信、严格履约。

公开透明。实行阳光化运作，依法充分披露政府和社会资本合作项目重要信息，保障公众知情权，对参与各方形成有效监督和约束。

公众受益。加强政府监管，将政府的政策目标、社会目标和社会资本的运营效率、技术进步有机结合，促进社会资本竞争和创新，确保公共利益最大化。

积极稳妥。鼓励地方各级人民政府和行业主管部门因地制宜，探索符合当地实际和行业特点的做法，总结提炼经验，形成适合我国国情的发展模式。坚持必要、合理、可持续的财政投入原则，有序推进项目实施，控制项目的政府支付责任，防止政府支付责任过重加剧财政收支矛盾，带来支出压力。

（六）发展目标。立足于加强和改善公共服务，形成有效促进政府和社会资本合作模式规范健康发展的制度体系，培育统一规范、公开透明、竞争有序、监管有力的政府和社会资本合作市场。着力化解地方政府性债务风险，积极引进社会资本参与地方融资平台公司存量项目改造，争取通过政府和社会资本合作模式减少地方政府性债务。在新建公共服务项目中，逐步增加使用政府和社会资本合作模式的比例。

三、构建保障政府和社会资本合作模式持续健康发展的制度体系

（七）明确项目实施的管理框架。建立健全制度规范体系，实施全生命周期管理，保证项目实施质量。进一步完善操作指南，规范项目识别、准备、采购、执行、移交各环节操作流程，明确操作要求，指导社会资本参与实施。制定合同指南，推动共性问题处理方式标准化。制定分行业、分领域的标准化合同文本，提高合同编制效率和谈判效率。按照预算法、合同法、政府采购法及其实施条例、《国务院办公厅关于政府向社会力量购买服务的指导意见》（国办发〔2013〕96号）等要求，建立完善管理细则，规范选择合作伙伴的程序和方法，维护国家利益、社会公共利益和社会资本的合法权益。

（八）健全财政管理制度。开展财政承受能力论证，统筹评估和控制项目的财政支出责任，促进中长期财政可持续发展。建立完善公共服务成本财政管理和会计制度，创新资源组合开发模式，针对政府付费、使用者付费、可行性缺口补助等不同支付机制，将项目涉及的运营补贴、经营收费权和其他支付对价等，按照国家统一的会计制度进行核算，纳入年度预算、中期财政规划，在政府财务报告中进行反映和管理，并向本级人大或其常委会报告。存量公共服务项目转型为政府和社会资本合作项目过程中，应依法进行资产评估，合理确定价值，防止公共资产流失和贱卖。项目实施过程中政府依法获得的国有资本收益、约定的超额收益分成等公共收入应上缴国库。

（九）建立多层次监督管理体系。行业主管部门根据经济社会发展规划及专项规划发起政府和社会资本合作项目，社会资本也可根据当地经济社会发展需求建议发起。行业主管部门应制定不同领域的行业技术标准、公共产品或服务技术规范，加强对公共服务质量和价格的监管。建立政府、公众共同参与的综合性评价体系，建立事前设定绩效目标、事中进行绩效跟踪、事后进行绩效评价的全生命周期绩效管理机制，将政府付费、使用者付费与绩效评价挂钩，并将绩效评价结果作为调价的重要依据，确保实现公共利益最大化。依法充分披露项目实施相关信息，切实保障公众知情权，接受社会监督。

（十）完善公共服务价格调整机制。积极推进公共服务领域价格改革，按照补偿成本、合理收益、节约资源、优质优价、公平负担的原则，加快理顺公共服务价格。依据项目运行情况和绩效评价结果，健全公共服务价格调整机制，完善政府价格决策听证制度，广泛听取社会资本、公众和有关部门意见，确保定价调价的科学性。及时披露项目运行过程中的成本变化、公共服务质量等信息，提高定价调价的透明度。

（十一）完善法律法规体系。推进相关立法，填补政府和社会资本合作领域立法空白，着力解决政府和社会资本合作项目运作与现行法律之间的衔接协调问题，明确政府出资的法律依据和出资性质，规范政府和社会资本的责权利关系，明确政府相关部门的监督管理责任，为政府和社会资本合作模式健康发展提供良好的法律环境和稳定的政策预期。鼓励有条件的地方立足当地实际，依据立法法相关规定，出台地方性法规或规章，进一步有针对性地规范政府和社会资本合作模式的运用。

四、规范推进政府和社会资本合作项目实施

（十二）广泛采用政府和社会资本合作模式提供公共服务。在能源、交通运输、水利、环境保护、农业、林业、科技、保障性安居工程、医疗、卫生、养老、教育、文化等公共服务领域，鼓励采用政府和社会资本合作模式，吸引社会资本参与。其中，在能源、交通运输、水利、环境保护、市政工程等特定领域需要实施特许经营的，按《基础设施和公用事业特许经营管理办法》执行。

（十三）化解地方政府性债务风险。积极运用转让—运营—移交（TOT）、改建—运营—移交（ROT）等方式，将融资平台公司存量公共服务项目转型为政府和社会资本合作项目，引入社会资本参与改造和运营，在征得债权人

同意的前提下,将政府性债务转换为非政府性债务,减轻地方政府的债务压力,腾出资金用于重点民生项目建设。大力推动融资平台公司与政府脱钩,进行市场化改制,健全完善公司治理结构,对已经建立现代企业制度、实现市场化运营的,在其承担的地方政府债务已纳入政府财政预算、得到妥善处置并明确公告今后不再承担地方政府举债融资职能的前提下,可作为社会资本参与当地政府和社会资本合作项目,通过与政府签订合同方式,明确责权利关系。严禁融资平台公司通过保底承诺等方式参与政府和社会资本合作项目,进行变相融资。

(十四)提高新建项目决策的科学性。地方政府根据当地经济社会发展需要,结合财政收支平衡状况,统筹论证新建项目的经济效益和社会效益,并进行财政承受能力论证,保证决策质量。根据项目实施周期、收费定价机制、投资收益水平、风险分配基本框架和所需要的政府投入等因素,合理选择建设—运营—移交(BOT)、建设—拥有—运营(BOO)等运作方式。

(十五)择优选择项目合作伙伴。对使用财政性资金作为社会资本提供公共服务对价的项目,地方政府应当根据预算法、合同法、政府采购法及其实施条例等法律法规规定,选择项目合作伙伴。依托政府采购信息平台,及时、充分向社会公布项目采购信息。综合评估项目合作伙伴的专业资质、技术能力、管理经验、财务实力和信用状况等因素,依法择优选择诚实守信的合作伙伴。加强项目政府采购环节的监督管理,保证采购过程公平、公正、公开。

(十六)合理确定合作双方的权利与义务。树立平等协商的理念,按照权责对等原则合理分配项目风险,按照激励相容原则科学设计合同条款,明确项目的产出说明和绩效要求、收益回报机制、退出安排、应急和临时接管预案等关键环节,实现责权利对等。引入价格和补贴动态调整机制,充分考虑社会资本获得合理收益。如单方面构成违约的,违约方应当给予对方相应赔偿。建立投资、补贴与价格的协同机制,为社会资本获得合理回报创造条件。

(十七)增强责任意识和履约能力。社会资本要将自身经济利益诉求与政府政策目标、社会目标相结合,不断加强管理和创新,提升运营效率,在实现经济价值的同时,履行好企业社会责任,严格按照约定保质保量提供服务,维护公众利益;要积极进行业务转型和升级,从工程承包商、建设施工方向运营商转变,实现跨不同领域、多元化发展;要不断提升运营实力和管理经验,增强提供公共服务的能力。咨询、法律、会计等中介机构要提供质优价廉的服务，促进项目增效升级。

（十八）保障公共服务持续有效。按照合同约定，对项目建设情况和公共服务质量进行验收，逾期未完成或不符合标准的，社会资本要限期完工或整改，并采取补救措施或赔偿损失。健全合同争议解决机制，依法积极协调解决争议。确需变更合同内容、延长合同期限以及变更社会资本方的，由政府和社会资本方协商解决，但应当保持公共服务的持续性和稳定性。项目资产移交时，要对移交资产进行性能测试、资产评估和登记入账，并按照国家统一的会计制度进行核算，在政府财务报告中进行反映和管理。

五、政策保障

（十九）简化项目审核流程。进一步减少审批环节，建立项目实施方案联评联审机制，提高审查工作效率。项目合同签署后，可并行办理必要的审批手续，有关部门要简化办理手续，优化办理程序，主动加强服务，对实施方案中已经明确的内容不再作实质性审查。

（二十）多种方式保障项目用地。实行多样化土地供应，保障项目建设用地。对符合划拨用地目录的项目，可按划拨方式供地，划拨土地不得改变土地用途。建成的项目经依法批准可以抵押，土地使用权性质不变，待合同经营期满后，连同公共设施一并移交政府；实现抵押权后改变项目性质应该以有偿方式取得土地使用权的，应依法办理土地有偿使用手续。不符合划拨用地目录的项目，以租赁方式取得土地使用权的，租金收入参照土地出让收入纳入政府性基金预算管理。以作价出资或者入股方式取得土地使用权的，应当以市、县人民政府作为出资人，制定作价出资或者入股方案，经市、县人民政府批准后实施。

（二十一）完善财税支持政策。积极探索财政资金撬动社会资金和金融资本参与政府和社会资本合作项目的有效方式。中央财政出资引导设立中国政府和社会资本合作融资支持基金，作为社会资本方参与项目，提高项目融资的可获得性。探索通过以奖代补等措施，引导和鼓励地方融资平台存量项目转型为政府和社会资本合作项目。落实和完善国家支持公共服务事业的税收优惠政策，公共服务项目采取政府和社会资本合作模式的，可按规定享受相关税收优惠政策。鼓励地方政府在承担有限损失的前提下，与具有投资管理经验的金融机构共同发起设立基金，并通过引入结构化设计，吸引更多社会资本参与。

（二十二）做好金融服务。金融机构应创新符合政府和社会资本合作模式特点的金融服务，优化信贷评审方式，积极为政府和社会资本合作项目提供融资支持。鼓励开发性金融机构发挥中长期贷款优势，参与改造政府和社会资本合作项目，引导商业性金融机构拓宽项目融资渠道。鼓励符合条件的项目运营主体在资本市场通过发行公司债券、企业债券、中期票据、定向票据等市场化方式进行融资。鼓励项目公司发行项目收益债券、项目收益票据、资产支持票据等。鼓励社保资金和保险资金按照市场化原则，创新运用债权投资计划、股权投资计划、项目资产支持计划等多种方式参与项目。对符合条件的"走出去"项目，鼓励政策性金融机构给予中长期信贷支持。依托各类产权、股权交易市场，为社会资本提供多元化、规范化、市场化的退出渠道。金融监管部门应加强监督管理，引导金融机构正确识别、计量和控制风险，按照风险可控、商业可持续原则支持政府和社会资本合作项目融资。

六、组织实施

（二十三）加强组织领导。国务院各有关部门要按照职能分工，负责相关领域具体工作，加强对地方推广政府和社会资本合作模式的指导和监督。财政部要会同有关部门，加强政策沟通协调和信息交流，完善体制机制。教育、科技、民政、人力资源社会保障、国土资源、环境保护、住房城乡建设、交通运输、水利、农业、商务、文化、卫生计生等行业主管部门，要结合本行业特点，积极运用政府和社会资本合作模式提供公共服务，探索完善相关监管制度体系。地方各级人民政府要结合已有规划和各地实际，出台具体政策措施并抓好落实；可根据本地区实际情况，建立工作协调机制，推动政府和社会资本合作项目落地实施。

（二十四）加强人才培养。大力培养专业人才，加快形成政府部门、高校、企业、专业咨询机构联合培养人才的机制。鼓励各类市场主体加大人才培训力度，开展业务人员培训，建设一支高素质的专业人才队伍。鼓励有条件的地方政府统筹内部机构改革需要，进一步整合专门力量，承担政府和社会资本合作模式推广职责，提高专业水平和能力。

（二十五）搭建信息平台。地方各级人民政府要切实履行规划指导、识别评估、咨询服务、宣传培训、绩效评价、信息统计、专家库和项目库建设等职责，建立统一信息发布平台，及时向社会公开项目实施情况等相关信息，确保项目实施公开透明、有序推进。

在公共服务领域推广政府和社会资本合作模式，事关人民群众切身利益，是保障和改善民生的一项重要工作。各地区、各部门要充分认识推广政府和社会资本合作模式的重要意义，把思想和行动统一到党中央、国务院的决策部署上来，精心组织实施，加强协调配合，形成工作合力，切实履行职责，共同抓好落实。财政部要强化统筹协调，会同有关部门对本意见落实情况进行督促检查和跟踪分析，重大事项及时向国务院报告。

11. 财政部关于印发《政府和社会资本合作项目财政承受能力论证指引》的通知

财金〔2015〕21号

根据《国务院关于创新重点领域投融资机制 鼓励社会投资的指导意见》（国发〔2014〕60号）、《财政部关于推广运用政府和社会资本合作模式有关问题的通知》（财金〔2014〕76号）和《财政部关于印发政府和社会资本合作模式操作指南（试行）的通知》（财金〔2014〕113号），为有序推进政府和社会资本合作（Public-Private Partnership，以下简称PPP）项目实施，保障政府切实履行合同义务，有效防范和控制财政风险，现印发《政府和社会资本合作项目财政承受能力论证指引》。请遵照执行。

财政部

2015年4月7日

附件：

政府和社会资本合作项目财政承受能力论证指引

第一章 总 则

第一条 根据《中华人民共和国预算法》《国务院关于加强地方政府性

债务管理的意见》（国发〔2014〕43号）、《国务院关于深化预算管理制度改革的决定》（国发〔2014〕45号）、《国务院关于创新重点领域投融资机制 鼓励社会投资的指导意见》（国发〔2014〕60号）、《财政部关于推广运用政府和社会资本合作模式有关问题的通知》（财金〔2014〕76号）和《财政部关于印发政府和社会资本合作模式操作指南（试行）的通知》（财金〔2014〕113号）等有关规定，制定本指引。

第二条　本指引所称财政承受能力论证是指识别、测算政府和社会资本合作（Public-Private Partnership，以下简称PPP）项目的各项财政支出责任，科学评估项目实施对当前及今后年度财政支出的影响，为PPP项目财政管理提供依据。

第三条　开展PPP项目财政承受能力论证，是政府履行合同义务的重要保障，有利于规范PPP项目财政支出管理，有序推进项目实施，有效防范和控制财政风险，实现PPP可持续发展。

第四条　财政承受能力论证采用定量和定性分析方法，坚持合理预测、公开透明、从严把关，统筹处理好当期与长远关系，严格控制PPP项目财政支出规模。

第五条　财政承受能力论证的结论分为"通过论证"和"未通过论证"。"通过论证"的项目，各级财政部门应当在编制年度预算和中期财政规划时，将项目财政支出责任纳入预算统筹安排。"未通过论证"的项目，则不宜采用PPP模式。

第六条　各级财政部门（或PPP中心）负责组织开展行政区域内PPP项目财政承受能力论证工作。省级财政部门负责汇总统计行政区域内的全部PPP项目财政支出责任，对财政预算编制、执行情况实施监督管理。

第七条　财政部门（或PPP中心）应当会同行业主管部门，共同开展PPP项目财政承受能力论证工作。必要时可通过政府采购方式聘请专业中介机构协助。

第八条　各级财政部门（或PPP中心）要以财政承受能力论证结论为依据，会同有关部门统筹做好项目规划、设计、采购、建设、运营、维护等全生命周期管理工作。

第二章　责任识别

第九条　PPP 项目全生命周期过程的财政支出责任，主要包括股权投资、运营补贴、风险承担、配套投入等。

第十条　股权投资支出责任是指在政府与社会资本共同组建项目公司的情况下，政府承担的股权投资支出责任。如果社会资本单独组建项目公司，政府不承担股权投资支出责任。

第十一条　运营补贴支出责任是指在项目运营期间，政府承担的直接付费责任。不同付费模式下，政府承担的运营补贴支出责任不同。政府付费模式下，政府承担全部运营补贴支出责任；可行性缺口补助模式下，政府承担部分运营补贴支出责任；使用者付费模式下，政府不承担运营补贴支出责任。

第十二条　风险承担支出责任是指项目实施方案中政府承担风险带来的财政或有支出责任。通常由政府承担的法律风险、政策风险、最低需求风险以及因政府方原因导致项目合同终止等突发情况，会产生财政或有支出责任。

第十三条　配套投入支出责任是指政府提供的项目配套工程等其他投入责任，通常包括土地征收和整理、建设部分项目配套措施、完成项目与现有相关基础设施和公用事业的对接、投资补助、贷款贴息等。配套投入支出应依据项目实施方案合理确定。

第三章　支出测算

第十四条　财政部门（或 PPP 中心）应当综合考虑各类支出责任的特点、情景和发生概率等因素，对项目全生命周期内财政支出责任分别进行测算。

第十五条　股权投资支出应当依据项目资本金要求以及项目公司股权结构合理确定。股权投资支出责任中的土地等实物投入或无形资产投入，应依法进行评估，合理确定价值。计算公式为：

股权投资支出＝项目资本金×政府占项目公司股权比例

第十六条　运营补贴支出应当根据项目建设成本、运营成本及利润水平合理确定，并按照不同付费模式分别测算。

对政府付费模式的项目，在项目运营补贴期间，政府承担全部直接付费责任。政府每年直接付费数额包括：社会资本方承担的年均建设成本（折算成各年度现值)、年度运营成本和合理利润。计算公式为：

当年运营补贴支出数额＝

$$\frac{项目全部建设成本\times(1+合理利润率)\times(1+年度折现率)^n}{财政运营补贴周期(年)}+年度运营成本$$

$(1+合理利润率)$

对可行性缺口补助模式的项目，在项目运营补贴期间，政府承担部分直接付费责任。政府每年直接付费数额包括：社会资本方承担的年均建设成本（折算成各年度现值)、年度运营成本和合理利润，再减去每年使用者付费的数额。计算公式为：

当年运营补贴支出数额＝

$$\frac{项目全部建设成本\times(1+合理利润率)\times(1+年度折现率)^n}{财政运营补贴周期(年)}+年度运营成本$$

$(1+合理利润率)-$当年使用者付费数额

n 代表折现年数。财政运营补贴周期指财政提供运营补贴的年数。

第十七条 年度折现率应考虑财政补贴支出发生年份，并参照同期地方政府债券收益率合理确定。

第十八条 合理利润率应以商业银行中长期贷款利率水平为基准，充分考虑可用性付费、使用量付费、绩效付费的不同情景，结合风险等因素确定。

第十九条 在计算运营补贴支出时，应当充分考虑合理利润率变化对运营补贴支出的影响。

第二十条 PPP 项目实施方案中的定价和调价机制通常与消费物价指数、劳动力市场指数等因素挂钩，会影响运营补贴支出责任。在可行性缺口补助模式下，运营补贴支出责任受到使用者付费数额的影响，而使用者付费的多少因定价和调价机制而变化。在计算运营补贴支出数额时，应当充分考虑定价和调价机制的影响。

第二十一条 风险承担支出应充分考虑各类风险出现的概率和带来的支出责任，可采用比例法、情景分析法及概率法进行测算。如果 PPP 合同约定保险赔款的第一受益人为政府，则风险承担支出应为扣除该等风险赔款金额的净额。

比例法。在各类风险支出数额和概率难以进行准确测算的情况下，可以按照项目的全部建设成本和一定时期内的运营成本的一定比例确定风险承担支出。

情景分析法。在各类风险支出数额可以进行测算、但出现概率难以确定的情况下，可针对影响风险的各类事件和变量进行"基本""不利"及"最坏"等情景假设，测算各类风险发生带来的风险承担支出。计算公式为：

风险承担支出数额＝基本情景下财政支出数额基本情景出现的概率＋不利情景下财政支出数额不利情景出现的概率＋最坏情景下财政支出数额最坏情景出现的概率

概率法。在各类风险支出数额和发生概率均可进行测算的情况下，可将所有可变风险参数作为变量，根据概率分布函数，计算各种风险发生带来的风险承担支出。

第二十二条　配套投入支出责任应综合考虑政府将提供的其他配套投入总成本和社会资本方为此支付的费用。配套投入支出责任中的土地等实物投入或无形资产投入，应依法进行评估，合理确定价值。计算公式为：

配套投入支出数额＝政府拟提供的其他投入总成本社会资本方支付的费用

第四章　能力评估

第二十三条　财政部门（或 PPP 中心）识别和测算单个项目的财政支出责任后，汇总年度全部已实施和拟实施的 PPP 项目，进行财政承受能力评估。

第二十四条　财政承受能力评估包括财政支出能力评估以及行业和领域平衡性评估。财政支出能力评估，是根据 PPP 项目预算支出责任，评估 PPP 项目实施对当前及今后年度财政支出的影响；行业和领域均衡性评估，是根据 PPP 模式适用的行业和领域范围，以及经济社会发展需要和公众对公共服务的需求，平衡不同行业和领域 PPP 项目，防止某一行业和领域 PPP 项目过于集中。

第二十五条　每一年度全部 PPP 项目需要从预算中安排的支出责任，占一般公共预算支出比例应当不超过 10%。省级财政部门可根据本地实际情况，因地制宜确定具体比例，并报财政部备案，同时对外公布。

第二十六条　鼓励列入地方政府性债务风险预警名单的高风险地区，采取 PPP 模式化解地方融资平台公司存量债务。同时，审慎控制新建 PPP 项目规模，防止因项目实施加剧财政收支矛盾。

第二十七条　在进行财政支出能力评估时，未来年度一般公共预算支出数额可参照前五年相关数额的平均值及平均增长率计算，并根据实际情况进行适当调整。

第二十八条 "通过论证"且经同级人民政府审核同意实施的PPP项目，各级财政部门应当将其列入PPP项目目录，并在编制中期财政规划时，将项目财政支出责任纳入预算统筹安排。

第二十九条 在PPP项目正式签订合同时，财政部门（或PPP中心）应当对合同进行审核，确保合同内容与财政承受能力论证保持一致，防止因合同内容调整导致财政支出责任出现重大变化。财政部门要严格按照合同执行，及时办理支付手续，切实维护地方政府信用，保障公共服务有效供给。

第五章 信息披露

第三十条 省级财政部门应当汇总区域内的项目目录，及时向财政部报告，财政部通过统一信息平台（PPP中心网站）发布。

第三十一条 各级财政部门（或PPP中心）应当通过官方网站及报刊媒体，每年定期披露当地PPP项目目录、项目信息及财政支出责任情况。应披露的财政支出责任信息包括：PPP项目的财政支出责任数额及年度预算安排情况、财政承受能力论证考虑的主要因素和指标等。

第三十二条 项目实施后，各级财政部门（或PPP中心）应跟踪了解项目运营情况，包括项目使用量、成本费用、考核指标等信息，定期对外发布。

第六章 附 则

第三十三条 财政部门按照权责发生制会计原则，对政府在PPP项目中的资产投入，以及与政府相关项目资产进行会计核算，并在政府财务统计、政府财务报告中反映；按照收付实现制会计原则，对PPP项目相关的预算收入与支出进行会计核算，并在政府决算报告中反映。

第三十四条 本指引自印发之日起施行。

附：PPP项目财政承受能力论证工作流程图（略）

12. 关于规范政府和社会资本合作合同管理工作的通知

财金〔2014〕156号

各省、自治区、直辖市、计划单列市财政厅（局），新疆生产建设兵团财务局：

根据《关于推广运用政府和社会资本合作模式有关问题的通知》（财金〔2014〕76号）和《关于印发政府和社会资本合作模式操作指南（试行）的通知》（财金〔2014〕113号），为科学规范推广运用政府和社会资本合作（Public-Private Partnership，以下简称PPP）模式，现就规范PPP合同管理工作通知如下：

一、高度重视PPP合同管理工作

PPP模式是在基础设施和公共服务领域政府和社会资本基于合同建立的一种合作关系。"按合同办事"不仅是PPP模式的精神实质，也是依法治国、依法行政的内在要求。加强对PPP合同的起草、谈判、履行、变更、解除、转让、终止直至失效的全过程管理，通过合同正确表达意愿、合理分配风险、妥善履行义务、有效主张权利，是政府和社会资本长期友好合作的重要基础，也是PPP项目顺利实施的重要保障。地方财政部门在推进PPP中要高度重视、充分认识合同管理的重要意义，会同行业主管部门加强PPP合同管理工作。

二、切实遵循PPP合同管理的核心原则

为规范PPP合同管理工作，财政部制定了《PPP项目合同指南（试行）》（见附件），后续还将研究制定标准化合同文本等。各级财政部门在推进PPP工作中，要切实遵循以下原则：

（一）依法治理。在依法治国、依法行政的框架下，充分发挥市场在资源配置中的决定性作用，允许政府和社会资本依法自由选择合作伙伴，充分尊重双方在合同订立和履行过程中的契约自由，依法保护PPP项目各参与方的合法权益，共同维护法律权威和公平正义。

（二）平等合作。在PPP模式下，政府与社会资本是基于PPP项目合同的平等法律主体，双方法律地位平等、权利义务对等，应在充分协商、互利互惠的基础上订立合同，并依法平等地主张合同权利、履行合同义务。

（三）维护公益。建立履约管理、行政监管和社会监督"三位一体"的监管架构，优先保障公共安全和公共利益。PPP项目合同中除应规定社会资本方的绩效监测和质量控制等义务外，还应保证政府方合理的监督权和介入权，以加强对社会资本的履约管理。与此同时，政府还应依法严格履行行政管理职能，建立健全及时有效的项目信息公开和公众监督机制。

（四）诚实守信。政府和社会资本应在PPP项目合同中明确界定双方在项目融资、建设、运营、移交等全生命周期内的权利义务，并在合同管理的全过程中真实表达意思表示，认真恪守合同约定，妥善履行合同义务，依法承担违约责任。

（五）公平效率。在PPP项目合同中要始终贯彻物有所值原则，在风险分担和利益分配方面兼顾公平与效率：既要通过在政府和社会资本之间合理分配项目风险，实现公共服务供给效率和资金使用效益的提升，又要在设置合作期限、方式和投资回报机制时，统筹考虑社会资本方的合理收益预期、政府方的财政承受能力以及使用者的支付能力，防止任何一方因此过分受损或超额获益。

（六）兼顾灵活。鉴于PPP项目的生命周期通常较长，在合同订立时既要充分考虑项目全生命周期内的实际需求，保证合同内容的完整性和相对稳定性，也要合理设置一些关于期限变更（展期和提前终止）、内容变更（产出标准调整、价格调整等）、主体变更（合同转让）的灵活调整机制，为未来可能长达20-30年的合同执行期预留调整和变更空间。

三、有效推进PPP合同管理工作

（一）加强组织协调，保障合同效力。在推进PPP的过程中，各级财政部门要会同行业主管部门做好合同审核和履约管理工作，确保合同内容真实反映各方意愿、合理分配项目风险、明确划分各方义务、有效保障合法权益，为PPP项目的顺利实施和全生命周期管理提供合法有效的合同依据。

（二）加强能力建设，防控项目风险。各级财政部门要组织加强对当地政府及相关部门、社会资本以及PPP项目其他参与方的法律和合同管理培训，使各方牢固树立法律意识和契约观念，逐步提升各参与方对PPP项目合同的精神主旨、核心内容和谈判要点的理解把握能力。在合同管理全过程中，要充分借助、积极运用法律、投资、财务、保险等专业咨询顾问机构的力量，提升 PPP 项目合同的科学性、规范性和操作性，充分识别、合理防控项目风险。

（三）总结项目经验，规范合同条款。各级财政部门要会同行业主管部门结合 PPP 项目试点工作，抓好合同管理的贯彻落实，不断细化、完善合同条款，及时总结经验，逐步形成一批科学合理、全面规范、切实可行的合同文本，以供参考示范。财政部将在总结各地实践的基础上，逐步出台主要行业领域和主要运作方式的 PPP 项目合同标准示范文本，以进一步规范合同内容、统一合同共识、缩短合同准备和谈判周期，加快 PPP 模式推广应用。

附件：PPP 项目合同指南（试行）（略）

财政部
2014 年 12 月 30 日

13. 关于印发政府和社会资本合作模式操作指南（试行）的通知

财金〔2014〕113 号

各省、自治区、直辖市、计划单列市财政厅（局），新疆生产建设兵团财务局：

根据《财政部关于推广运用政府和社会资本合作模式有关问题的通知》（财金〔2014〕76 号），为保证政府和社会资本合作项目实施质量，规范项目识别、准备、采购、执行、移交各环节操作流程，现印发《政府和社会资本合作模式操作指南（试行）》，请遵照执行。

附件：政府和社会资本合作模式操作指南（试行）

财政部
2014 年 11 月 29 日

附件：

政府和社会资本合作模式操作指南
（试行）

第一章 总则

第一条 为科学规范地推广运用政府和社会资本合作模式（Public-Private Partnership，PPP），根据《中华人民共和国预算法》《中华人民共和国政府采购法》《中华人民共和国合同法》《国务院关于加强地方政府性债务管理的意见》（国发〔2014〕43号）、《国务院关于深化预算管理制度改革的决定》（国发〔2014〕45号）和《财政部关于推广运用政府和社会资本合作模式有关问题的通知》（财金〔2014〕76号）等法律、法规、规章和规范性文件，制定本指南。

第二条 本指南所称社会资本是指已建立现代企业制度的境内外企业法人，但不包括本级政府所属融资平台公司及其他控股国有企业。

第三条 本指南适用于规范政府、社会资本和其他参与方开展政府和社会资本合作项目的识别、准备、采购、执行和移交等活动。

第四条 财政部门应本着社会主义市场经济基本原则，以制度创新、合作契约精神，加强与政府相关部门的协调，积极发挥第三方专业机构作用，全面统筹政府和社会资本合作管理工作。

各省、自治区、直辖市、计划单列市和新疆生产建设兵团财政部门应积极设立政府和社会资本合作中心或指定专门机构，履行规划指导、融资支持、识别评估、咨询服务、宣传培训、绩效评价、信息统计、专家库和项目库建设等职责。

第五条 各参与方应按照公平、公正、公开和诚实信用的原则，依法、规范、高效实施政府和社会资本合作项目。

第二章 项目识别

第六条 投资规模较大、需求长期稳定、价格调整机制灵活、市场化程度较高的基础设施及公共服务类项目，适宜采用政府和社会资本合作模式。

政府和社会资本合作项目由政府或社会资本发起，以政府发起为主。

（一）政府发起

财政部门（政府和社会资本合作中心）应负责向交通、住建、环保、能源、教育、医疗、体育健身和文化设施等行业主管部门征集潜在政府和社会资本合作项目。行业主管部门可从国民经济和社会发展规划及行业专项规划中的新建、改建项目或存量公共资产中遴选潜在项目。

（二）社会资本发起

社会资本应以项目建议书的方式向财政部门（政府和社会资本合作中心）推荐潜在政府和社会资本合作项目。

第七条 财政部门（政府和社会资本合作中心）会同行业主管部门，对潜在政府和社会资本合作项目进行评估筛选，确定备选项目。财政部门（政府和社会资本合作中心）应根据筛选结果制定项目年度和中期开发计划。

对于列入年度开发计划的项目，项目发起方应按财政部门（政府和社会资本合作中心）的要求提交相关资料。新建、改建项目应提交可行性研究报告、项目产出说明和初步实施方案；存量项目应提交存量公共资产的历史资料、项目产出说明和初步实施方案。

第八条 财政部门（政府和社会资本合作中心）会同行业主管部门，从定性和定量两方面开展物有所值评价工作。定量评价工作由各地根据实际情况开展。

定性评价重点关注项目采用政府和社会资本合作模式与采用政府传统采购模式相比能否增加供给、优化风险分配、提高运营效率、促进创新和公平竞争等。

定量评价主要通过对政府和社会资本合作项目全生命周期内政府支出成本现值与公共部门比较值进行比较，计算项目的物有所值量值，判断政府和社会资本合作模式是否降低项目全生命周期成本。

第九条 为确保财政中长期可持续性，财政部门应根据项目全生命周期内的财政支出、政府债务等因素，对部分政府付费或政府补贴的项目，开展财政承受能力论证，每年政府付费或政府补贴等财政支出不得超出当年财政收入的一定比例。

通过物有所值评价和财政承受能力论证的项目，可进行项目准备。

第三章 项目准备

第十条 县级（含）以上地方人民政府可建立专门协调机制，主要负责项目评审、组织协调和检查督导等工作，实现简化审批流程、提高工作效率的目的。政府或其指定的有关职能部门或事业单位可作为项目实施机构，负责项目准备、采购、监管和移交等工作。

第十一条 项目实施机构应组织编制项目实施方案，依次对以下内容进行介绍：

（一）项目概况

项目概况主要包括基本情况、经济技术指标和项目公司股权情况等。

基本情况主要明确项目提供的公共产品和服务内容、项目采用政府和社会资本合作模式运作的必要性和可行性，以及项目运作的目标和意义。

经济技术指标主要明确项目区位、占地面积、建设内容或资产范围、投资规模或资产价值、主要产出说明和资金来源等。

项目公司股权情况主要明确是否要设立项目公司以及公司股权结构。

（二）风险分配基本框架

按照风险分配优化、风险收益对等和风险可控等原则，综合考虑政府风险管理能力、项目回报机制和市场风险管理能力等要素，在政府和社会资本间合理分配项目风险。

原则上，项目设计、建造、财务和运营维护等商业风险由社会资本承担，法律、政策和最低需求等风险由政府承担，不可抗力等风险由政府和社会资本合理共担。

（三）项目运作方式

项目运作方式主要包括委托运营、管理合同、建设—运营—移交、建设—拥有—运营、转让—运营—移交和改建—运营—移交等。

具体运作方式的选择主要由收费定价机制、项目投资收益水平、风险分配基本框架、融资需求、改扩建需求和期满处置等因素决定。

（四）交易结构

交易结构主要包括项目投融资结构、回报机制和相关配套安排。

项目投融资结构主要说明项目资本性支出的资金来源、性质和用途，项目资产的形成和转移等。

项目回报机制主要说明社会资本取得投资回报的资金来源，包括使用者付费、可行性缺口补助和政府付费等支付方式。

相关配套安排主要说明由项目以外相关机构提供的土地、水、电、气和道路等配套设施和项目所需的上下游服务。

（五）合同体系

合同体系主要包括项目合同、股东合同、融资合同、工程承包合同、运营服务合同、原料供应合同、产品采购合同和保险合同等。项目合同是其中最核心的法律文件。

项目边界条件是项目合同的核心内容，主要包括权利义务、交易条件、履约保障和调整衔接等边界。

权利义务边界主要明确项目资产权属、社会资本承担的公共责任、政府支付方式和风险分配结果等。

交易条件边界主要明确项目合同期限、项目回报机制、收费定价调整机制和产出说明等。

履约保障边界主要明确强制保险方案以及由投资竞争保函、建设履约保函、运营维护保函和移交维修保函组成的履约保函体系。

调整衔接边界主要明确应急处置、临时接管和提前终止、合同变更、合同展期、项目新增改扩建需求等应对措施。

（六）监管架构

监管架构主要包括授权关系和监管方式。授权关系主要是政府对项目实施机构的授权，以及政府直接或通过项目实施机构对社会资本的授权；监管方式主要包括履约管理、行政监管和公众监督等。

（七）采购方式选择

项目采购应根据《中华人民共和国政府采购法》及相关规章制度执行，采购方式包括公开招标、竞争性谈判、邀请招标、竞争性磋商和单一来源采购。项目实施机构应根据项目采购需求特点，依法选择适当采购方式。

公开招标主要适用于核心边界条件和技术经济参数明确、完整、符合国家法律法规和政府采购政策，且采购中不作更改的项目。

第十二条　财政部门（政府和社会资本合作中心）应对项目实施方案进行物有所值和财政承受能力验证，通过验证的，由项目实施机构报政府审核；未通过验证的，可在实施方案调整后重新验证；经重新验证仍不能通过的，不再采用政府和社会资本合作模式。

第四章 项目采购

第十三条 项目实施机构应根据项目需要准备资格预审文件，发布资格预审公告，邀请社会资本和与其合作的金融机构参与资格预审，验证项目能否获得社会资本响应和实现充分竞争，并将资格预审的评审报告提交财政部门（政府和社会资本合作中心）备案。

项目有3家以上社会资本通过资格预审的，项目实施机构可以继续开展采购文件准备工作；项目通过资格预审的社会资本不足3家的，项目实施机构应在实施方案调整后重新组织资格预审；项目经重新资格预审合格社会资本仍不够3家的，可依法调整实施方案选择的采购方式。

第十四条 资格预审公告应在省级以上人民政府财政部门指定的媒体上发布。资格预审合格的社会资本在签订项目合同前资格发生变化的，应及时通知项目实施机构。

资格预审公告应包括项目授权主体、项目实施机构和项目名称、采购需求、对社会资本的资格要求、是否允许联合体参与采购活动、拟确定参与竞争的合格社会资本的家数和确定方法，以及社会资本提交资格预审申请文件的时间和地点。提交资格预审申请文件的时间自公告发布之日起不得少于15个工作日。

第十五条 项目采购文件应包括采购邀请、竞争者须知（包括密封、签署、盖章要求等）、竞争者应提供的资格、资信及业绩证明文件、采购方式、政府对项目实施机构的授权、实施方案的批复和项目相关审批文件、采购程序、响应文件编制要求、提交响应文件截止时间、开启时间及地点、强制担保的保证金交纳数额和形式、评审方法、评审标准、政府采购政策要求、项目合同草案及其他法律文本等。

采用竞争性谈判或竞争性磋商采购方式的，项目采购文件除上款规定的内容外，还应明确评审小组根据与社会资本谈判情况可能实质性变动的内容，包括采购需求中的技术、服务要求以及合同草案条款。

第十六条 评审小组由项目实施机构代表和评审专家共5人以上单数组成，其中评审专家人数不得少于评审小组成员总数的2/3。评审专家可以由项目实施机构自行选定，但评审专家中应至少包含1名财务专家和1名法律专家。项目实施机构代表不得以评审专家身份参加项目的评审。

第十七条 项目采用公开招标、邀请招标、竞争性谈判、单一来源采购方式开展采购的,按照政府采购法律法规及有关规定执行。

项目采用竞争性磋商采购方式开展采购的,按照下列基本程序进行:

(一)采购公告发布及报名

竞争性磋商公告应在省级以上人民政府财政部门指定的媒体上发布。竞争性磋商公告应包括项目实施机构和项目名称、项目结构和核心边界条件、是否允许未进行资格预审的社会资本参与采购活动,以及审查原则、项目产出说明、对社会资本提供的响应文件要求、获取采购文件的时间、地点、方式及采购文件的售价、提交响应文件截止时间、开启时间及地点。提交响应文件的时间自公告发布之日起不得少于10日。

(二)资格审查及采购文件发售

已进行资格预审的,评审小组在评审阶段不再对社会资本资格进行审查。允许进行资格后审的,由评审小组在响应文件评审环节对社会资本进行资格审查。项目实施机构可以视项目的具体情况,组织对符合条件的社会资本的资格条件,进行考察核实。

采购文件售价,应按照弥补采购文件印制成本费用的原则确定,不得以营利为目的,不得以项目采购金额作为确定采购文件售价依据。采购文件的发售期限自开始之日起不得少于5个工作日。

(三)采购文件的澄清或修改

提交首次响应文件截止之日前,项目实施机构可以对已发出的采购文件进行必要的澄清或修改,澄清或修改的内容应作为采购文件的组成部分。澄清或修改的内容可能影响响应文件编制的,项目实施机构应在提交首次响应文件截止时间至少5日前,以书面形式通知所有获取采购文件的社会资本;不足5日的,项目实施机构应顺延提交响应文件的截止时间。

(四)响应文件评审

项目实施机构应按照采购文件规定组织响应文件的接收和开启。

评审小组对响应文件进行两阶段评审:

第一阶段:确定最终采购需求方案。评审小组可以与社会资本进行多轮谈判,谈判过程中可实质性修订采购文件的技术、服务要求以及合同草案条款,但不得修订采购文件中规定的不可谈判核心条件。实质性变动的内容,须经项目实施机构确认,并通知所有参与谈判的社会资本。具体程序按照

《政府采购非招标方式管理办法》及有关规定执行。

第二阶段：综合评分。最终采购需求方案确定后，由评审小组对社会资本提交的最终响应文件进行综合评分，编写评审报告并向项目实施机构提交候选社会资本的排序名单。具体程序按照《政府采购货物和服务招标投标管理办法》及有关规定执行。

第十八条 项目实施机构应在资格预审公告、采购公告、采购文件、采购合同中，列明对本国社会资本的优惠措施及幅度、外方社会资本采购我国生产的货物和服务要求等相关政府采购政策，以及对社会资本参与采购活动和履约保证的强制担保要求。社会资本应以支票、汇票、本票或金融机构、担保机构出具的保函等非现金形式缴纳保证金。参加采购活动的保证金的数额不得超过项目预算金额的2%。履约保证金的数额不得超过政府和社会资本合作项目初始投资总额或资产评估值的10%。无固定资产投资或投资额不大的服务型合作项目，履约保证金的数额不得超过平均6个月的服务收入额。

第十九条 项目实施机构应组织社会资本进行现场考察或召开采购前答疑会，但不得单独或分别组织只有一个社会资本参加的现场考察和答疑会。

第二十条 项目实施机构应成立专门的采购结果确认谈判工作组。按照候选社会资本的排名，依次与候选社会资本及与其合作的金融机构就合同中可变的细节问题进行合同签署前的确认谈判，率先达成一致的即为中选者。确认谈判不得涉及合同中不可谈判的核心条款，不得与排序在前但已终止谈判的社会资本进行再次谈判。

第二十一条 确认谈判完成后，项目实施机构应与中选社会资本签署确认谈判备忘录，并将采购结果和根据采购文件、响应文件、补遗文件和确认谈判备忘录拟定的合同文本进行公示，公示期不得少于5个工作日。合同文本应将中选社会资本响应文件中的重要承诺和技术文件等作为附件。合同文本中涉及国家秘密、商业秘密的内容可以不公示。

公示期满无异议的项目合同，应在政府审核同意后，由项目实施机构与中选社会资本签署。

需要为项目设立专门项目公司的，待项目公司成立后，由项目公司与项目实施机构重新签署项目合同，或签署关于承继项目合同的补充合同。

项目实施机构应在项目合同签订之日起2个工作日内，将项目合同在省级以上人民政府财政部门指定的媒体上公告，但合同中涉及国家秘密、商业秘密的内容除外。

第二十二条　各级人民政府财政部门应当加强对 PPP 项目采购活动的监督检查，及时处理采购活动中的违法违规行为。

第五章　项目执行

第二十三条　社会资本可依法设立项目公司。政府可指定相关机构依法参股项目公司。项目实施机构和财政部门（政府和社会资本合作中心）应监督社会资本按照采购文件和项目合同约定，按时足额出资设立项目公司。

第二十四条　项目融资由社会资本或项目公司负责。社会资本或项目公司应及时开展融资方案设计、机构接洽、合同签订和融资交割等工作。财政部门（政府和社会资本合作中心）和项目实施机构应做好监督管理工作，防止企业债务向政府转移。

社会资本或项目公司未按照项目合同约定完成融资的，政府可提取履约保函直至终止项目合同；遇系统性金融风险或不可抗力的，政府、社会资本或项目公司可根据项目合同约定协商修订合同中相关融资条款。

当项目出现重大经营或财务风险，威胁或侵害债权人利益时，债权人可依据与政府、社会资本或项目公司签订的直接介入协议或条款，要求社会资本或项目公司改善管理等。在直接介入协议或条款约定期限内，重大风险已解除的，债权人应停止介入。

第二十五条　项目合同中涉及的政府支付义务，财政部门应结合中长期财政规划统筹考虑，纳入同级政府预算，按照预算管理相关规定执行。财政部门（政府和社会资本合作中心）和项目实施机构应建立政府和社会资本合作项目政府支付台账，严格控制政府财政风险。在政府综合财务报告制度建立后，政府和社会资本合作项目中的政府支付义务应纳入政府综合财务报告。

第二十六条　项目实施机构应根据项目合同约定，监督社会资本或项目公司履行合同义务，定期监测项目产出绩效指标，编制季报和年报，并报财政部门（政府和社会资本合作中心）备案。

政府有支付义务的，项目实施机构应根据项目合同约定的产出说明，按照实际绩效直接或通知财政部门向社会资本或项目公司及时足额支付。设置超额收益分享机制的，社会资本或项目公司应根据项目合同约定向政府及时足额支付应享有的超额收益。

项目实际绩效优于约定标准的，项目实施机构应执行项目合同约定的奖励条款，并可将其作为项目期满合同能否展期的依据；未达到约定标准的，项目实施机构应执行项目合同约定的惩处条款或救济措施。

第二十七条 社会资本或项目公司违反项目合同约定，威胁公共产品和服务持续稳定安全供给，或危及国家安全和重大公共利益的，政府有权临时接管项目，直至启动项目提前终止程序。

政府可指定合格机构实施临时接管。临时接管项目所产生的一切费用，将根据项目合同约定，由违约方单独承担或由各责任方分担。社会资本或项目公司应承担的临时接管费用，可以从其应获终止补偿中扣减。

第二十八条 在项目合同执行和管理过程中，项目实施机构应重点关注合同修订、违约责任和争议解决等工作。

（一）合同修订

按照项目合同约定的条件和程序，项目实施机构和社会资本或项目公司可根据社会经济环境、公共产品和服务的需求量及结构等条件的变化，提出修订项目合同申请，待政府审核同意后执行。

（二）违约责任

项目实施机构、社会资本或项目公司未履行项目合同约定义务的，应承担相应违约责任，包括停止侵害、消除影响、支付违约金、赔偿损失以及解除项目合同等。

（三）争议解决

在项目实施过程中，按照项目合同约定，项目实施机构、社会资本或项目公司可就发生争议且无法协商达成一致的事项，依法申请仲裁或提起民事诉讼。

第二十九条 项目实施机构应每3-5年对项目进行中期评估，重点分析项目运行状况和项目合同的合规性、适应性和合理性；及时评估已发现问题的风险，制订应对措施，并报财政部门（政府和社会资本合作中心）备案。

第三十条 政府相关职能部门应根据国家相关法律法规对项目履行行政监管职责，重点关注公共产品和服务质量、价格和收费机制、安全生产、环境保护和劳动者权益等。

社会资本或项目公司对政府职能部门的行政监管处理决定不服的，可依法申请行政复议或提起行政诉讼。

应组织有关部门对项目产出、成本效益、监管成效、可持续性、政府和社会资本合作模式应用等进行绩效评价,并按相关规定公开评价结果。评价结果作为政府开展政府和社会资本合作管理工作决策参考依据。

第七章 附则

第三十六条 本操作指南自印发之日起施行,有效期3年。

第三十七条 本操作指南由财政部负责解释。

附:1. 政府和社会资本合作项目操作流程图
　　2. 名词解释

附1　政府和社会资本合作项目操作流程图

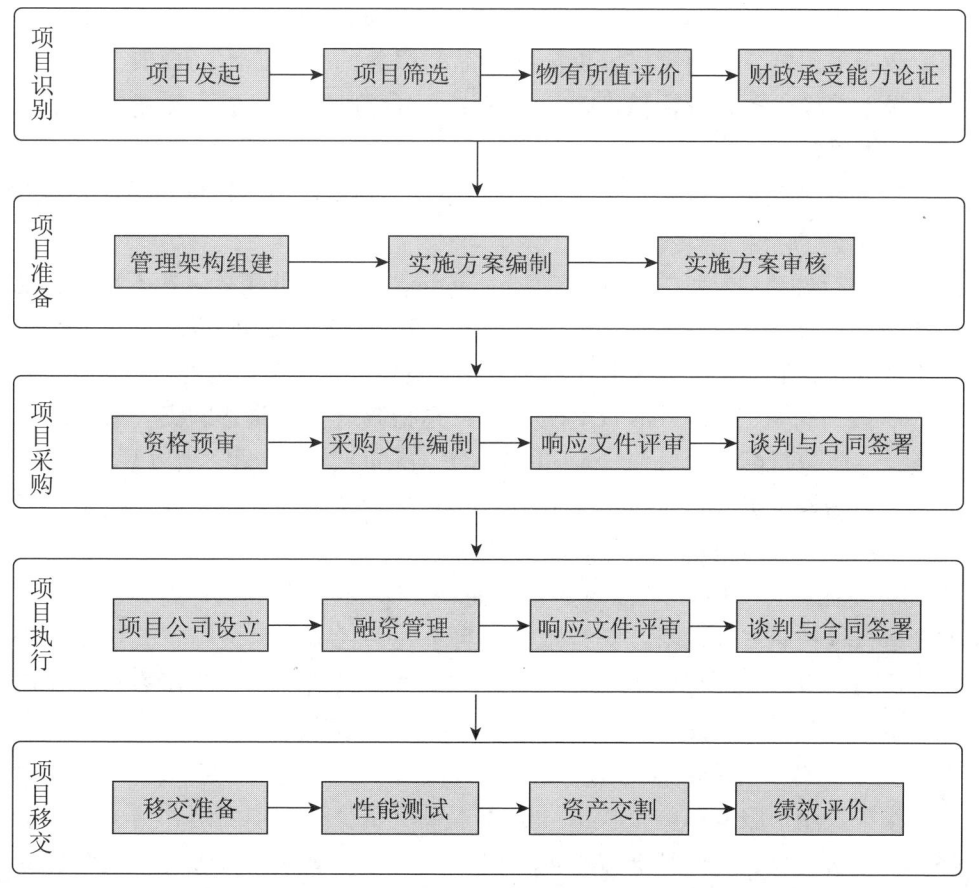

附2 名词解释

1. 全生命周期（Whole Life Cycle），是指项目从设计、融资、建造、运营、维护至终止移交的完整周期。

2. 产出说明（Output Specification），是指项目建成后项目资产所应达到的经济、技术标准，以及公共产品和服务的交付范围、标准和绩效水平等。

3. 物有所值（Value for Money，VFM），是指一个组织运用其可利用资源所能获得的长期最大利益。VFM评价是国际上普遍采用的一种评价传统上由政府提供的公共产品和服务是否可运用政府和社会资本合作模式的评估体系，旨在实现公共资源配置利用效率最优化。

4. 公共部门比较值（Public Sector Comparator，PSC），是指在全生命周期内，政府采用传统采购模式提供公共产品和服务的全部成本的现值，主要包括建设运营净成本、可转移风险承担成本、自留风险承担成本和竞争性中立调整成本等。

5. 使用者付费（User Charge），是指由最终消费用户直接付费购买公共产品和服务。

6. 可行性缺口补助（Viability Gap Funding），是指使用者付费不足以满足社会资本或项目公司成本回收和合理回报，而由政府以财政补贴、股本投入、优惠贷款和其他优惠政策的形式，给予社会资本或项目公司的经济补助。

7. 政府付费（Government Payment），是指政府直接付费购买公共产品和服务，主要包括可用性付费（Availability Payment）、使用量付费（Usage Payment）和绩效付费（Performance Payment）。政府付费的依据主要是设施可用性、产品和服务使用量和质量等要素。

8. 委托运营（Operations & Maintenance，O&M），是指政府将存量公共资产的运营维护职责委托给社会资本或项目公司，社会资本或项目公司不负责用户服务的政府和社会资本合作项目运作方式。政府保留资产所有权，只向社会资本或项目公司支付委托运营费。合同期限一般不超过8年。

9. 管理合同（Management Contract，MC），是指政府将存量公共资产的运营、维护及用户服务职责授权给社会资本或项目公司的项目运作方式。政府保留资产所有权，只向社会资本或项目公司支付管理费。管理合同通常作为转让—运营—移交的过渡方式，合同期限一般不超过3年。

10. 建设—运营—移交（Build-Operate-Transfer，BOT），是指由社会资本或项目公司承担新建项目设计、融资、建造、运营、维护和用户服务职责，合同期满后项目资产及相关权利等移交给政府的项目运作方式。合同期限一般为20~30年。

11. 建设—拥有—运营（Build-Own-Operate，BOO），由BOT方式演变而来，二者区别主要是BOO方式下社会资本或项目公司拥有项目所有权，但必须在合同中注明保证公益性的约束条款，一般不涉及项目期满移交。

12. 转让—运营—移交（Transfer-Operate-Transfer，TOT），是指政府将存量资产所有权有偿转让给社会资本或项目公司，并由其负责运营、维护和用户服务，合同期满后资产及其所有权等移交给政府的项目运作方式。合同期限一般为20~30年。

13. 改建—运营—移交（Rehabilitate-Operate-Transfer，ROT），是指政府在TOT模式的基础上，增加改扩建内容的项目运作方式。合同期限一般为20~30年。

14. 关于做好政府购买养老服务工作的通知

财社〔2014〕105号

各省、自治区、直辖市、计划单列市财政厅（局）、发展改革委、民政厅（局）、老龄办，新疆生产建设兵团财务局、发展改革委、民政局、老龄办：

为贯彻党的十八届三中全会关于推广政府购买服务的战略部署，落实《国务院关于加快发展养老服务业的若干意见》（国发〔2013〕35号）和《国务院办公厅关于政府向社会力量购买服务的指导意见》（国办发〔2013〕96号），加快推进政府购买养老服务工作，现就有关问题通知如下：

一、把握政府购买养老服务的基本原则

（一）坚持需求导向，注重创新机制。以老年人基本养老服务需求为导向，将政府购买服务与满足老年人基本养老服务需求相结合，重点安排与老年人生活照料、康复护理等密切相关的项目，优先保障经济困难的孤寡、失能、高龄等老年人的服务需求，加大对基层和农村养老服务的支持，并逐步

拓展政府购买养老服务的领域和范围。立足各地经济社会发展实际，积极探索，不断创新政府购买养老服务机制，改进购买服务的方式方法。

（二）坚持政府引导，培育市场主体。政府要加强对购买养老服务的组织领导、制度设计、政策支持、财政投入和监督管理。充分发挥市场配置资源的决定性作用，将推进政府购买养老服务与逐步使社会力量成为发展养老服务业的主体相结合，与培育专业化养老服务组织相结合，按照公开、公平、公正原则，坚持费随事转，通过竞争择优的方式选择承接政府购买养老服务的社会力量，确保具备条件的社会力量平等参与竞争。

（三）坚持规范操作，注重绩效评估。明确各方责任、权利和义务，建立以项目申报、项目评审、资质审核、组织采购、合同签订、项目监管、绩效评估等为主要内容的规范化购买流程，有序开展工作。加强绩效管理，建立评估机制和动态调整机制，降低成本，提高效率，增强政府购买养老服务的针对性和有效性。

（四）坚持体制创新，完善政策体系。要做好相关政策的完善和相互衔接，推进政事分开、政社分开，坚持与事业单位改革相衔接，推进管办分离，放开市场准入。凡社会能够提供的养老服务，尽可能交给社会力量承担。要及时总结行之有效的管理办法和政策措施，尽快形成各方衔接配套、操作性强的政府购买养老服务政策体系。

二、明确政府购买养老服务的工作目标

"十二五"时期，政府购买养老服务工作有序推开，相关制度建设取得有效进展。到2020年，基本建立比较完善的政府购买养老服务制度，促进形成与经济社会发展相适应、高效合理的养老服务资源配置机制和供给机制，支持和参与养老服务的社会氛围更加浓厚，养老服务水平和质量显著提高，推动建成功能完善、规模适度、覆盖城乡的养老服务体系。

三、积极有序地开展政府购买养老服务工作

（一）明确购买主体。政府购买养老服务的主体是承担养老服务的各级行政机关和参照公务员法管理、具有行政管理职能的事业单位。纳入行政编制管理且经费由财政负担的群团组织，也可根据实际需要，通过购买服务方式提供养老服务。

（二）界定承接主体。各地可根据国办发〔2013〕96号文件确定的原则

和养老服务的要求，规定承接主体的具体条件。购买工作应按照政府采购法律制度规定，根据服务项目的采购需求特点，选择适用采购方式确定承接主体，严禁转包行为。

（三）确定购买内容。政府购买养老服务内容应突出公共性和公益性，按照量力而行、尽力而为、可持续的原则确定。各地要全面梳理现行由财政支出安排的各类养老服务项目，凡适合市场化方式提供、社会力量能够承担的，应按照转变政府职能要求，通过政府购买服务方式提供方便可及、价格合理的养老服务。要根据养老服务的性质、对象、特点和地方实际情况，重点选取生活照料、康复护理和养老服务人员培养等方面开展政府购买服务工作。在购买居家养老服务方面，主要包括为符合政府资助条件的老年人购买助餐、助浴、助洁、助急、助医、护理等上门服务，以及养老服务网络信息建设；在购买社区养老服务方面，主要包括为老年人购买社区日间照料、老年康复文体活动等服务；在购买机构养老服务方面，主要为"三无"（无劳动能力，无生活来源，无赡养人和扶养人或者其赡养人和扶养人确无赡养和扶养能力）老人、低收入老人、经济困难的失能半失能老人购买机构供养、护理服务；在购买养老服务人员培养方面，主要包括为养老护理人员购买职业培训、职业教育和继续教育等；在养老评估方面，主要包括老年人能力评估和服务需求评估的组织实施、养老服务评价等。

各地要根据养老服务的项目范围，结合本地经济社会发展水平、财政承受能力和老年人基本服务需求，制定政府购买养老服务的指导性目录，明确服务种类、性质和内容，细化目录清单，并根据实际情况变化，及时进行动态调整。对不属于政府职责范围内的服务项目，政府不得向社会力量购买。

（四）规范服务标准。各地应根据所购买养老服务的项目特点，制定统一明确、操作性强、便于考核的基本服务标准，方便承接主体掌握，便于购买主体监管。购买主体要及时对服务标准的执行情况进行梳理，总结经验，逐步完善服务标准体系。

（五）提供资金保障。政府购买养老服务资金在现有养老支出预算安排中统筹考虑。对于新增的养老服务内容，地方各级财政要在科学测算养老服务项目和补助标准基础上，列入同级财政预算。

（六）健全监管机制。各地要加强政府购买养老服务的监督管理，完善事前、事中和事后监管体系，要严格遵守相关财政财务管理规定，确保政府购买养老服务资金规范管理和使用，不得截留、挪用和滞留。购买主体要严格按照政府购买服务的操作规程，公平、公正、公开选择承接主体，建立健全内部监督管理制度，按规定公开购买服务相关信息，自觉接受社会监督。承接主体应健全财务制度，严格按照服务合同履行服务任务，保障服务数量、质量和效果。服务完成后，购买主体应委托第三方独立审计机构对金额较大、服务对象较多的项目进行审计，并出具审计报告。

（七）加强绩效评价。各地要建立健全由购买主体、养老服务对象以及第三方组成的综合评审机制，加强购买养老服务项目绩效评价。在绩效评价体系中，要更侧重受益对象对养老服务的满意度评价。政府购买养老服务的绩效评价结果要向社会公布，并作为政府选择购买养老服务承接主体、编制以后年度政府购买养老服务项目与预算的重要参考依据，建立承接主体的动态调整机制。

四、落实政府购买养老服务的工作责任

各地要高度重视政府购买养老服务工作，要建立健全政府统一领导、财政部门牵头、民政等有关职能部门协同、社会广泛参与的工作机制。财政部门和其他政府职能部门要加强对不同地区、不同项目、不同服务的分类指导工作，定期研究政府购买养老服务的重要事项，及时发现、研究和解决工作中出现的问题。同时，要充分利用各种宣传媒体，广泛宣传实施政府购买养老服务工作的重要意义、主要内容、政策措施，充分调动社会参与的积极性，为推进养老服务工作营造良好的舆论氛围。

财政部
国家发展改革委员会
民政部
全国老龄工作委员会办公室
2014 年 8 月 26 日

15. 关于加快推进健康与养老服务工程建设的通知

发改投资〔2014〕2091号

各省、自治区、直辖市人民政府，新疆生产建设兵团：

为加快推进健康服务体系、养老服务体系和体育健身设施建设，经报国务院同意，现就加快推进健康与养老服务工程建设有关工作通知如下：

一、充分认识加快推进健康与养老服务工程建设的重要意义

随着我国经济社会平稳较快发展，人民生活水平显著提升，健康与养老服务需求快速释放。健康、养老、体育健身事业经过多年发展，虽然具有一定基础，但总量普遍不足、布局与结构不合理，总体发展明显滞后。加快推进健康与养老服务工程，鼓励社会资本参与建设运营健康与养老服务项目，既有利于满足人民群众日益增长的多样化、多层次健康与养老服务需求，提升全民健康素质，也有利于扩大内需、拉动消费、增加就业，对稳增长、促改革、调结构、惠民生，全面建成小康社会具有重要意义。

各地方要高度重视加快推进健康与养老服务工程，根据国务院及有关部门已经出台的健康、养老、体育健身领域的指导意见，按照本通知提出的目标任务和政策措施，结合本地实际抓紧制定完善加快推进健康与养老服务工程的相关政策措施，积极做好项目组织实施、服务引导工作，促进社会资本愿意进、进得来、留得住、可流动。

二、加快推进健康与养老服务工程建设的目标和原则

（一）工程目标

健康与养老服务工程重点加强健康服务体系、养老服务体系和体育健身设施建设，大幅提升医疗服务能力，形成规模适度的养老服务体系和体育健身设施服务体系。

健康服务体系建设。到2015年，医疗卫生机构每千人口病床数（含住院护理）达到4.97张。到2020年，健康管理与促进服务的比重快速提高，护理、康复、临终关怀等接续性医疗服务能力大幅增强，医疗卫生机构每千人口病床数（含住院护理）达到6张，非公立医疗机构床位数占比达到25%，

建立覆盖全生命周期、内涵更加丰富、结构更为合理的健康服务体系，形成以非营利性医疗机构为主体、营利性医疗机构为补充，公立医疗机构为主导、非公立医疗机构共同发展的多元办医格局〔床位数指标与修改后的《全国医疗卫生服务体系规划纲要（2015-2020年）》保持衔接〕。

养老服务体系建设。到2015年，基本形成规模适度、运营良好、可持续发展的养老服务体系，每千名老年人拥有养老床位数达到30张，社区服务网络基本健全。到2020年，全面建成以居家为基础、社区为依托、机构为支撑的，功能完善、规模适度、覆盖城乡的养老服务体系，每千名老年人拥有养老床位数达到35~40张。

体育健身设施建设。到2015年，人均体育场地面积达到1.5平方米以上，有条件的市、县（区）、街道（乡镇）、社区（行政村）普遍建有体育场地，初步形成布局合理、广覆盖的体育健身设施体系。到2020年，人均体育场地面积达到1.8平方米以上，城市公共体育场、群众户外健身场地和公众健身活动中心普及，每个社区都有便捷的体育健身设施，每个行政村都有适合老年人的农民体育健身设施。

（二）实施原则

坚持以人为本、统筹推进。努力满足广大人民群众日益增长的多样化、多层次的健康与养老服务需求，统筹城乡、区域服务资源配置，促进均衡发展。

坚持政府引导、市场发力。强化政府保基本的责任以及在制度、标准、规划、服务、监管等方面的职责，充分发挥市场在资源配置中的决定性作用，激发社会活力、鼓励社会投资。

坚持深化改革、创新发展。继续深化医药卫生体制改革和养老、体育改革创新，结合公立机构转制改革引入民间资本，鼓励发展新兴业态，加快建立完善可持续发展的体制机制。

坚持顶层设计、项目落地。加强顶层设计和政策引导，各级地方政府要注重政策配套和项目落地，共同采取有效扶持措施，营造健康与养老服务业健康发展的良好环境。

第三十一条 政府、社会资本或项目公司应依法公开披露项目相关信息，保障公众知情权，接受社会监督。

社会资本或项目公司应披露项目产出的数量和质量、项目经营状况等信息。政府应公开不涉及国家秘密、商业秘密的政府和社会资本合作项目合同条款、绩效监测报告、中期评估报告和项目重大变更或终止情况等。

社会公众及项目利益相关方发现项目存在违法、违约情形或公共产品和服务不达标准的，可向政府职能部门提请监督检查。

第六章 项目移交

第三十二条 项目移交时，项目实施机构或政府指定的其他机构代表政府收回项目合同约定的项目资产。

项目合同中应明确约定移交形式、补偿方式、移交内容和移交标准。移交形式包括期满终止移交和提前终止移交；补偿方式包括无偿移交和有偿移交；移交内容包括项目资产、人员、文档和知识产权等；移交标准包括设备完好率和最短可使用年限等指标。

采用有偿移交的，项目合同中应明确约定补偿方案；没有约定或约定不明的，项目实施机构应按照"恢复相同经济地位"原则拟定补偿方案，报政府审核同意后实施。

第三十三条 项目实施机构或政府指定的其他机构应组建项目移交工作组，根据项目合同约定与社会资本或项目公司确认移交情形和补偿方式，制定资产评估和性能测试方案。

项目移交工作组应委托具有相关资质的资产评估机构，按照项目合同约定的评估方式，对移交资产进行资产评估，作为确定补偿金额的依据。

项目移交工作组应严格按照性能测试方案和移交标准对移交资产进行性能测试。性能测试结果不达标的，移交工作组应要求社会资本或项目公司进行恢复性修理、更新重置或提取移交维修保函。

第三十四条 社会资本或项目公司应将满足性能测试要求的项目资产、知识产权和技术法律文件，连同资产清单移交项目实施机构或政府指定的其他机构，办妥法律过户和管理权移交手续。社会资本或项目公司应配合做好项目运营平稳过渡相关工作。

第三十五条 项目移交完成后，财政部门（政府和社会资本合作中心）

三、加快推进健康与养老服务工程建设的实施安排

（一）主要任务

健康服务体系主要任务包括公共卫生和疾病诊断与治疗综合性或专科性医疗卫生服务设施，慢性疾病管理、术后康复、失能失智人员长期护理、临终关怀等接续性医疗服务设施，以及健康管理与咨询、健康体检、中医药等特色养生保健等健康管理与促进服务设施建设。

养老服务体系主要任务包括为老年人提供膳食供应、个人照顾、保健康复、娱乐和交通接送等日间服务的社区老年人日间照料中心，主要为失能、半失能老人提供生活照料、健康护理、康复娱乐等服务的老年养护院等专业养老服务设施，具备餐饮、清洁卫生、文化娱乐等服务的养老院和医养结合服务设施，以及为农村老年人提供养老服务的农村养老服务设施建设。

体育健身设施主要任务包括开展田径、游泳、滑冰、球类等体育运动和培训服务的体育场地和设施，向公众提供健身服务、能够开展多项体育运动的公众健身活动中心，健身步道、健身器械场地、球类场地及社区小型体育设施等户外健身场地，以及提供健身设施场地及培训服务的健身房（馆）建设。

（二）有关项目

根据上述总体任务，各级地方政府要抓紧推出 3 个领域 15 类项目（详见附件），鼓励和吸引社会资本特别是民间投资参与建设和运营。

1. 健康服务体系建设。包括综合医院、中医医院、专科医院、康复医院和护理院、临终关怀机构、健康服务新兴业态以及基层医疗卫生服务设施等 6 类项目。

2. 养老服务体系建设。包括社区老年人日间照料中心、老年养护院、养老院和医养结合服务设施、农村养老服务设施等 4 类项目。

3. 体育健身设施建设。包括体育场地和设施、公众健身活动中心、户外健身场地、学校体育设施以及健身房（馆）等 5 类项目。

四、加快推进健康与养老服务工程建设的政策措施

（一）放宽市场准入，积极鼓励社会资本投资健康与养老服务工程

新增健康与养老服务项目优先考虑社会资本。在公立资源丰富的地区，鼓励社会资本通过独资、合资、合作、联营、参股、租赁等途径，采取政府和社会资本合作（PPP）等方式，参与医疗、养老、体育健身设施建设和公立机构改革。结合党政机关和国有企事业单位培训疗养机构改革工作，将符合条件的培训疗养机构转变为养老机构。进一步放宽市场准入，凡是法律法规没有明令禁入的领域都要向社会资本开放并不断扩大开放领域。中央和地方对健康与养老服务项目的资金支持政策，对包括民间投资主体在内的各类投资主体都予以支持。

（二）充分发挥规划引领作用，切实推进健康与养老服务项目布局落地

发展改革、卫生计生、中医药、民政、体育等部门将加强行业发展规划引导；住房城乡建设部门在制定修订《城市居住区规划设计规范》等城市规划相关标准时，将完善医疗、养老、体育健身设施规划内容；各地方要制定本地区区域健康与养老服务专项设施规划，分解落实建设任务；各城市（区、县、乡镇）在编制城市总体规划、控制性详细规划、重要地块修建性详细规划以及有关专项规划时，要统筹规划各类公共服务设施，把医疗、养老、体育健身设施作为重要内容科学布局。

（三）加大政府投入和土地、金融等政策支持力度，加快建设健康与养老服务工程

中央和地方政府通过基建投资加大对医疗、养老、体育健身设施建设的支持引导力度，按投资补助、贷款贴息等方式给予支持。加大福利彩票和体育彩票公益金对养老和体育健身设施建设的支持力度。建立项目申报和机构设立"绿色通道"，采取网上申报、集中办理等形式提高行政效率。医疗、养老、体育健身设施用地纳入土地利用总体规划和年度用地计划。非营利项目用地可按《划拨用地目录》实行划拨；营利性项目按照相关政策优先安排供应。强化对医疗、养老、体育健身设施建设用地的监管，严禁改变用途。各地方要减免城市基础设施配套费等规费。通过扩大银行贷款抵押担保范围、

上市、发行债券、融资租赁等方式，加大金融支持力度。政府引导、推动设立由金融和产业资本共同筹资的健康产业投资基金。

（四）发挥价格、税收、政府购买服务等支持作用，促进健康与养老服务项目市场化运营

地方财政资金可对养老机构按床位给予运营补贴。各级政府逐步扩大医疗、养老、体育健身政府购买服务范围，各类经营主体平等参与。民办医疗机构用电、用水、用气、用热与公办医疗机构执行相同的价格政策；养老机构用电、用水、用气、用热按居民生活类价格执行。除公立医疗、养老机构提供的基本服务按照政府规定的价格政策执行外，其他服务主要实行经营者自主定价。同时加强对服务价格行为的监管。医疗、养老、体育健身机构可以按照税收法律法规的规定，享受相关税收优惠政策。对非营利性医疗、养老机构建设要免予征收有关行政事业性收费，对营利性医疗、养老机构建设要减半征收有关行政事业性收费，对养老机构提供养老服务要适当减免行政事业性收费。将符合条件的各类医疗机构纳入医疗保险定点范围。建立各类医疗机构之间转诊机制。放宽对非公立医疗机构的数量、规模以及大型医用设备配置的限制。

（五）加强人才培养交流，规范执业行为，创造健康与养老服务业良好的发展环境

高等院校和中等职业学校增设健康与养老服务相关专业和课程，加大人才培养力度。建立人才充分有序流动的机制，各类机构工作人员在职称评定、科研立项、技能鉴定、职业培训等方面享受同等待遇。推进和规范医师多点执业。非营利性机构原则上不得转变为营利性机构，确需转变的，需依法办理相关手续。建立商业保险公司与医疗、养老机构的合作机制。加强对医疗、养老、体育健身机构服务质量、服务行为、收费标准等方面的约束和监管。维护各类投资主体合法权益，营造良好环境，促进健康与养老服务业健康发展。

各地方要按照本通知精神，抓紧部署加快推进健康与养老服务工程有关工作。各级地方政府要依据有关规划布局制定项目实施方案，提出项目清单及吸引社会资本的具体安排，纳入项目库并明确办理程序、支持政策等向社

会发布,定期采取业主招标等方式实现与社会资本对接,并及时调整项目库和项目条件等,力促项目尽快实施。建立健康与养老服务工程信息报送制度,各地方要在每年7月和下年1月分两次将上半年、上年度项目实施进展情况报送国家发展改革委、民政部、卫生计生委、体育总局。报送信息的主要内容包括:出台的配套政策措施情况、制定的实施方案情况、项目实施进展情况、吸引社会资本情况以及改进工作的意见建议等。有关部门将加强工程建设进展跟踪分析,及时研究解决问题,推动工程顺利实施。

附件:健康与养老服务工程鼓励社会投资项目表(略)

国家发展改革委
民　政　部
财　政　部
国 土 资 源 部
住房城乡建设部
国家卫生计生委
人　民　银　行
税　务　总　局
体　育　总　局
银　监　会
2014年9月12日

参考文献

期刊

［1］李开孟．正确界定PPP模式中的社会资本主体资格［J］．中国投资，2015（12）：97-99．

［2］郑传军，袁竞峰，张亚静．PPP与政府购买服务的比较研究［J］．经济体制改革，2018（2）：70-77．

［3］王经绫，华龙．PPP机制应用于我国养老机构建设的必要性研究［J］．经济研究参考，2014（52）：57-61．

［4］郜凯英．我国养老机构应用PPP模式建设与管理研究［J］．价格理论与实践，2015（10）：120-122．

［5］刘春雪，吴琪俊，王碧艳，曹悦．发达国家机构养老模式对我国的启示［J］．广西中医药大学学报，2015（02）：137-139．

［6］PatrickSaboland Robert Puentes（2014），"Private Capita, Public Good：Drivers of Successful Infrastructure Public-Private Partnerships，" Brookings Institution, December.

［7］Kickbusch, I. & Buse, K.（2000）. Global influences and global responses：International health at the turn of the twenty-first century. In M. Merson, R. E. Black, & A. J. Mills（Eds.）. International Health. Gaithersberg：Aspen.

［8］桂雄．PPP应用于我国养老服务业的政策分析［J］．中国财政，2016（07）：38-40．

［9］蔡晓琰，周国光．PPP项目政府和社会资本合作的投资回报机制研究．财经科学，2016（12）：101-109．

［10］李天建．PPP模式中的"围观"困局及其破解思路［J］．价格理论与实践，2016（08）：43-46．

［11］刘晓凯，张明．全球视角下的PPP：内涵、模式、实践与问题［J］．国际经济评论，2015（04）：53-67+5．

[12] Zaato, J. J. Governance lessons from public-private partnerships: examining two cases in the Greater Ottawa Region [J]. Commonwealth Journal of Local Governance, 2015, 16 (6): 12-30.

[13] 唐祥来. PPP 模式的治理逻辑、工具属性及其绩效 [J]. 经济与管理评论, 2016, 32 (04).

[14] 罗星. 中国特色治理理论的构建: 治理理论从西方到东方的演进 [J]. 实事求是, 2015 (05): 47-51.

[15] Jon Pierre and Guy Peters. Governing Complex societies: Trajectories and Scenarios. Palgrave Macmillan. 2005.

[16] Guy Peters and J. Pierre. Governance without Government? Rethinking Public Administration. Journal of Public Administration Research and Theory. 1998 (08).

[17] 俞可平. 治理和善治引论 [J]. 马克思主义与现实, 1999 (05): 37-41.

[18] Harold L. Wilensky, Charles N. Lebeaux, Industrial Society and Social Welfare: The Impact ofIndustrialization on the Supply and Organization ofSocial Welfare Servicesin the United States, New York: Russell Sage Foundation, 1958, pp. 137-147, 283-334.

[19] 徐晓雯, 唐晴. PPP 模式下养老服务机构供给侧改革路径研究 [J]. 福建商学院学报, 2018 (05): 56-65.

[20] 韩烨. 养老服务 PPP 模式: 运行机制、实现策略与对策研究 [J]. 兰州学刊, 2019 (03): 186-196.

[21] 严运楼, 李静. 养老机构 PPP 社会资本回报机制研究 [J]. 财会研究, 2018 (07): 5-9.

[22] 高震, 于凯丽, 陈钊, 葛仟慧. 浅析山东省 PPP 养老项目建设的发展困境与路径 [J]. 劳动保障世界, 2018 (29): 26-27.

[23] 王焰, 张向前. 购买服务、社会资本合作 (PPP) 中政府与社会组织合作模式研究 [J]. 科技管理研究, 2017, 37 (18): 210-216.

[24] 关于运用政府和社会资本合作模式支持养老服务业发展的实施意见 [J]. 山西财税, 2017 (08): 41-42.

[25] 杨璐瑶, 张向前. 政府购买服务、社会资本合作 (PPP) 促进社会组织发展——基于居家养老分析 [J]. 哈尔滨商业大学学报 (社会科学版), 2017 (01): 79-87.

[26] 张豪, 张向前. 日本政府购买服务、社会资本合作与社会组织发展 [J]. 现代日本经济, 2017 (01): 15-26.

[27] 王焰, 张向前. 政府购买服务、社会资本合作 (PPP) 促进社会组织发展——以社会救助为例 [J]. 领导科学论坛, 2016 (17): 67-76.

[28] 高小娜. 浅析 BOT 融资项目的发展及运用 [J]. 纳税, 2018 (17): 196.

［29］王海发．"BOT+OM"模式在养老服务业的应用研究［J］．招标采购管理，2017（08）：22-24．

［30］牛毓政，王赛松，毛新宇．PPP模式应用于居家养老的案例分析［J］．企业改革与管理，2017（06）：57-58．

［31］章萍．基于新公共管理理论分析的居家养老服务PPP模式——以安徽省合肥市金玫瑰居家养老示范项目为例［J］．广西社会科学，2018（09）：153-157．

［32］章萍．社区居家养老服务PPP运作模式研究［J］．当代经济管理，2018，40（11）：60-64．

［33］潘鸿雁．金山区颐和苑：上海养老服务领域的PPP模式探索［J］．人口与计划生育，2016（09）：27-28．

［34］邓慧．PPP+互联网融资模式研究［J］．北方经贸，2018（03）：97-98．

［35］康蕊，江华，George Leeson．PPP模式下我国养老服务投入的经济适应性研究［J］．经济问题探索，2018（09）：52-61．

［36］沈俊鑫，王潇涵．基于系统动力学的养老PPP项目政府补偿机制研究［J/OL］．工程管理学报，2019，33（01）：61-66．

［37］段世霞，邢璐明．基于演化博弈的PPP模式下政府和社会资本方合作策略选择［J］．财会月刊，2019（06）：117-124．

［38］高震，于凯丽，陈钊，葛仟慧．浅析山东省PPP养老项目建设的发展困境与路径［J］．劳动保障世界，2018（29）：26-27．

［39］栾珺．公式调整法和基准比价法结合的PPP项目调价研究［J］．中国工程咨询，2017（02）：35-36．

［40］冯之倩，姜军．养老项目采用PPP模式的制约因素分析及对策研究［J］．中国建设信息化，2018（02）：75-76．

［41］严宇珺，严运楼．养老服务PPP项目风险防范机制构建研究［J］．财会研究，2018（04）：11-14．

［42］陈亨武，郑惠丹．浅谈政府和社会资本合作PPP项目的投资回报机制［J］．文摘版：经济管理，2016（03）：21．

［43］李文启．PPP模式中社会资本利益保障机制构建研究［J］．创新科技，2016（07）：70-72．

［44］伊然．国家两部委要求建立PPP动态投资回报机制［J］．工程机械，2016，47（07）：58．

［45］喻文光．PPP规制中的立法问题研究——基于法政策学的视角［J］．当代法学，2016，30（02）：77-91．

［46］温来成，郭莹莹．PPP项目的政府预算管理问题研究［J］．经济研究参考，2016

(06): 38-44.

[47] 柯洪, 王美华, 杜亚灵. 政策工具视角下 PPP 政策文本分析——基于 2014-2017 年 PPP 国家政策 [J]. 情报杂志, 2018, 37 (11): 81-88.

[48] 张家颖, 陈林杰, 樊群, 梁慷, 戴小清. 关于 PPP 项目政策路径和存在问题的探究 [J]. 山东工业技术, 2018 (21): 223-224

[49] 柳文臻, 汪泳. PPP 模式进入养老行业的现状分析和建议 [J]. 智库时代, 2018 (28): 6-7.

[50] 蒋四荣. PPP 项目创新性盈利模式探析 [J]. 中国总会计师, 2018 (12): 98-100.

[51] 养老服务 PPP 发展模式及路径优化 [J], 财经科学, 2018 (05): 119-132.

专著

[52] 丁伯康, 等. PPP 模式运用与典型案例分析 [M], 北京: 经济日报出版社, 2017.

[52] 唐钧. 社会政策: 国际经验与国内实践 [M], 北京: 华夏出版社, 2001.

[53] 蒂特马斯. 社会政策十讲 [M], 香港: 商务印书馆, 1991 年.

[54] 安东尼·吉登斯. 第三条道路及其批评 [M], 北京: 中共中央党校出版社, 2002.

[55] [英] 安东尼·吉登斯. 第三条道路——社会民主主义的复兴 [M], 北京: 生活·读书·新知三联书店, 2000.

[56] 戴安娜·M. 迪尼托. 社会福利: 政治与公共政策 [M], 北京: 中国人民大学出版社, 2007.

[57] 国家发展改革委社会发展司等. 走进养老服务新时代——养老服务业发展典型案例汇编 [M], 北京: 社会科学文献出版社, 2018.

学位论文

[59] 樊俊超. 养老服务项目 PPP 模式选择研究 [D]. 吉林大学, 2018.

[58] 刘梅芳. 基于 PPP 模式的居家养老服务供给研究 [D]. 福建师范大学, 2017.

[59] 徐梅. 深圳市福田区园岭八角楼养老项目 PPP 运营方案研究 [D]. 云南财经大学, 2016.

[60] 潘晓宇. 养老机构 PPP 项目风险分担与利益博弈研究 [D]. 重庆交通大学, 2018.

[61] 魏东丽. 养老机构 PPP 模式社会资本回报机制研究 [D]. 上海工程技术大学, 2017.

[62] 李春秀. 政府与社会资本合作（PPP）模式法律问题研究 [D]. 吉林财经大学, 2017.

[63] 乔高阳. PPP 模式的法律规制 [D]. 黑龙江大学, 2018.

[64] 王雪晨. 政府与社会资本合作合同的法律问题研究 [D]. 海南大学, 2018.

［65］李陆昕. 论 PPP 模式中政府部门和私营部门的权利义务配置［D］. 华东政法大学，2013.

报纸文章

［66］陶虎. 解读《安徽省老龄事业发展状况报告》"合肥部分"都说了啥［N］. 合肥晚报，2017-12-16.

［67］孟春，王景森. 如何构建中国 PPP 治理体系［N］. 中国财经报. 2017-05-25.

［68］李忠鹏. 多措并举培养我国 PPP 事业发展人才队伍［N］. 中国经济时报，2018-01-30.